Svenja Beck
T.o.B.e Verein &
13 Autorinnen und Autoren

UNGLAUBLICH, ABER WAHR ...
... AUCH wir haben häusliche Gewalt erlebt!

T.o.B.e
TOXISCHE BEZIEHUNGEN
ÜBERWINDEN E.V.

Svenja Beck
T.o.B.e Verein &
13 Autorinnen und Autoren

UNGLAUBLICH, ABER WAHR ...

... AUCH wir haben häusliche Gewalt

erlebt!

Das Buch vom T.o.B.e Verein zu den Themen:
Narzisstischer Missbrauch und häusliche Gewalt

3. Auflage

Herausgeber	T.o.B.e Verein
Autorinnen	Svenja Beck
und Autoren	Norbert Krings
	Mark-Oliver
	Simone Weisheit
	Steffi Winkler
	Kay Schönnagel
	Anna G.
	Simone Neininger
	Amelie
	Emma B.
	Lisa M.
	Theresia Eigner
	Kerstin Care
	Werner Niebel
Covergestaltung	Nathalie Geiger
Cover-Fotos	shutterstock.com, Adobe Stock
Fotos	T.o.B.e Verein, Steffi Winkler
Narzissmusradar	Dr. phil. Christine Merzeder
	Dipl.-Pädagogin
	Renate Apollonia Mitterer
Layout & Satz	Nathalie Geiger
Korrektorat	KorrA – Kerstin Thieme
Verlag	BoD · Books on Demand GmbH
	In de Tarpen 42
	22848 Norderstedt
Druck	Libri Plureos GmbH
	Friedensallee 273
	22763 Hamburg

ISBN: 978-3-7693-0839-6

Bibliografische Information der Deutschen Nationalbibliothek:
Die Deutsche Nationalbibliothek verzeichnet diese Publikation in der Deutschen National-
bibliografie; detaillierte bibliografische Daten sind im Internet über dnb.dnb.de abrufbar.

Die automatisierte Analyse des Werkes, um daraus Informationen insbesondere
über Muster, Trends und Korrelationen gemäß §44b UrhG („Text und Data Mining")
zu gewinnen, ist untersagt.

INHALT

DANKSAGUNG

von Svenja Beck

In erster Linie möchte ich meiner Familie Chris ,Calvin, Angelina und Julian sowie meinen Tieren Dailo und Candyline aus tiefstem Herzen danke schön sagen, dass sie mich tagtäglich bei meiner Arbeit unterstützen und mir immer wieder den Rücken freihalten sowie die Kraft zum Weitermachen geben. Ich liebe euch unendlich, meine Liebe zu euch ist grenzenlos.

Im letzten Jahr hat sich viel bei mir verändert, auch ich musste lernen, dass es bei dieser Arbeit nicht nur gute Menschen gibt, was mich die ersten Wochen umgehauen hat. Allerdings kann ich nach einem Jahr zurückschauen und heute sagen, Gott hat die Menschen, die nicht gut für mich waren, aus meinem Leben genommen und mir wundervolle Menschen dafür geschenkt. Dafür danke ich ihm aus tiefstem Herzen.

Ebenfalls möchte ich mich bei allen lieben Menschen bedanken, die an diesem Buch mitgewirkt haben.

Dieses Buch zu schreiben, war ein Impuls von vielen Menschen, denen es auf der Seele gebrannt hat, anderen Menschen eine Hilfe zu geben, genau wie es damals meine Intention war, diese Aufklärungsarbeit zu starten, um Menschen eine Grundlage zu geben, genau das zu verstehen, was wir hier in diesem Buch versuchen zu beschreiben, nämlich was in solchen Beziehungen tagtäglich passiert.

Danke an die Menschen, die den Mut hatten, ihre Lebensgeschichte in Worte zu fassen und heute hier in diesem Buch zu teilen. Diese wunderbaren Menschen haben meinen größten Respekt verdient, denn das, was sie erlebt haben, noch einmal zu durchfühlen, war zu keinem Zeitpunkt einfach. Dennoch hat das Gefühl überwogen, anderen Menschen eine Hilfestellung zu geben, indem sie verstehen können, was ihnen zum aktuellen Zeitpunkt passiert.

Dieses Buch wäre ohne die Unterstützung vieler wunderbarer Menschen nicht möglich gewesen. Mein besonderer Dank gilt der *AOK Hessen* für die großzügige Förderung, die dieses Projekt erst ermöglicht hat. Bereits das erste Buch wurde von ihr gesponsert.

Mein tiefster Dank geht an mein Vorbild *Christine Merzeder*. Ihr Buch „Wie schleichendes Gift" kann ich jedem empfehlen. Es hat zum damaligen Zeitpunkt mein Leben gerettet. Ebenso möchte ich *Renate Apollonia Mitterer* und ihrem verstorbenen Mann *Thomas Mitterer* von Herzen danken – für alles, was sie bisher für uns getan haben.

Ein weiterer großer Dank gilt *Bettina Gronow* und ihrem Team sowie all jenen, die ihre Geschichten mutig in dieses Buch eingebracht haben. Danke an alle, die daran geglaubt haben, dass dieses Buch die Menschen erreichen kann, die es am dringendsten brauchen. Euer Vertrauen ist für uns von unschätzbarem Wert.

An alle Leserinnen und Leser, die sich mit diesem Buch auseinandersetzen: Ich wünsche euch von Herzen, dass ihr den Ausweg findet, so wie wir ihn gefunden haben. Möge dieses Buch all jenen, die in schwierigen Beziehungen gefangen sind, Hoffnung und Kraft spenden. Es gibt immer einen Weg. Ich bin diesen Weg auch gegangen.

Er war sehr, sehr schmerzhaft, aber aus dem Schmerz ist ganz tiefe Liebe entsprungen, die ich heute an euch alle weitergeben möchte. Ihr seid es wert, geliebt zu werden. Der erste Mensch, der euch lieben sollte, seid ihr selbst. Ich bin an eurer Seite und kämpfe mit euch dafür genau wie das komplette Team unseres Vereins #T.o.B.e Toxische Beziehungen überwinden e. V.

Danke auch an meine Freunde und Familie, die immer an meiner Seite sind: Mama, Alisa, Ben, Hayley, Helene, Antonella, Brunhilde, Tanja, Dirk, Tine, Marcel und Andrea.

Auch danke an meine Seelenverwandte Sabrina, die mir seit so vielen Jahren ganz viel bedeutet. Du und deine Familie, ihr seid für mich ein ganz großes Geschenk.

Die Aufklärungsarbeit, aber auch die Arbeit mit betroffenen Menschen ist mein absolutes Herzensprojekt.

Mein allergrößter Wunsch ist, dass Frieden auf der Welt herrscht. Ich weiß, dass das wohl nie so sein wird, aber dann möchte ich wenigstens im Kleinen dazu beitragen. Es blutet mein Herz, wenn ich weiß, dass andere Menschen, vor allem Kinder, leiden und dieses Gefühl wird die letzten Jahre immer stärker. Genau deshalb möchte ich meine Erfahrungen weitergeben und damit helfen.

Wenn wir alle im Kleinen anfangen, anderen Menschen eine Stütze zu sein, dann können wir unendlich viel bewegen.

Zuletzt ist zu sagen, wir sind keine Opfer, wir sind alles Überlebende von narzisstischem Missbrauch und häuslicher Gewalt, das ist ein gravierender Unterschied.

In Liebe, eure Svenja

VORWORT

von Svenja Beck

Narzisstischer Missbrauch ist die Höchstform von Gewalt. Emotionale Gewalt, Erniedrigungen, Worte im Mund umdrehen ist alltäglich. Diese Form der Gewalt ist unsichtbar für Außenstehende und hat ein zerstörendes und katastrophales Ausmaß für Betroffene, welches oft unvorstellbar ist.

Für mich persönlich war die emotionale und die psychische Gewalt, trotz der zwei Mordversuche durch meinen Ex-Freund, am schlimmsten.

Aus diesem Grund habe ich den Verein #T.o.B.e Toxische Beziehungen überwinden e. V. ins Leben gerufen, um genau diese Gewalt sichtbar zu machen.

Dieses Buch ist ein Buch von Betroffenen für Betroffene, um zu vermitteln, DU BIST NICHT ALLEIN und wir kennen das auch!

Wir möchten durch die Lebensgeschichten unserer wunderbaren Mitglieder hier in diesem Buch das Ausmaß dieser Missbrauchsform deutlich machen und signalisieren, was es mit dem Leben einzelner Menschen, aber auch mit ganzen Familien macht und wie wichtig es ist, unsere Kinder davor zu schützen.

Die meisten Geschichten hören sich vielleicht unglaublich an, aber ja, genau das ist es, was ein Mensch in solch einer Beziehung tagtäglich erleben muss. Jemand, der es nicht mitbekommt oder erlebt hat, empfindet es vielleicht als übertrieben oder unglaubwürdig. Aber NEIN!!!! Wir haben es genau so erlebt.

Es ist uns jedoch auch ganz wichtig, euch/dir zu vermitteln, dass es immer einen Ausweg gibt. Es ist kein einfacher Weg, aber in diesem Buch wirst du viele Möglichkeiten entdecken, die dich ermutigen können, aus diesem schrecklichen Lebensabschnitt auszusteigen. Denn das normale Leben, welches du verdient hast, ist es wert und wartet auf dich.

Ich möchte dir kurz meine Erlebnisse beschreiben, damit wird schon hier sehr deutlich, warum mir dieses Buch und der Verein ein Herzensanliegen sind:

2012 veränderte sich mein Leben schlagartig, als ein Mensch in selbiges trat, von dem ich dachte, ich könnte ihm grenzenlos vertrauen. Dieses Gefühl von geliebt sein und begehrt zu werden, gab er mir am Anfang der Kennenlernzeit. Ich fühlte mich wie eine Prinzessin, die ihren Traumprinzen gefunden hat. Meine Vorstellungskraft hat damals nicht zugelassen, daran zu denken, dass es Menschen gibt, die grundsätzlich andere für böse Manipulationspraktiken benutzen. Überhaupt war dieses Thema nie ein Thema für mich. Im Gegenteil, ich war immer eine Frau, die sagte: „Mir passiert so etwas nicht."

Das Schicksal überzeugte mich jedoch vom Gegenteil und ich fand mich in einer Gewaltbeziehung wieder, die geprägt war von psychischer und physischer Gewalt sowie zwei Femizid-Versuchen, auch Mordversuche an Frauen genannt.

Diese Beziehung ging fast fünf Jahre lang und ich dachte zu vielen Zeitpunkten, dass ich sie weder emotional noch körperlich überleben könnte. Viel zu groß war meine Angst vor der Trennung durch die seelische Abhängigkeit, aber auch die Angst davor, dass er mich und meine Kinder „beiseiteschaffen" würde, wie er es oft behauptete.

Heute bin ich seit über sechs Jahren raus aus dieser Gewaltspirale und ich möchte jedem Menschen Mut machen, diese ebenfalls zu verlassen. Viele Momente nach dem 03. April 2017 dachte ich daran aufzugeben und diesen furchtbaren Trennungsschmerz und all die Verletzungen/Wunden nicht weiter aushalten zu können. Aber da gab es drei Menschen in meinem Leben, die noch viel mehr in mir auslösten als dieser unsagbar tiefe Schmerz. MEINE KINDER.

Meine Kinder haben so lange gelitten unter dieser Beziehung, sollten sie nun auch noch ohne Mutter aufwachsen? Nein, das konnte ich ihnen nicht zumuten. Also hatte ich nur eine Richtung, in die ich laufen konnte, und diese war nach vorne ans Ende des Tunnels, wo letztendlich die Sonne auf uns warten sollte. Jedoch immer an meiner Seite der tiefe Schmerz, der versuchte, mich zu zerstören, bei dem ich dachte, er wird niemals verschwinden.

Nach anderthalb Jahren, in denen ich wöchentliche Therapiesitzungen besuchte, wo es um MICH ging, konnte ich endlich eine Besserung für mich feststellen.

Meine Geschichte teile ich nun mit Menschen, um zeigen zu können, wie sehr es sich lohnt auszusteigen, ich liebe mein heutiges Leben endlos und wünsche mir für alle Menschen, die in einer Gewaltbeziehung feststecken, dass sie solch ein Leben ebenfalls leben dürfen. Ich glaube heute schon fest an euch.

Ich könnte noch stundenlang weiterschreiben, aber hier geht es nicht um mich, sondern um uns alle. Dieses Buch soll euch helfen, aus Gewaltbeziehungen auszusteigen. Dies dauert seine Zeit, aber ich kann dir versprechen, dass sich jeder Tag lohnt, weil ein neues, wundervolles und vor allem FREIES Leben auf dich wartet.

Ich danke unseren wunderbaren Mitgliedern für dieses emotionale, hochspannende und ehrliche Buch. Den Stolz, den ich fühle, kann ich nicht mit Worten beschreiben. Ihr seid wundervoll.

Viele Herzensgrüße

Svenja Andrea Beck

T.o.B.e
TOXISCHE BEZIEHUNGEN
ÜBERWINDEN E.V.

Svenja Beck Gründerin ToBe-Verein

TAGEBUCHEINTRAG

von Svenja Beck

Bevor die anderen ihre Erlebnisse mit dir teilen, möchte ich dir hier einen Tagebucheintrag von mir zeigen. Er wird dir Einblicke in meine Gedanken und Gefühle von damals geben.

11.04.2016

Heute fange ich anders an als sonst. Ich denke, dass ich nicht mehr allzu viel schreiben werde. Das wird ein Abschied für immer sein, denn was am Samstagmorgen passiert ist, kann ich immer noch nicht fassen und in Worten wiedergeben.

Wie konnte das passieren?

Wie konnten wir uns das antun? Ich bin entsetzt, wie du auf einmal so sein kannst. Viel schlimmer als dein Handeln waren deine Worte, wobei ich am ganzen Körper wahnsinnige Schmerzen habe. Ich habe dich oft, leider zu oft, böse gesehen, aber so, so ...

Punkt. Punkt. Punkt. Punkt. Punkt.

Ich bin fassungslos, ja sprachlos. Ich stehe noch völlig neben mir. Ich will und kann es nicht wahrhaben. Wie konntest du so brutal sein? Du hättest mir fast mein Leben genommen, einem Menschen, der dich geliebt hat, mehr als du dir je vorstellen konntest.

Egal, was ich getan habe, es war alles falsch. Du hast mir so oft so wehgetan. Ich bin doch die Mutter deines Kindes. Wir waren mal so glücklich, uns wiederzuhaben.

Ich liege hier und weine mir die Augen aus dem Kopf, weil ich mir alles anders gewünscht hätte. Meine Gefühle sind komplett weg gewesen, aber durch die letzte wunderschöne Woche ist alles wieder da gewesen.

Ich weiß einfach, dass es jetzt endgültig vorbei ist und das zerreißt mich. Ich hab so viel Kraft investiert, so viel gegeben, alles war umsonst.

Ich bin so dankbar, dass wir nochmal in Heidelberg waren, zusammen mit unserem Sohn. Wir haben ihm wenigstens einmal unsere Stadt gezeigt. Vielleicht wird er irgendwann auch mit seiner Freundin dort hingehen.

Ich werde keine Sekunde jemals vergessen. Es ist so ungerecht. Warum kannst du nicht normal sein? Wieso hast du mir das angetan? Wieso hast du so leiden müssen? Wieso hattest du so ein Vorbild?

Niemals wünsche ich mir, dass unsere Kinder so werden, aber ich weiß, dass du innerlich so nicht bist, du aber nicht anders reagieren kannst. Für dich ist das eben normal. Du merkst es gar nicht, wie abnormal du dich verhältst.

Es ist schlimm jemanden, den man so liebt, gehen zu lassen, weil es gefährlich ist, bei diesem Menschen zu sein. Dies kann man nicht ändern und das ist furchtbar zu akzeptieren.

Mein Herzenswunsch ist, dass du irgendwann im Leben merkst, was mit dir passiert ist. Trotzdem wünsche ich dir viel Glück, dass du da ankommst, wo du dich hingezogen fühlst. Und jemand findest, die dir diese Liebe und heile Welt geben kann. Trotzdem möchte ich auch danke sagen für alle schönen Tage. Das darf man auch nicht vergessen.

Danke schön,
in Liebe, Svenja

Hilfeinseln sind eine wichtige Komponente des Vereins.
Es wurden bereits knapp 100 Hilfeinseln installiert.
Dies ist nur möglich durch unsere wundervollen ehrenamtlichen
Helferinnen und Helfer.

WENN AUS LIEBE EIN GEFÄNGNIS WIRD

von Norbert Krings

Hey, mein Name ist Norbert, ich bin 25 Jahre alt und arbeite bei der Bundeswehr. Ich bin schwul und habe mich dazu entschieden, euch meine Geschichte zu erzählen. Die Geschichte erzähle ich euch, weil ich euch Mut machen möchte. Ich weiß nicht, ob ihr dieses Buch lest, weil ihr in einer toxischen Beziehung steckt oder jemand aus eurer Umgebung.

Meine Geschichte fing unschuldig an, und zwar im Jahr 2017. Ich habe C. in einer Cocktailbar kennengelernt, in der ich gearbeitet habe. An einem Abend haben wir unsere Nummern getauscht. Am Anfang, als wir geschrieben haben, war es eine On/Off-Zeit. Damals hat er gesagt, er muss viel arbeiten, deswegen meldet er sich so selten. Trotz seines verdächtigen Verhaltens und meinem schlechten Bauchgefühl kam es zum ersten Date. Bei diesem hat C. mich in ein italienisches Restaurant eingeladen. Es war sehr schön, wir haben beide Pasta gegessen und ein bisschen Wein getrunken. Am Ende hat C. angeboten, dass wir spazieren fahren und für mich war das etwas Neues. Nachdem wir durch die Stadt gefahren sind, stiegen wir aus dem Auto und ich habe die Tür etwas fester zugemacht. Es war das erste Mal, dass mich C. angeschrien und beleidigt hat.

„Bist du eigentlich bescheuert?! Wie behindert muss man sein, um die Tür so zu knallen!!!", schrie er mich an. Es war nicht das erste und letzte Mal, wo es mir passiert ist, dass ich die Tür etwas fester zugemacht habe. In diesem Moment habe ich mir gedacht: „Nein, so geht mit dir keiner um. Den siehst du nie wieder." Kurz nach dieser Situation bin ich nach Hause gefahren, da ich ziemlich müde war. Es hat nicht lange gedauert, bis ich mich wieder mit C. traf. Er hat sich für letztes Mal entschuldigt und seine Hilfe angeboten beim Möbelaufbau in meiner neuen WG. Seitdem lief erstmal alles perfekt. Er hat mir Rosen geschenkt und mich zum Essen ausgeführt. Als ich zwei Wochen im Urlaub war, hat er meine Couch aufgebaut und mein WG-Zimmer mit Hilfe von meinem Mitbewohner romantisch gestaltet. In der WG wohnte ich circa vier Monate und danach bat mich C., zu ihm zu ziehen. Ich fand diese Idee toll, wir haben uns schließlich jeden Tag getroffen und waren nach der kurzen Zeit in einer Beziehung.

Ich bin in Polen großgeworden und schon von klein auf habe ich von einer Familie mit Kindern geträumt. C. sagte mir, es sei auch ein Traum von ihm. Ohne lange zu überlegen, habe ich dem Umzugsvorschlag zugestimmt, wir wären schließlich „seelenverwandt und füreinander bestimmt", so sagte es mir C. jedes Mal.

Mein Schatz war von Anfang an sehr eifersüchtig und wollte damals schon wissen, mit wem ich ausgehe und warum. Ich dachte mir: Okay, er liebt mich und macht sich Sorgen um mich.

Es kam immer wieder zu kleinen Meinungsverschiedenheiten und ich dachte damals, es ist ganz normal. Schließlich passiert das in jeder Beziehung. Vom Beginn der Beziehung an hat C. mich immer wieder von der Arbeit abgeholt und auch zwischendurch dort besucht.

Nachdem wir ein paar Monate zusammengewohnt haben, hat er Kameras in jedem Zimmer installiert. Die Begründung war ein Einbruch in der Vergangenheit. C. versicherte mir damals, dass keine Kamera in das Schlafzimmer kommt. C. hatte eine Putzfrau, deswegen habe ich mich im Schlafzimmer nie ganz umgeschaut. Als ich einmal von selbst aufgeräumt habe, entdeckte ich eine Kamera im Schlafzimmer. Die Kamera war sehr gut unter dem Schreibtisch versteckt und festgeschraubt. Ich wäre nie darauf gekommen, dort eine Kamera zu suchen. Die Kamera war gezielt auf das Bett gerichtet, um mich zu beobachten. Darauf habe ich C. angesprochen und er gab mir die Begründung: „Wenn ich nicht da bin, beobachte ich dich gerne beim Schlafen."

Mein Bauchgefühl sagte mir immer wieder, es ist nicht richtig, was er macht, jedoch habe ich nie darauf gehört. Er wollte die Kameras nicht entfernen, obwohl ich ihn mehrmals darum bat.

Ehe ich mich's versah, hatte sich C. Zugriff auf mein Handy verschafft. Er hat außerdem eine Standortverfolgung über eine App eingerichtet. Als ich ihn gefragt habe, ob ich auch auf seine Geräte Zugriff bekomme, antwortete er: „Nein." Er hat mir auch immer sehr viele Fragen gestellt und dadurch alles über mich erfahren. Mit manchen Sachen hat er mich später bedroht, dass er jemandem davon erzählt, falls ich mich nicht so verhalte, wie er will. Auf meine Fragen hat C. nie geantwortet und immer das Thema gewechselt. Mit der Zeit hat er immer mehr über mich gewusst, jedoch ich gar nichts über ihn.

Mit der Zeit wurde die Beziehung immer toxischer. Er hat mich immer mehr von anderen isoliert. C. hat mich über meine Freunde ausgefragt und gesagt, dass wir einen gemeinsamen Freundeskreis brauchen.

Wenn meine damaligen Freunde gesagt haben, sie möchten ihn vorerst nicht kennenlernen, dann hatten sie einen schlechten Einfluss auf mich. Er hat mir gesagt, sie tun mir nicht gut und ich musste den Kontakt abbrechen. Über meinen Facebook- und WhatsApp-Account hat er die Leute beleidigt und blockiert, damit ich keinen Kontakt mehr mit ihnen habe. Zur Sicherheit hat er mir damals befohlen, die Nummer zu wechseln wie auch einen neuen Facebook-Account einzurichten.

Bei dem ersten richtigen Streit, bei dem ich gesagt habe, dass wir uns trennen, hat C. meine Kleidung und Schuhe mit Wasser überschüttet, um es mir unmöglich zu machen zu gehen. Zu solchen Situationen kam es dann immer häufiger und sie eskalierten immer mehr. Es hat mit Wasser angefangen und später waren es dann Reinigungsmittel. C. hat Shampoos und Duschmittel über meinen Kopf geschüttet, damit ich duschen gehen musste und so die Wohnung nicht verlassen konnte. Er machte es so lange, bis ich versprochen hatte, dass ich mich beruhigte. Ich konnte C. trotzdem nicht verlassen. Er war für mich wie eine Droge. Er hat mir sehr geschadet und trotzdem wollte ich ihn nicht loslassen. Es lag auch daran, dass er nicht die ganze Zeit so war. Solange ich alles gemacht habe, wie er es sich wünschte, war es gut. Wenn ich was falsch gemacht habe, hat er mich auf unterschiedliche Art und Weise bestraft.

2019 haben wir uns einen Hund von einem Züchter geholt. Wir haben gehofft, dass der Hund uns mehr zusammenschweißt und sich alles zwischen uns bessert. Charlie war so süß und ich habe ihn von Anfang an sehr geliebt. Ich habe mich bemüht und im Internet nach verschiedenen Möglichkeiten gesucht, ihn zu erziehen.

C. hat jedes Mal gesagt, dass ich mich zu wenig an der Erziehung beteilige und er würde es anders tun. Er hat angefangen, den Hund mit Gewalt zu erziehen ... Jedes Mal, wenn das Tier etwas von der Straße aufgesammelt oder gefressen hat, war er ihm gegenüber gewalttätig. Es war immer sehr schmerzhaft für mich, das mit anzusehen. Ich konnte jedoch nichts anderes von C. erwarten. Er kannte das bereit so von seiner eigenen Familie. Sein Vater verhält sich genauso gegenüber seinen Hunden. Wenn ich mit dem Hund alleine unterwegs war, haben mich meine Freunde darauf hingewiesen, dass es dem Hund nicht gut geht. Man sieht es ihm an, dass er geschlagen wird, sagten sie zu mir. Sie haben mich auch gewarnt, dass ich der Nächste bin nach dem Hund. Das gab mir viel zu denken. Ich habe C. mehrfach gebeten aufzuhören, den Hund zu schlagen. Er hat immer wieder versprochen, dass er es nicht mehr tut.

Ich war damals sehr großem Stress ausgesetzt. Ich habe eine Ausbildung gemacht zum Hotelfachmann und musste mich zusätzlich um die Hundebetreuung kümmern. Im Juli 2019 haben wir geheiratet, trotz des ständigen On/Off. Die einzige Angehörige aus meiner Familie, die dabei sein durfte, war meine Oma. Es war seine Bedingung und sie war auch die Trauzeugin von meiner Seite. Meine Eltern, wie auch mein Bruder, waren ebenfalls zu diesem Zeitpunkt in Deutschland. C. behauptete damals, dass sie unseren besonderen Tag zerstören. Meine Mutter war von dieser Situation sehr stark betroffen. Sie hat sehr viele Tage geweint und C. hat sie davon überzeugt, dass ich es nicht wollte, dass sie dabei ist.

Nach der Hochzeit gab es sehr viele Höhen und Tiefen. Die ganzen Ereignisse und C.'s Verhalten haben mich immer mehr ans Ende getrieben und die ständige Kontrolle von seiner Seite nahm stetig zu. 2020 kam Corona und es wurde immer schlimmer.

C. arbeitet bei der Bundeswehr. Damals ließ er sich freiwillig in die Niederlande versetzen. Angeblich hatte es viele Vorteilen gehabt. Obwohl ich es nicht wollte, das habe ich ihm mehrmals gesagt, hat er es umgesetzt. Die Wohnung in Deutschland sollte weiterhin für meine Ausbildungszwecke dienen, versprach er mir. Nachdem wir komplett in den Niederlanden gewohnt haben, hat er mir die Schlüssel von der deutschen Wohnung weggenommen und sie vermietet.

Er versprach ebenfalls, die Fahrkarten zu zahlen wie auch andere Sachen. Dies hat er nur zeitweise gemacht. Ich habe immer mehr Schulden auf mich genommen, damit ich mir die Tickets von den Niederlanden nach Deutschland leisten konnte als Azubi. Die Aggressivität von C. habe ich immer mehr zu spüren bekommen. Mir wurde mit der Zeit klar, dass er sich nicht ändert, obwohl er es immer wieder versprach. Ich war mir sicher, dass der Umzug nur dazu diente, mich von meiner Familie zu trennen. So war ich das vollständige Eigentum von C.

Wenn ich auf der Arbeit war, hat er mich mit Liebe überschüttet, zu Hause gab es immer Streit und Kälte. Mein Leben hat sich sehr schnell in ein Gefängnis verwandelt. Ich konnte nicht ohne Erlaubnis raus und auch niemanden einladen, ohne es mit ihm abzusprechen. Wenn ich jemanden eingeladen habe nach Absprache, dann wurde ich erpresst mit verschiedenen Sachen, damit der Besuch nicht kommt.

Obwohl er sagte, dass er mich liebt, hat er es nie getan. Ich war sein Eigentum. Man sagt: *„Geben, ohne zu verlangen. Nehmen, ohne zu besitzen. Teilen, ohne zu fragen. Halten, ohne zu fesseln. Das ist Liebe."* So war es nur von meiner Seite her.

C. war der Einzige mit Auto und einem Führerschein. Beim Autofahren musste ich immer so sitzen, wie er es wollte, sonst hat er mir mit voller Kraft ins Knie gehauen, damit ich mich vernünftig hinsetze. Jedes Mal, wenn wir zusammen rausgegangen sind, musste ich anziehen, was er wollte. Wenn ich mich geweigert habe, dann hat er geschrien und mich bestraft. Bei jedem Einkauf wurde vorher abgesprochen, was gekauft wird. Wenn ich was anderes genommen habe, ohne es mit C. abzusprechen, gab es Stress. Er hat mir gedroht, dass er den Einkauf auf den Boden schmeißt und geht oder schreit. Ich hatte sehr große Angst davor, da ich wusste, er ist dazu fähig.

Ich wollte C. immer wieder verlassen. Ich war alles andere als glücklich ... Mein einziger Freund war Charlie, aber nur, wenn C. abwesend war. Wenn er da war, durfte ich ihn meistens nicht anfassen und er sollte auf seinem Platz liegen. Ich konnte C. nicht verlassen. Ich war von ihm abhängig und konnte mir ein Leben ohne ihn nicht vorstellen.

Es kam immer häufiger zum Streit mit Handgreiflichkeiten. Ich wurde sexuell missbraucht und zu sexuellen Handlungen gezwungen. Die Begründungen für sein Verhalten waren: „Wir sind in einer Ehe und Sex gehört dazu!" Er ließ mich nicht schlafen oder arbeiten gehen, wenn wir nichts gemacht hatten. Diese Wörter wie auch die Taten bleiben für immer in meinem Kopf: „Du wirst so lange nicht schlafen gehen, bis ich befriedigt bin / wir was gemacht haben."

Wenn ihm danach war, hat er mich im intimen Bereich verletzt und mir Schmerzen zugefügt. Er hat mir so viel angetan und ich bin trotzdem bei ihm geblieben aus verschiedenen Gründen. Er wurde zu einer Sucht. Wenn ich gehen wollte, hat er mir den Hund hinterhergeschickt, damit ich nicht gehen kann.

Wenn ich mit dem Hund flüchten wollte, hat er mir mit einer Anzeige gedroht oder ließ mich nicht gehen. Wenn er ging, habe ich geweint und ihn gebettelt, dass er bleibt.

Er hat mich glauben lassen, ich habe nichts Besseres verdient und dass ich schuld bin an allem, was uns passiert. Bei seinen Wutausbrüchen hat er mir wichtige Unterlagen zerstört wie auch meine Wertgegenstände. Bei jedem Streit wurden seine Augen schwarz und dunkel und er hat dreckig gegrinst, mich beleidigt und erniedrigt.

Als die Corona-Regeln wieder lockerer wurden, musste ich wieder arbeiten. Mit Druck von seiner mütterlichen Seite her hat er eine Wohnung gekauft, die war aber renovierungsbedürftig. Also zogen wir im Haus von seiner Familie ein. Ich dachte, C. tut es, damit ich es zu meiner Ausbildungsstelle näher habe. Ich habe mich da aber geirrt. Er tat es, um den Wert der Immobilie zu senken (wegen seinem Erbe). Als wir dort eingezogen sind, war es die Hölle. Er hat seine Cousine mit dem Messer bedroht. Das war aber nicht alles – um den Wert des Hauses zu senken, hat er mit seinem eigenen Kot die Treppe beschmiert und er kippte gesammelten Urin in den Aufzug. Er kaufte Ratten und Mäuse und ließ sie im Haus frei herumlaufen. Er hat die Wohnung überflutet und noch vieles mehr.

Dass so jemand bei der Bundeswehr arbeiten kann, hatte ich nie erwartet. Es sind auch alle Anklagen gegen ihn immer fallen gelassen worden. Ohne Worte!

Ich wusste nicht, was mit mir passiert. Ich war erschöpft, hatte Panikattacken und habe die ganze Zeit geweint. Ich habe immer öfter Gedanken gehabt, dass ich da rausmuss, und ich habe es versucht. Nachdem ich meine IHK-Prüfung erfolgreich abgelegt hatte, suchte ich eine Arbeitsstelle in der Nähe von meiner Familie und von meinen Freunden.

Ich habe eine Zusage bekommen von einer Hotelkette, bei der ich früher gearbeitet habe. Da wir die Wohnung in seinem Elternhaus aufgegeben haben und die andere saniert wurde, hat sich eine Chance für mich ergeben. Ich konnte mir so eine Mietwohnung für mich, wegen der Arbeit, suchen. C. hat mir aufgezwungen, dass er den Mietvertrag mit unterschreibt. Ich hatte mir in diesem Moment gedacht, es ist die einzige Lösung. Zu diesem Zeitpunkt glaubte ich, mehr Kontrolle und Überwachung ist nicht möglich.

Bei einer Gewerkschafts-Veranstaltung war ich zum Bowlen und Abendessen mit Übernachtung in ein Hotel eingeladen worden. C. hat die ganze Zeit versucht, es mir auszureden und mir stattdessen einen schönen Tag versprochen. Nachdem ich mich von ihm im Hotel verabschiedet habe, ging ich nach oben und fing an mich auszuziehen, um ins Bett zu gehen. Er kam ein paar Minuten später mit einem neuen Schlüssel von der Rezeption in mein Zimmer. Die Rezeption hat anscheinend nicht seinen Ausweis überprüft. Er hat gesagt, ich soll mich anziehen und mit ihm in ein anderes Zimmer gehen. C. sagte, er ist da, damit ich keinen Blödsinn mache. Am nächsten Tag beim gemeinsamen Frühstück mit den anderen habe ich mich versprochen, dass ich eine Freundin habe und keinen Mann. Er ist ausgeflippt und hat mich wieder bedroht und erpresst. Er hat dann die Schlösser zu meiner gedachten Freiheit getauscht. Die gemietete Wohnung, in die ich so viel Zeit und Liebe hineingesteckt habe, war auf einmal weg. Ich habe dort alles allein zusammengebaut und gepflegt. Es kamen wieder Sprüche, dass wir verheiratet sind, und er hat mich wieder gezwungen, komplett bei ihm zu wohnen. Ich musste somit um 2 Uhr nachts aufstehen, damit ich um 7 Uhr auf der Arbeit war. Ich hatte auch keine frische Arbeitskleidung, sondern musste sie direkt nach der Arbeit waschen und trocknen, damit ich am nächsten Tag arbeiten konnte.

Als ich mich wieder „benehmen konnte", so sagte er, hat er mir die Schlüssel für meine Wohnung wiedergegeben. Ich durfte aber dort nicht übernachten. Ich sollte damals nur ein paar Sachen mitnehmen und die Pflanzen gießen. Ich war sehr traurig, als ich in meiner Wohnung ankam. Ein paar von meinen Pflanzen waren noch klein und somit sind sie leider vertrocknet.

Ich musste nicht lange warten, einen Monat später, um genau zu sein im Mai 2022, hat C. versucht, mich umzubringen. Er hat mir dabei schwere körperliche Schäden zugefügt. Ich hatte frei und C. ist mit sehr schlechter Laune aufgestanden und war sehr laut. Ich habe ihn nett gebeten, dass er ein bisschen leise sein soll. Er antwortete darauf: „Halt doch die Schnauze." Die Wohnung von ihm war neu renoviert und er hat mir gesagt, ich soll mich um die Handwerker kümmern, obwohl ich schon seit Längerem wegen ihm psychisch sehr belastet war.

Zwischen 15 und 17 Uhr an diesem Tag kam es zu einem Streit. Der Grund dafür war angeblich, dass ich mich sehr schlecht um die Arbeiten gekümmert hatte. Ich war schuld daran, dass sich alles verzögerte. Er hat mich beleidigt und niedergemacht. Ich wollte dann meine Sachen packen und flüchten. Ich habe ihm gesagt, es ist vorbei zwischen uns. Ich wollte unbedingt die Wohnung verlassen. Er hat mich bedroht und gesagt, dass er mich eher umbringt als gehen lässt. Er drängte mich in eine Ecke. Auf der rechten Seite war eine Schlafmatratze vor mir, der Kühlschrank und er und auf der linken Seite war die Treppe, davor war eine kleine Mauer. Ich wollte um jeden Preis da durch, aber er ließ mich nicht gehen, packte mich und versuchte, mich über die Mauer die Treppe hinunterfallen zu lassen. Ich habe versucht, über mein Handy Hilfe zu rufen, doch er schlug darauf ein, damit ich es nicht tun konnte. Ich schrie nach Hilfe, doch es kam keiner.

Er schliff mich über den Boden und schubste mich durch die ganze Wohnung, weil ich geschrien habe. Am Ende schmiss er mich auf das Sofa und versuchte, mich mit einem Schlafkissen zu ersticken.

Es war nicht das erste Mal, dass er versuchte, mich mit einem Kopfkissen zu ersticken, aber an diesem Tag hatte ich die größte Angst um mein Leben, da er wusste, es ist endgültig vorbei. Ich habe mein Handy in meine Hände bekommen und dann fünfmal oder auch mehr auf den eingerichteten Knopf gedrückt, um den Notruf zu wählen. Als sich eine Stimme aus der Zentrale meldete, hat er damit aufgehört, mich ersticken zu wollen. Als ich telefonierte und versuchte, meine Situation zu erklären, schrie er im Hintergrund: „Er ist psychisch krank und muss eigentlich in eine Psychiatrie. Ich habe ihm nichts getan, er war es selbst."

Hätte ich mein Handy nicht bei mir gehabt, bin ich mir sicher, dass ich das Ganze mit meinem Leben bezahlt hätte. Nachdem die Polizei und der Krankenwagen ankam, habe ich versucht, alles zu erzählen, so gut ich es konnte. In der Wohnung waren Kameras und die ganze Situation wurde aufgezeichnet. Als ich mit der Polizei in die Wohnung reingegangen bin, waren sie nicht mehr da. Die haben ihm ein 10-tägiges Hausverbot erteilt. Ich habe gesagt, dass ich mich in meiner Wohnung aufhalten möchte. Die ganze Situation ist schließlich in seinem Eigentum passiert. Ich hatte meine Kleidung und persönlichen Gegenstände in der Mietwohnung in der Nähe von meiner Arbeit. Die Polizisten teilten mir mit, dass sie nicht möchten, dass es noch mehr eskaliert, deswegen sollte ich trotzdem in seiner Eigentumswohnung bleiben. Er wollte unbedingt in meine Wohnung. C. wollte, dass ich auch seine Tasche packe, weil ich es immer getan habe und er es nicht allein kann.

Nach ein paar Tagen habe ich mitbekommen, dass er meine Wertgegenstände aus meiner Wohnung entfernt hatte. Ich telefonierte mit der Vermieterin, um zu erfahren, ob er sich noch in der Wohnung aufhält. Sie sagte: „Herr Krings, Ihr Mann hält sich dort nicht mehr auf und er hat Ihnen den Schlüssel in den Briefkasten geworfen."

Ich habe dann die Schlüssel von dem Vermieter wiederbekommen, doch C. hatte nicht alle Schlüssel in den Briefkasten eingeworfen, sondern nur einen. Daraufhin habe ich die Schlösser selbstverständlich getauscht, damit ich mich sicherer fühlen konnte in meiner Wohnung. Nachdem ich in die Wohnung kam, habe ich bemerkt, dass mehrere Sachen nicht mehr vor Ort waren. Ich habe aufgeräumt und mich ein paar Tage dort aufgehalten. Ich dachte, ich bin jetzt dort sicher. Ich habe meine Gegenstände, die bei meiner besten Freundin waren, in die „sichere Wohnung" gebracht. Ich wollte eine kurze Auszeit und habe einen Billigflug nach Italien zu meiner krebskranken Oma gebucht. Er hat es irgendwie mitbekommen, dass ich wegfliegen will. Einen Tag vor dem Abflug hat C. die Schlösser von seiner Wohnung ausgetauscht und sich bei seiner Familie aufgehalten. Ich habe den Schlüsseldienst angerufen, doch ich konnte mir diesen nicht leisten, ich stand ohne Mittel und jegliche Kleidung da. Ich war gezwungen, damals nach Polen zu fliehen zu meiner Familie, damit ich nicht als Obdachloser auf der Straße lande. Die Polizei sagte, ich habe keinen Beweis, dass er die Schlösser ausgetauscht hat. Schließlich hätte er jemand anderen damit beauftragen können und das wäre nicht verboten. Sie haben mir eine Unterkunft in einem Obdachlosenheim angeboten. Der Kommissar hat mir aber abgeraten, dorthin zu gehen.

Als ich in Polen war, hat mich die Vermieterin erneut kontaktiert und gesagt, dass er nicht mehr da ist und ich kann mich dort aufhalten. Nachdem ich erneut zurück in die Wohnung kam, war sie verwüstet. Das ganze Bett war mit Säure überschüttet, nachdem ich das Bett angefasst hatte, waren meine Hände komplett rot und sie haben gebrannt. Ich habe über eine Woche gebraucht, um die Wohnung wieder zu reinigen. Dort habe ich mich dann bis Ende Juni 2022 aufgehalten. Doch ich fühlte mich in der Wohnung nicht mehr sicher. Es wurde so schlimm, dass ich nachts nicht mehr durchschlafen konnte und ich habe immer alle Eingangsmöglichkeiten verbarrikadiert.

Seit Juli 2022 arbeite ich bei der Bundeswehr. Diese Entscheidung habe ich aus verschiedenen Gründen getroffen. Ich wollte meinen Charakter stärken und meine körperliche Leistungsfähigkeit erhöhen. Ich finde, die Bundeswehr hat mich bis jetzt charakterlich sehr gestärkt. Ich wollte lernen, wie man mit der Waffe umgeht, um im Notfall meine Familie und Freunde verteidigen zu können. Seitdem ich hier bin, bekomme ich sehr viel Unterstützung von meinen Vorgesetzten und Kameraden, die das, was passiert ist, nicht nachvollziehen können. Es kann keiner nachvollziehen, warum jemand so etwas tut. Dank der Bundeswehr habe ich eine Chance für einen Neuanfang und das werde ich nie vergessen. Ich bin ehrlich, ohne meine Arbeit und die Kameraden wäre ich zusammengebrochen.

Es kommen immer noch Momente, in denen ich mich sehr einsam fühle, es passiert meistens nachts. Ich denke sehr oft darüber nach, was mir passiert ist und an Charlie. Ich habe ihm leider nicht da raushelfen können und allein kann es das arme Tier nicht.

Ich lebe immer noch in einem Albtraum, da mein Ex mich weiterhin stalkt und versucht, mich durch seinen Rechtsanwalt zu brechen. Ich habe nach wie vor Angst vor ihm, Angst, nachts allein durch die Straßen zu laufen. Ich habe auch Angst davor, meinen Job zu verlieren. Ich erinnere mich ganz oft an die dunkelsten Tage in meinem Leben und daran, was ich alles durchgemacht habe. Ich bemitleide mich nicht und ich möchte nicht bemitleidet werden. Ich will nur eine Antwort, die ich vermutlich nie bekommen werde. Also frage ich dich, C., falls du das auch liest: „Warum hast du mir das angetan?"

Das Wichtigste ist aber, ich bin lebend rausgekommen! Es hätte aber auch anders enden können. Wenn nicht im Mai 2022, dann später.

Meine Botschaft an euch!

Wacht auf, holt euch oder euren Liebsten Hilfe. Es gibt einen Ausweg. Es ist klar, es wird nicht leicht. Aber ich habe die Hoffnung nicht aufgegeben, dass ich noch glücklich werden kann. Dass ich zusammenleben kann mit einem Partner, der mich liebt und akzeptiert, wie ich bin.

Ich bitte euch, wartet nicht zu lange, denn dieses Märchen, in dem ihr grade drinsteckt, kann nur schlecht enden. Da gibt es kein Happy End. Ich habe versucht, C. zu helfen, dass er sich ändert. Es hat nur leere Versprechen gebracht. Wacht also auf, bevor es zu spät ist. Denn ihr seid alle besonders und keiner hat sowas verdient.

Passt auf euch und eure Liebsten auf!

Euer Norbert

Mit Menschen, die man ansonsten niemals kennengelernt hätte und die einem sehr ans Herz wachsen.

WEG VOM MISSBRAUCH DURCH MEINE FRAU

von Mark-Oliver

Ich werde hier meine Geschichte erzählen, wie ich es geschafft habe, meinen Weg aus der toxischen Ehe zu finden und auch durchzuziehen. Auf die ganzen toxischen Verhaltensweisen werde ich nicht detailliert eingehen, denn diese Beschreibungen gibt es genug.

Ich war knapp acht Jahre mit meiner Frau zusammen, wir hatten uns kennengelernt und nach etwas mehr als eineinhalb Jahren geheiratet. Bereits vor der Hochzeit habe ich schon die ersten Ungereimtheiten festgestellt. Da waren nicht enden wollende Diskussionen aus heiterem Himmel, viele Missverständnisse, grundsätzlich verschiedene Ansichten diverser Dinge und irgendwann gab es auch schon mal die ein oder andere Kabbelei, bei der sie mal etwas handgreiflich wurde. Zwischendurch gab es Situationen, in denen sie behauptete, dass Absprachen nicht so waren, wie ich mich daran erinnerte, sondern so, wie sie es darstellte. Das machte mich immer unsicherer, bis ich anfing, meinen eigenen Wahrnehmungen nicht mehr zu trauen. Sie machte auch immer mal wieder meine Hobbys und meinen Freundeskreis schlecht. Das war so subtil, dass ich mich dafür schämte, was ich denn für komische Hobbys und Freunde habe.

Als Konsequenz daraus habe ich mich nach und nach von den Hobbys und auch von diversen Freunden distanziert. Das ist eine der vielen Methoden von toxischen Menschen, um seinen Partner von der Außenwelt zu isolieren.

Nach der Hochzeit gingen wir dem gemeinsamen Kinderwunsch nach und sie wurde schwanger. Schon während der Schwangerschaft zeigten sich ihre toxischen Eigenschaften stärker als davor und die Lage wurde für mich wesentlich unangenehmer, aber noch so weit okay. Irgendwann habe ich angefangen, meiner Mutter davon zu erzählen, was sich bei uns hinter verschlossenen Türen immer mal wieder zuträgt. Das war für mich sehr erleichternd und am Ende des Jahres 2017 kam meine Mutter von einer Familienaufstellung zurück und brachte von dort eine Information zum Thema Narzissmus mit. Ich solle doch mal auf die Seite www.umgang-mit-narzissten.de schauen und mich damit beschäftigen.

Nun ja, was soll ich sagen, vieles davon, was ich auf dieser Seite las, kam mir sehr bekannt vor. Es wurde auch immer wieder erwähnt, dass es nicht möglich sei, mit einer Person, die narzisstische Züge hat, auf Dauer glücklich zu leben. Grundtenor ist: *Nimm die Beine in die Hand und lauf, so weit sie dich tragen. Wenn du weg bist, dann reduziere den Kontakt auf ein absolutes Minimum.*

Mir half es ungemein zu wissen, dass ich nicht der Einzige bin, der in einer solchen Situation steckt. Es war wie eine Neuausrichtung meiner Antennen, festzustellen, dass gut 98 % der Diskussionen, Zoffereien und anderen Meinungsverschiedenheiten nicht durch mich ausgelöst wurden, sondern durch meine Frau. Es war sehr beruhigend zu lesen, dass ich nicht derjenige bin, der spinnt (so wie es mir dauerhaft eingetrichtert wurde), sondern dass es ihre Wahrnehmung ist, die eine komplett andere ist.

Das hört sich im ersten Moment durchaus einfach an, wenn es dir nicht passt und du nichts an der Situation ändern kannst, dann ändere dich und gehe. Aber alle, die eine solche Beziehung durchgemacht haben oder noch in einer solchen stecken, wissen ganz genau, dass es nicht so ohne Weiteres möglich ist, sich einfach zu trennen. Denn der toxische Partner schafft es meistens, den Betroffenen emotional so von sich abhängig zu machen, dass die Trennung einem kalten Entzug gleichkommt. Auch bei mir gab es diese Anzeichen, dass ich Angst davor hatte, was denn wäre, wenn ich mich trennte, wie es mit der Tochter klappen könnte (die zu dem Zeitpunkt knapp ein Jahr alt war).

Um mich ein bisschen zu stabilisieren, nahm ich für ein paar Termine das Beratungsangebot von Pro Familia an und hatte dort einige Gespräche mit einer Psychologin. Auch mit einem Familienrechtsanwalt habe ich gesprochen, um die rechtlichen Aspekte nicht außer Acht zu lassen. Ich fing an, mich näher mit dem Thema Trennung zu beschäftigen, und ich merkte, dass ich es schaffen könnte. Ich las sehr viel auf der oben genannten Seite und besorgte mir auch die E-Books von Sven Grüttefien. Diese Bücher haben mir in der Anfangszeit sehr geholfen, mich zu reflektieren und für mich mit der Ergründung anzufangen, wieso ich für solche Personen anfällig war. Mit diesen Informationen begann ich, meine Vergangenheit und vergangene Beziehungen (freund- und partnerschaftlich) unter einem anderen Licht zu betrachten. Und siehe da, unter dieser Betrachtung ergaben sich einige andere Menschen in meinem Leben, die ähnlich wie meine Frau ticken. Insgesamt habe ich vier Ex-Partnerinnen, einen ehemals besten Freund und einen ehemaligen Kollegen, der mich stark mobbte, entlarvt, die vermutlich (mehr oder weniger starke) narzisstische Züge haben. Also kam ich zu der Erkenntnis, dass ich etwas an mir haben muss, womit ich diese Art Menschen in mein Leben ziehe.

Mit dieser Erkenntnis und dem festen Wunsch, diese Anteile, die ich in mir trage und die mich für diese Personen anfällig machen, in Zukunft heilen zu wollen, begann ich mich mit dem Thema Trennung auseinanderzusetzen. Da meine Frau in der Mitte des zweiten Lebensjahres unserer Tochter wieder zu arbeiten anfing, plante ich für einen Tag im Juni, an dem sie arbeiten musste, meinen Auszug. Ich organisierte ein paar Freunde, die mir halfen, meine Sachen einzupacken und dann auch noch wegzufahren. Als meine Frau von der Arbeit kam, eröffnete ich ihr meinen Entschluss, den sie natürlich keinesfalls nachvollziehen konnte. Nach gut zweieinhalb Stunden Diskussion konnte ich mich dann endlich befreien und zu meiner Übergangsunterkunft bei meinem Trauzeugen aufmachen. Ich hatte ihr gesagt, wo ich unterkomme, und blieb auch für sie erreichbar, denn wenn mal etwas mit der Tochter wäre, könnte sie mich ja anrufen. Sie wollte meine Entscheidung und meine Auszeit respektieren und sich nicht melden.

So viel zur Theorie ... praktisch rief sie mich öfter an und stand am dritten Tag, nachdem ich ging, mit der Tochter auf dem Arm vor der Tür meiner Übergangsunterkunft und hatte Blumen sowie einen langen Brief dabei, in dem sie alle ihre Fehler einsah und Besserung versprach. Ich habe in den ersten Wochen mehr oder weniger standgehalten, aber irgendwann bröckelte mein Widerstand und ich ließ mich auf ihre Versöhnungsbemühungen ein. Eine dieser Bemühungen war, dass sie den Vorschlag einer Paartherapie machte, wobei sie meinen Vorschlag hierfür gut sieben Monate zuvor mehrfach vehement abgewiesen hatte. Im Nachgang meinte sie, dass ich mehr hätte dranbleiben sollen, um sie zu der Paartherapie zu bewegen, wenn es mir ernst gewesen wäre.

Bei den Sitzungen war sie sehr einsichtig und ging auch darauf ein, was ich sagte. Allerdings wendete sich das Blatt, sobald wir den Praxisraum verließen, und dann meinte sie, wie ich denn nur diese ganzen Geschichten auspacken könnte und so weiter. Auch um die Ansätze, wie z. B. gewaltfreie Kommunikation und regelmäßige Zwiegespräche, hatte ich mich allein zu kümmern. Beim ersten Zwiegespräch habe ich mich getraut und wirklich angesprochen, was mir nicht passt. In ihrer Redezeit nahm sie mich dann dafür verbal auseinander. So ist das Zwiegespräch nicht gedacht. Durch diesen Missbrauch an den Gesprächen, die offen gedacht sind, habe ich nicht lange gebraucht, um sie aufzugeben.

Sie hat mich überzeugt (überredet), den im Januar geplanten Urlaub an der Nordsee wie vorgesehen anzutreten. In diesem Urlaub meinte sie dann irgendwann, dass sie sich ja jetzt ausreichend darum gekümmert habe, dass ich wieder zurückkomme, und nun sei ich an der Reihe, mich zu bemühen, dass sie mich wieder lieben könne. Nach dieser Aussage war ich erstmal sehr perplex und wusste nicht, was sie damit meinte und bezwecken wollte. Ich strengte mich an und versuchte mehr als zuvor, ihr zu gefallen, damit sie mich wieder lieben könne. Dies ist eine erlernte Verhaltensweise aus meinen Kindertagen, Liebe gegen Leistung. Ein paar Monate wurde es etwas ruhiger und ich schöpfte Hoffnung, dass es besser werden könnte.

Irgendwann war dann auch das zweite Kind unterwegs und auch hier war das Verhalten in der Schwangerschaft wieder massiver, mehr noch als während der ersten. Es häuften sich stärkere Eskalationen, in denen es auch zu physischen Übergriffen gegen mich kam. Ja, meine Frau hat mich geschlagen, gekratzt, auch mal ins Gesicht gespuckt, mal mit dem Unterarm in den Nacken geschlagen, von außen gegen mein Knie getreten, Drohungen ausgesprochen oder mir auch mal den Tod gewünscht.

Diese Ereignisse fanden viel zu oft in der Gegenwart der Kinder statt. Die Frage, wieso ich trotzdem blieb, kann ich aus heutiger Sicht nur damit beantworten, dass mein Selbstwert ziemlich am Boden war, ich meine Kinder liebe und sie nicht zurücklassen wollte.

Als unser Sohn geboren wurde, kam kurz darauf Corona, damit dann auch die Zeit der Kurzarbeit und später Homeoffice. Ich habe die Zeit einerseits sehr genossen, denn ich habe unheimlich viel Zeit mit den Kindern verbringen können, andererseits haben sie auch viel mitbekommen, wie sich meine Frau mir gegenüber verhalten hat. Es ist nicht schön, wenn der Papa von der Mama permanent angemotzt und wie ein Mensch 3. Klasse hingestellt wird. Auf den brauchst du nicht zu hören, der räumt alles alleine auf und so weiter.

Im zweiten Jahr von Corona hat unsere Tochter im Alter von vier Jahren die Diagnose Diabetes Typ 1 bekommen und ich war mit ihr in der Klinik zur Insulineinstellung. Meine Frau ist Kinderkrankenschwester und damit die medizinische Kompetenz im Haus. Bedingt dadurch hatte ich mit meinen Grundkenntnissen, was den Diabetes betrifft, nicht viel zu melden. Ich war bei den Schulungen in der Klinik mit unserem Sohn draußen vor der Tür, damit sie sich die Informationen abholen kann und sie mir im Nachgang mitteilen würde, was nur extrem spärlich funktionierte. So kam es dann, dass ich recht wenig in die diabetische Betreuung unserer Tochter eingebunden war, obwohl ich mir das einerseits ohne Weiteres zutraute und auch gemacht habe, als es darauf ankam. Ich kann die benötigte Insulinmenge berechnen und ihr verabreichen, kann das Infusionssystem und die Insulinampulle der Insulinpumpe austauschen und die Pumpe bedienen und natürlich regelmäßig den Blutzucker messen (mit einem Sensor, der auf dem Arm klebt).

Allerdings durfte ich mir gerade zu Beginn der Diabeteszeit von meiner Frau anhören, dass ich doch so dappisch sei und die Berechnung des Insulins nicht richtig hinbekommen und am Ende ihr zu viel geben würde, so dass sie daran sterben würde. Es gab auch mehrfach die Situation, dass sie unserer Tochter sagte, dass sie nur noch bei mir sei, damit sie (die Kinder) gut und gesund aufwachsen. Denn wenn sie sich trennen würde, müssten sie (die Kinder) ja jedes zweite Wochenende zum Papa und der bekäme das mit dem Insulin nicht hin und würde zu viel geben. „Und wenn du zu viel Insulin bekommst, dann stirbst du, willst du das?", fragte sie unsere Tochter mehrmals, als sie vier bis fünf Jahre alt war.

In dieser Zeit begann sich der Gedanke an einen erneuten Trennungsversuch in mir zu regen. Ich habe mir überlegt, wie es am besten funktionieren könnte. Denn seitdem unser Sohn geboren ist, war sie in Elternzeit und nicht arbeiten. Wenn sie nicht arbeiten ist, kann ich nicht einfach meinen Kram packen und ausziehen. Also dachte ich darüber nach, wie es denn funktionieren könnte. Im September 2021 fuhren wir an die Ostsee und da überlegte ich mir, dass ich mich eines Nachts aus dem Urlaub absetzen könnte, um dann zu Hause all meine Sachen zu packen und auszuziehen. Dieser Plan war aber lange nicht ausgereift und im Urlaub sind alle außer mir krank geworden. Ich informierte meine Mutter, dass es nichts wird und ich nicht kommen werde. Somit blieb ich dann erstmal da.

In der folgenden Zeit schaute ich wieder vermehrt Videos zum Thema narzisstisch/toxische Beziehungen und wie man davon loskommen kann. Ich fand eine Therapeutin namens Tanja Grundmann, die auch auf YouTube aktiv ist. Ihre Videos ließen einen anderen Ansatz als bei vielen anderen Aufklärern erkennen. Dieser Ansatz hat mich angesprochen und ich nahm Kontakt mit ihr auf.

Es gab ein paar telefonische Sitzungen, in denen die Anteile und Gefühle betrachtet wurden, die mich in diesem Konstrukt einer Beziehung hielten. Ich bekam Anleitungen und Übungen, wie ich auf die Gefühle und Anteile in mir hören und etwas zu Kräften kommen kann, um den Ausstieg zu planen bzw. auch irgendwann zu schaffen.

In der Folgezeit änderte sich die Qualität der Beziehung zwischen meiner Frau und mir, sie merkte wohl unbewusst, dass sich bei mir etwas verändert, und zog die Zügel noch weiter an. Sie schloss mich vermehrt von den gemeinsamen Mahlzeiten aus, da sie die Meinung vertrat, immer wenn ich beim Essen dabei wäre, gäbe es Zoff. Sie schaffte es immer wieder, sich selbst so in Rage zu reden, dass sie eskalierte und mich dafür verantwortlich machte. So durfte ich dann häufig in der Zeit, als sie mit den Kindern zu Mittag oder Abend aß, irgendwo aufräumen, putzen oder einkaufen gehen. Hauptsache, ich war nicht in der Nähe und konnte so die friedliche Mahlzeit nicht stören. Wenn jetzt geglaubt wird, dass ich danach noch etwas abbekommen hätte oder dass mir eine Portion übriggelassen wurde, wäre das ja noch halbwegs okay. Teilweise war aber nicht einmal das der Fall und ich ging leer aus.

In den ersten Wochen des Jahres 2022 wollte ich mit einer Hauruckaktion den Ausstieg machen und zwar, wenn sie mal mit den Kindern einen Nachmittag nicht da wäre. Ich dachte, dass ich meine Siebensachen packen und verschwinden könnte. Aber das hatte sich nicht ergeben und so schaute ich in den Kalender, um nach einem geeigneten Datum für den Ausstieg zu suchen. Nach einigen Überlegungen fasste ich einen Termin ins Auge und setzte ihn mir als Fixdatum: Der 27.06.2022 sollte der große Tag werden. Dieser Tag war sehr bewusst gewählt, denn er lag mitten in dem Urlaub, den wir an der Nordsee geplant hatten.

Ich wollte vor der Trennung nämlich noch ein paar schöne Tage am Strand mit den Kindern verbringen können. Außerdem hätte meine Frau dann noch gut fünf Tage in der Ferienwohnung, bevor die Buchung abläuft. So hätte sie die Möglichkeit, sich dort zu sammeln und mit den Kindern wieder gut nach Hause zu fahren. Von dem Tag der Terminsetzung an waren es noch 96 Tage bis zum Tag X. Und von da an begann ich mit der genaueren Planung.

- Was will ich alles mitnehmen?
- Wo kann ich wohnen?
- Wer kann mir beim Auszug helfen?
- Wo kann ich meinen Hausrat unterbringen?

Ich machte mir eine Checkliste mit allen Aspekten, die für mich geklärt sein mussten, so dass ich den Absprung erfolgreich schaffen kann. Die erste Wohnungsbesichtigung Anfang April war ein sehr seltsamer Schritt, es fühlte sich an wie ein Verrat, den ich begehen werde. Natürlich sagte ich nicht, dass ich zu einer Besichtigung wollte, sondern ich machte den Termin aus und sagte ihr, dass ich zum Zahnarzt müsste. Die Wohnung war ganz nett, aber es gab noch andere Interessenten und zwei Tage später bekam ich die Absage. Nun gut, also musste es andere Möglichkeiten geben. Durch ein Gespräch mit Kollegen kam ich auf die Idee, dass ich erstmal auf einem Campingplatz unterkommen könnte. In der Nähe meines Arbeitsplatzes gab es sogar einen, der Wohnwagen vermietet. Das klang interessant und ich fuhr hin, um sie mir anzuschauen. Aber allein von dem Geruch fiel ich fast wieder rückwärts aus dem Wagen heraus, vom Zustand ganz zu schweigen. Also das war auch nichts. Bei einem anderen Platz gab es Monteursplätze, also vergünstigte Stellplätze, die jeweils monatlich vermietet werden. Einen Wohnwagen habe ich nicht, aber ein großes Zelt und das sollte dann übergangsweise meine Unterkunft sein.

In den kommenden Tagen und Wochen sammelte ich weitere Haken an meiner Checkliste, als ich beispielsweise ein Umzugsunternehmen beauftragte, am großen Tag zu kommen und meine persönlichen Dinge auszuräumen. Glücklicherweise hatten die auch eine Einlagerungsmöglichkeit, so dass ich auch gleich das Thema: Wohin mit meinem Hausrat? abhaken konnte. Die Planung, wie ich mich selbst dann absetzen könnte, nahm auch immer weiter Formen an, bis der Plan letztendlich stand. Die Ferienwohnung, die wir an der Nordsee gebucht hatten, lag in der Nähe des Bahnhofes. Ich plante ursprünglich, mit dem Zug nach Hamburg zu fahren, um dann mit dem ersten Flieger nach Frankfurt zu fliegen, aber das war nicht mit den Fahrzeiten der Bahn zu vereinbaren. Also fiel meine Wahl auf das Taxi. Der finale Plan für den Absprung stand dann irgendwann: In der Nacht aus der Ferienwohnung verschwinden, um 2:30 mit dem Taxi nach Hamburg, um 6:00 mit dem Flieger nach Frankfurt und von dort „nach Hause" (wobei es schon lange kein Zuhause mehr war, sondern nur der Ort, an dem ich seinerzeit wohnte), dann mit den unmittelbaren Vorbereitungen beginnen und ca. drei Stunden später sollte das Umzugsunternehmen kommen.

Es war dann ca. Ende Mai, Anfang Juni und ich hatte alle Punkte auf meiner Liste abgehakt, so dass ich „nur" noch die Tage abwarten musste. Die Tage vor der Abfahrt in den Urlaub hatte ich von früh bis spät zu tun, damit sich meine Frau um die Urlaubsvorbereitungen kümmern konnte. Ich versorgte die Kinder, räumte nach und nach das Haus auf und putzte es auch noch durch. Als ich meine Klamotten für den Urlaub packte, musste ich natürlich darauf achten, dass ich ein separates Gepäckstück brauche, um auch alles mitnehmen zu können. Ich nahm so wenig wie es nur irgendwie ging mit, so dass auch alles in mein alternatives Gepäckstück reinpasste.

Als wir dann auf dem Weg in den Urlaub waren, wurde ich langsam nervöser, denn bei Abfahrt an die Nordsee waren es nur noch neun Tage, bis ich wieder auf dem Rückweg sein würde. Die Tage mit den Kindern an der Nordsee waren an sich ganz schön, nur das Verhalten meiner Frau spitzte sich immer weiter zu. Denn sie kümmerte sich primär um den Hund, den sie erst im März bekommen hatte, und ich kümmerte mich um die Kinder, so dass sie sich zu ihrer Zufriedenheit verhielten. Am Strand war die Aufteilung auch sehr deutlich: Sie wartete, bis das Strandzelt stand, spielte in der Zeit etwas mit den Kindern, danach übernahm ich die Kinder und sie ihr Buch. Ich habe die gemeinsame und sehr intensive Strandzeit mit den Kindern sehr genossen und versucht, mein Herz mit der Zuneigung der Kinder aufzuladen. Außerdem habe ich ihnen immer wieder gesagt, dass ich sie ganz doll liebhabe, egal was kommt. Mir war nämlich bewusst, dass ich die folgenden Monate die Kinder nicht sehen würde. Denn eine Konfrontation mit meiner zukünftigen Ex-Frau konnte ich mir beim besten Willen in den ersten Monaten nicht vorstellen und habe diese auch vermieden.

So gingen die Tage im Urlaub dahin und auch hier schaffte sie es immer mal wieder, dass ich bei vereinzelten Mahlzeiten nicht dabei sein konnte. Es gab mal einen Hustensaft zu holen, da die Große zu kränkeln anfing, oder es musste noch schnell was eingekauft werden etc. An dem letzten Tag waren wir tagsüber unterwegs und kamen am Abend recht spät zurück in die Ferienwohnung. Während der Rückfahrt versuchte sie mal wieder, mich mit diversen Themen in eine Diskussion zu verwickeln. Das schaffte sie nicht, da ich ihr auf den Kopf zusagte, dass ich den Eindruck habe, sie suche bei mir die Knöpfchen, um eine Diskussion zu starten. Aber das schaffe sie nicht, da die Knöpfchen außer Funktion seien. Daraufhin war sie dann den Rest der Fahrt still.

In der Unterkunft angekommen, bat sie mich auf ihre bestimmte Art und Weise, dass ich nochmal durchsaugen solle, da es überall so sandig wäre. Als ich dann im Obergeschoss das Bad saugte, nahm ich die Duschvorleger in die Hand und klopfte sie leicht ab, damit der grobe Dreck abrieseln und ich ihn aufsaugen könnte.

Als ich noch am Saugen war, kam sie plötzlich hoch und fragte, was ich mit den Vorlegern gemacht hätte. Ich sagte ihr, dass ich sie ausgeklopft hatte und dann alles aufgesaugt habe. Sie ist daraufhin total ausgetickt. Sie hat einen sehr starken Ekel vor allem, was mit Füßen in Berührung kommt oder davon abrieseln könnte und einen sehr hohen (übertriebenen) Anspruch, was die Hygiene angeht. Sie hat mich mehrere Minuten lang beschimpft, wie ich denn auf diese Idee gekommen wäre und dass sie jetzt alle Handtücher im Bad waschen müsste, weil ja alles kontaminiert sei und so weiter. Irgendwann hatte sie sich noch über was anderes aufgeregt und gab mir eine Ohrfeige. Auf meinen Kommentar hin, dass sie mir auch noch auf die andere Seite eine schallern sollte, dass meine Gesichtsfarbe wieder ausgeglichen wäre, fing ich mir die zweite Ohrfeige.

Kurz bevor sie wieder runter zu den Kindern ging, die die ganze Zeit über unten im Wohnzimmer spielten, schlug sie mir noch sehr kräftig mit der flachen Hand zwischen die Schulterblätter. Auf dem Weg nach unten kam ihr unsere Tochter entgegen und meine Frau meinte: *An dem Tag, an dem der Typ stirbt, werde ich mit den Kindern erstmal feiern.* Kurz darauf wiederholte sie diesen Ausspruch gegenüber beiden Kindern.

Ich war ihr für diesen Ausbruch so dermaßen dankbar, das kann sich niemand vorstellen. Denn er führte mir mehr als deutlich vor Augen, dass ich die richtige Entscheidung getroffen habe. Der Ausbruch nahm mir die letzten Zweifel zu gehen. Ohne ihn wäre es viel schwerer geworden, den Schritt zu machen. Ich will den Kindern nicht mehr vorleben, dass der Vater von der Mutter manipuliert, psychisch und physisch missbraucht wird, dass er (also ich) keinerlei Freiheiten innerhalb der Familie habe, nur für ihr Wohlbefinden zu sorgen hat und selbst vor die Hunde geht. Denn die Art der Beziehung, die den Kindern von den Eltern vorgelebt wird, ist die Grundlage für die Beziehungen, die sie später selbst führen werden. Die Kinder haben bereits viel zu viel mitbekommen und auch unsere Tochter hat sich bei Diskussionen sehr oft eingemischt und gesagt, dass wir aufhören sollen mit der Streiterei.

So ging dann mein letzter Abend in dem „Familienverbund" zu Ende. Meine Frau brachte die Kinder ins Bett und ich habe an dem Abend noch die Bilder von der Kamera auf meinen Rechner gezogen, das Blutzuckerprotokoll für unsere Tochter geführt und noch diverse kurze Diskussionen mit meiner Frau gehabt.

Kurz bevor sie dann auch ins Bett verschwand, kündigte sie mir an, dass sie die Tochter mit zu sich ins Schlafzimmer nähme, da ich ja eh nicht in der Lage sei, ihren Blutzucker vernünftig zu beobachten und bei Bedarf einzugreifen. Dass ich das die letzten Tage im Urlaub und auch zu Hause regelmäßig machte, war ja nicht relevant. In diesem Fall war ich sogar sehr froh, denn so konnte ich in der Nacht meine Klamotten packen, ohne dass ich auf unsere Tochter Rücksicht nehmen musste.

Sie war dann irgendwann gegen halb eins im Bett verschwunden und ich wurde immer nervöser, denn in zwei Stunden sollte das Taxi, das ich erst vor gut einer Woche per E-Mail bestellt hatte, mich am Bahnhof (der ca. 400 m entfernt von der Ferienwohnung war) abholen. Als sie dann endlich schlafen ging, packte ich meinen Rucksack mit meinem Handgepäck und schrieb ihr noch einen kurzen Brief. In diesem Brief nahm ich ihren Ausspruch von kurz vorher mit auf, dass sie jetzt Grund zum Feiern habe, aber ich würde mir nichts antun, da ich mein Leben liebe. Sie könne mich noch erreichen, allerdings nur per Brief an die Adresse meiner Mutter (um meinen Aufenthaltsort geheim zu halten) oder E-Mail. Alle Messenger- oder Telefonnummern würde ich sperren. Das waren die Kernaussagen meines Briefes.

Ich achtete darauf, dass ich keine verdächtigen Geräusche mehr aus dem Schlafzimmer hörte, ging noch ein letztes Mal mit dem Hund raus, stellte meine Schuhe und mein Handgepäck mit Computer vor die Tür und ging höchst angespannt hoch in das kleine Schlafzimmer, um mucksmäuschenstill meine Klamotten einzupacken. Die Tüte mit der dreckigen Wäsche hat unglaublich laut geraschelt, also packte ich die erstmal nicht ein. Es ist unglaublich, wie sich die Wahrnehmung in einer solchen Situation verändert. Nachdem ich alles eingepackt hatte, nahm ich die Tasche und die Tüte mit der Wäsche in die Hand und ging zur Zimmertür. Beim Aufziehen der Tür hörte ich unseren Sohn, wie er ein kurzes Geräusch von sich gab. Mir schlug das Herz bis zum Hals, weil ich eine unglaubliche Angst hatte, dass er und meine Frau wach werden und meinen Plan buchstäblich in letzter Minute vereiteln könnten. Ich bin vermutlich noch nie so leise eine Treppe hinuntergegangen. Unten angekommen nahm ich alles, was noch in der Wohnung war, und legte es leise vor die Tür. Ich ging nochmal ans Auto, um noch etwas herauszuholen, und zog dann meine Schuhe an.

Den Wohnungs- und den Autoschlüssel habe ich dann noch durch ein gekipptes Fenster wieder hineingelegt. Hiermit war die letzte Leine gekappt und ich nahm alle meine Sachen auf und ging zügig los zum Bahnhof. Auf halbem Weg habe ich meiner Mutter noch mit einer kurzen Nachricht Bescheid gegeben, denn sie hat zu Hause mitgefiebert: *Bin raus und gleich am Bhf.* Ihre Erleichterung habe ich bis hierher spüren können. Als Nächstes habe ich alle Messenger- und Telefonnummern geblockt, so dass meine Frau mich nicht mehr erreichen konnte. Um kurz nach 2 war ich am Bahnhof und stopfte erstmal die Wäschetüte in meine Tasche, denn hier war ja die Geräuschentwicklung egal. Als das Taxi dann ankam, fiel mir ein Stein vom Herzen und es ging weiter in Richtung meines neuen Lebens.

Es zog ein Gewitter auf und fing übelst an zu regnen. Nach ca. 15 Minuten Fahrt hat auf einmal mein Handy geklingelt und im Display stand eine Flensburger Nummer. Verwundert ging ich ran. Es war die Rettungsleitstelle aus Flensburg, sie riefen an, da sich meine Frau Sorgen um mich machte, weil ich nicht mehr da wäre und auch alle meine Sachen weg waren. Sie hätte Angst, dass ich mir etwas antun wollte. Ich sprach offen mit dem Disponenten, dass dies eine einseitige Trennung sei und er meinte dann auch, dass er mich nicht suizidgefährdet anhörte. Das bestätigte ich ihm. Er fragte noch, wo ich bin (im Taxi), wohin ich unterwegs sei (auf dem Weg nach Hamburg) und ob er das meiner Frau mitteilen könne. Das war okay für mich, ich bestätigte es ihm und wünschte ihm noch eine ruhige Schicht.

Danach wurde die Fahrt ruhiger und ich fing an, meinen Gedanken nachzugehen. Es gab keinen Moment, in dem ich an meinem Schritt gezweifelt hatte. Am Flughafen angekommen, hatte ich schon irgendwie Bedenken, dass meine Frau mir nachgefahren sein könnte, wobei ich das recht schnell verwarf, denn dazu hätte sie ja die Kinder wecken und ins Auto verfrachten müssen, genauso wie den Hund. Trotzdem wollte ich am Flughafen so schnell wie möglich einchecken und in den Sicherheitsbereich. Es war eine riesige Schlange an der Sicherheitskontrolle, aber es ging alles nach Plan. Um halb 6 ging das Einsteigen los und pünktlich startete der Flug nach Frankfurt. Es lief alles reibungslos und ein paar Stunden nach meiner Ankunft und Empfang meines Gepäcks fing in Frankfurt das Kofferchaos an. Ich hatte sehr viel Glück, dass mich das nicht getroffen hat.

Am Wohnort angekommen, lief dann das Programm wie geplant ab. Die Umzugsleute kamen, packten alles ein, was ich ihnen hinstellte und am Nachmittag gegen 15 Uhr war dann alles von mir gepackt, was sie mitnehmen sollten. Danach ging es für mich erstmal auf den Campingplatz zum Einchecken. Am Abend saß ich mit meiner Nichte, meiner Schwester und meiner Mutter zusammen und wir stießen auf den gelungenen Schritt an. Ich habe von Sonntagmorgen um 6 Uhr bis Montagabend 22 Uhr kein Auge zugetan, da ich wirklich massiv unter Stress stand. Am folgenden Tag habe ich noch einige Dinge im Haus gefunden, die ich am Vortag nicht gesehen habe, packte die noch ein und brachte sie ins Lager. Die darauffolgenden Tage war ich zum Ausspannen woanders, um auf neue Gedanken kommen zu können, bevor es für mich in meinen neuen Alltag zurück ging.

Dies war in einem kurzen Abriss mein Weg aus der missbräuchlichen Ehe mit meiner Frau. Mein Survival Day, wie ich meinen Tag des Absprungs nenne, war genau vier Jahre nach dem ersten Versuch, mich aus meiner Beziehung zu lösen. Ich habe es geschafft und es war für mich ein langer und harter Weg. Aber ich merke schon nach neun Monaten eine deutliche Veränderung bei mir selbst und meiner Art, wie ich auf meine zukünftige Ex-Frau reagiere. Mit den Kindern habe ich mittlerweile wieder Kontakt und sie freuen sich, mich zu sehen. Ich möchte allen Betroffenen Mut machen, dass jeder diesen Schritt gehen kann! Bei jedem Einzelnen sind die Bedingungen andere und trotzdem ist eine gewisse Ähnlichkeit dabei. Der Absprung lohnt sich und wenn du es geschafft hast, dann gibt es die Möglichkeit, dich deinen inneren Wunden zuzuwenden, um sie zu heilen. Denn wenn das nicht passiert, ist es sehr wahrscheinlich, dass du wieder einen toxischen Menschen in dein Leben lässt.

Ich hänge hier noch meine Checkliste an, die ich mir als Guideline aufgestellt habe. Vielleicht kann sie auch dir weiterhelfen.

Hier meine „Checkliste", die ich mir für meinen Ausstieg angelegt habe:

1. Kann ich die Kinder mitnehmen oder nicht?

2. Wo kann ich nach der Trennung wohnen?
   a) bei Freunden
   b) Familie
   c) eigene Wohnung
   d) Campingplatz
   e) ...

3. Was will ich alles mitnehmen, wenn ich gehe?
   (eigene Liste mit Hausrat, Möbeln, Kleidung etc.)

4. Wo kann ich die Sachen unterstellen?
   a) Freunde
   b) Lagerraum
   c) ...

5. Wann soll der Tag des Ausstiegs sein?

6. Wie soll der Tag ablaufen?

7. Wer kann mir helfen?
   Familie/Freunde/Umzugsunternehmen

8. Ist der zukünftige Ex-Partner in der Nähe?
   Auf der Arbeit, Reise etc.?

9. Ist das Zeitfenster lang genug für den Auszug?

10. Kann es sein, dass die Nachbarn/Bekannte des Partners ihn informieren?
11. Wenn Kinder mit betroffen sind, wie kann/darf der Kontakt zu Vater/Mutter stattfinden?

12. Welche Kommunikationskanäle gibt es, welche sind zu blocken, welche können/dürfen offen bleiben?
    a) Soziale Medien, Messenger, Telefonnummern blocken
    b) Kontakt nur noch über E-Mail oder Brief zulassen (überlegen, ob die aktuelle Adresse bekannt werden darf), evtl. alternative Adresse (Freunde/Familie).

Heute ist der 26.07.2024 und es ist auf den Tag genau zwei Jahre her, dass ich den Abend der Flucht durchlebte und erfolgreich geflohen bin. Rückblickend kann ich nur sagen, dass es der für mich einzig richtige Weg war. In den letzten zwei Jahren habe ich viel lernen dürfen über meine Persönlichkeitsanteile, die mich anfällig für diese Art Menschen gemacht haben. Ich habe ein recht zuverlässiges Nardar (Narzisstenradar) entwickelt und kann solche Menschen recht gut allein an ihrer Körpersprache erkennen. Die Beziehung zu meinen Kindern wird von Treffen zu Treffen besser, auch der Umgang mit meiner (mittlerweile) Ex-Frau wird auf einer sachlichen Ebene nach und nach besser. Denn sie spürt, dass ich mich verändert habe. Vermutlich liegt es aber auch daran, dass sie den Wunsch äußerte, dass egal was zwischen ihr und mir wäre, es den Kindern gut gehen soll. Das ist eine wirklich gute Ausgangsposition, für die ich unsagbar dankbar bin. In den zwei Jahren habe ich sowohl in der Präsenz- als auch in der virtuellen Selbsthilfegruppe meine Erfahrungen geteilt. Teilweise auch direkt mit anderen Betroffenen.

Dabei ist mir ein sehr krasser Unterschied aufgefallen: Es gibt diejenigen, die sich selbst als Opfer sehen, und es gibt diejenigen, die sich selbst als Betroffene sehen. Meines Verständnisses nach sind die Betroffenen wesentlich weiter von ihrer Einstellung her als die, die sich als Opfer sehen. Jeder hat einen Anteil an einer solchen Situation, das mag jetzt im ersten Moment vermessen klingen, aber es ist dennoch wahr. Denn es gehören immer zwei Personen dazu, eine die austeilt und eine, die es mit sich machen lässt. Mir hat es unheimlich bei meiner Heilung geholfen, meine eigenen Anteile an meinen auffälligen Beziehungen zu reflektieren und zu benennen. Erst dadurch werden sie sichtbar und es besteht die Möglichkeit, die entsprechenden Muster zu verändern. Durch diese Veränderung der eigenen Muster gibt es die Chance, sich selbst ganz neu kennenzulernen und zu verhalten.

Jedes Mal, wenn du denkst, der/die behandelt mich wieder auf eine Art und Weise, die nicht in Ordnung ist, frage dich selbst: Woran liegt das, dass ich mich so behandeln lasse? Abhängigkeit, schwaches Selbstwertgefühl, Angst vor Konsequenzen etc. ... Wenn du dir deiner Muster bewusst wirst, hast du die Chance, sie zu ändern und auf Sicht auch zu heilen.

In diesem Sinne noch ein Gedanke: Egal was passiert, es gibt immer irgendetwas Positives daran, es will nur gefunden werden. Manchmal dauert es auch länger, bis sich der positive Anteil an Geschehnissen erkennen lässt.

Alan Watts beschrieb dies sehr schön in der Geschichte des chinesischen Bauers:

The Story of the Chinese Farmer

Once upon a time there was a Chinese farmer whose horse ran away. That evening, all of his neighbors came around to commiserate. They said: „We are so sorry to hear your horse has run away. This is most unfortunate." The farmer said: „Maybe." The next day the horse came back bringing seven wild horses with it, and in the evening everybody came back and said: „Oh, isn't that lucky. What a great turn of events. You now have eight horses!" The farmer again said: „Maybe."

The following day his son tried to break one of the horses, and while riding it, he was thrown and broke his leg. The neighbors then said: „Oh dear, that's too bad", and the farmer responded: „Maybe." The next day the conscription officers came around to conscript people into the army, and they rejected his son because he had a broken leg. Again all the neighbors came around and said: „Isn't that great!" Again he said: „Maybe."

The whole process of nature is an integrated process of immense complexity, and it's really impossible to tell whether anything that happens in it is good or bad – because you never know what will be the consequence of the misfortune; or, you never know what will be the consequences of good fortune.

Alan Watts

Ich wünsche dir alles Gute auf deinem Weg aus deiner toxischen Beziehung.

Mark-Oliver

Fellows Ride / She Ride 2024 auf der Burg Breuberg zugunsten unseres Vereins

AUS DEM HIMMEL DURCH DIE HÖLLE UND ZURÜCK

Psychische und körperliche Gewalt unter Alkohol, Tabletten und Drogen!

von Simone Weisheit

Mein Name ist Simone, ich bin 56 Jahre und hier ist ein Teil meiner siebenjährigen Geschichte.

Wie alles begann

Im Jahr 2013 lernte ich Andreas im Internet kennen. Lange Zeit schrieben wir miteinander und er erweckte den Eindruck, sich sehr für mich und mein Leben zu interessieren. Er erkundigte sich nach mir, wollte alles über mich und mein Leben, meine Geschichte wissen, wollte wissen, wie meine Tage aussähen und was es Neues gab.

Dann gab es aber auch Zeiten, in denen er sich gar nicht meldete, nur um Wochen später wieder aufzutauchen und da anzuknüpfen, wo wir stehengeblieben waren. Ab und zu bat er mich um ein Date, fragte, ob wir mal einen Kaffee zusammen trinken könnten.

Doch ich wollte ihn nicht treffen, zumindest noch nicht, nicht so schnell. Ich war seit zwei Jahren geschieden und auch die Zeit nach meiner Trennung war nicht die einfachste in meinem Leben. Nach zweiundzwanzig Jahren Ehe war ich gezwungen gewesen, mein Leben völlig neu zu ordnen und war gerade bei mir selbst angekommen.

Ich fühlte mich stark, selbstbewusst und mit mir selbst im Reinen. Ich lachte viel und war eigentlich zufrieden mit meinem Leben und wie es sich entwickelt hatte ... „eigentlich" ...
Und so dachte ich, warum nicht?

Wieso nicht etwas Neues wagen, einen Mann treffen, gemeinsam lachen, einen neuen Lebensabschnitt beginnen. Ich erinnere mich noch genau an den Samstag, an dem er mich anschrieb und mir erzählte, er würde in seinem Garten eine Grillparty machen. Mit Nachbarn, Freunden und Bekannten und ich könne doch ganz einfach auch dazukommen.

Meine Tochter wohnte ganz in seiner Nähe. Sie war gerade umgezogen und ich hatte ihr beim Umzug geholfen. Ich kannte also die Gegend und dachte mir: Wieso eigentlich nicht? Ich habe nichts Besonderes vor und vielleicht wird es ja ein ganz netter Nachmittag. Wenn es mir zu viel wird oder es sich unangenehm anfühlt, kann ich ja immer noch nach Hause fahren. Also sagte ich zu und fuhr zu ihm. Als ich angekommen war, zeigte er mir als Erstes seine Wohnung und ich fand, dass er ganz nett eingerichtet war. Ich half ihm, den Tisch zu decken, machte gemeinsam mit ihm ein paar Salate, stellte Getränke bereit, kurz gesagt, wir machten halt die Dinge, die man gemeinsam macht, wenn man Besuch erwartet. Es wurde ein richtig schöner Nachmittag. Freunde waren zwar nicht gekommen, aber die Nachbarn waren doch sehr nett. Andreas machte seine Späße mit den beiden Söhnen der Nachbarn, scherzte mit den Nachbarn und mit mir und wir hatten nette Unterhaltungen.

In den Gesprächen merkten sie an, dass Andreas und ich sehr vertraut wirken würden und fragten dann auch gleich, wie lange wir uns denn schon kennen.

Der Nachmittag verlief sehr unterhaltsam, es wurde viel geredet und gelacht. Seinen Nachbarn kannte ich flüchtig durch meine Arbeit. Er kannte Andreas oft im betrunkenen Zustand und merkte an, dass er wohl einen Glückstreffer mit mir erwischt hätte und warnte ihn: „Vermassele es nicht schon wieder, lass die Trinkerei." Worauf Andreas antwortete, dass das ja wohl nur an seiner Ex-Freundin gelegen hätte und die Situation jetzt sei mit der von damals nicht zu vergleichen. Die Freundin hätte ihn damals zum Trinken gebracht, hätte ihn betrogen und, und, und. Durch die langen Chats und die Gespräche kam es mir vor, als würde ich Andreas schon ewig kennen und so dachte ich mir, dass es so schlimm ja wohl nicht sein könne und ohnehin – ich würde ja rechtzeitig bemerken, wenn es zu viel des Guten würde und dann könne ich ja immer noch gegensteuern.

Am späten Nachmittag, als die Gäste gegangen waren, fuhren wir in meinem Auto noch zu dem Stadtfest, das an diesem Wochenende ganz in der Nähe stattfand. Als ich ihn dann am späten Abend nach Hause fuhr, bat er mich noch auf einen Kaffee mit nach oben zu ihm in die Wohnung zu kommen. Er hätte auch noch einen großartigen Film, den wir uns gemeinsam ansehen könnten. Es war ein wundervoller Tag und ich war damals froh gewesen, ihn besucht zu haben. Er war nett, charmant, verständnisvoll und aufmerksam und es passte alles so gut zwischen uns, aber das kam mir dann doch viel zu schnell vor und ich wollte mir Zeit lassen. Wenn wir uns wiedersehen, können wir das gerne nachholen, versprach ich ihm. In den zwei darauffolgenden Wochen hatte ich Urlaub. In den Tagen nach unserem Treffen schrieb mir Andreas viele Nachrichten.

Er schrieb, wie schön er es gefunden hätte und dass er mich unbedingt wiedersehen möchte. Dabei überschüttete er mich mit Komplimenten. Es sei so schade, dass wir uns jetzt erst kennenlernen und dass sein Leben jetzt einen völlig neuen Sinn bekommen habe.

In den folgenden zwei Wochen trafen wir uns fast täglich und unternahmen sehr viel zusammen. Andreas nahm mich auf seinem Motorrad mit, wir gingen essen oder wir verbrachten einen gemütlichen Abend bei ihm zu Hause. Es entwickelte sich alles sehr schnell und wir wollten beide eine feste Beziehung.

Nach den zwei Wochen sahen wir uns oft nur an den Wochenenden, ich war die Woche über arbeiten und Andreas war mit der Jobsuche beschäftigt. Er fand dann aber auch schnell wieder eine neue Anstellung als Baggerfahrer.

Oft überraschte er mich mit Geschenken: Blumen, eine Uhr, eine Kette, ein Plüschherz mit dem Spruch „Ich liebe dich", ein gemeinsames Essen im Restaurant oder Andreas hatte selbst gekocht. Romantisch mit Kerzen deckte er dabei den Tisch. Nach weiteren vierzehn Tagen sprach er schon vom Heiraten: „Wir wären Seelenverwandte", „Ich wäre die Frau, die er schon immer gesucht hat", „Er wolle unbedingt mit mir zusammenleben" – „Lovebombing", wie ich jetzt weiß.

Wir planten, gemeinsam in den Urlaub nach Griechenland zu fliegen. Das war sein Lieblingsland. Dieser, unser erster Urlaub, war noch wunderschön. Er hätte noch nie so einen ruhigen und entspannten Urlaub machen können. Bei seinen Ex-Freundinnen und -Frauen hätte es immer nur Drama gegeben. So erzählte er es mir. Wir waren auf Rhodos und er hat mir die ganze Insel gezeigt. Da er dort sieben Jahre gelebt und gearbeitet hatte, kannte er viele schöne Ecken und Ausflugsziele. Ja, die Anfangszeit war sehr schön. Wir waren verliebt und auch glücklich.

Als die ersten Zweifel kamen

Andreas erzählte mir viele Geschichten über sich und sein Leben. Er war zweimal verheiratet, jeweils nur kurz und wäre in all seinen Beziehungen immer betrogen worden. Mit seiner ersten Frau U. hatte er eine Tochter, die bereits erwachsen war. Er hatte keinen Kontakt, sie wollte immer nur Geld, wie er sagte. Sie war Griechin und er hatte sie bereits in der Schule kennengelernt. Mit achtzehn Jahren haben sie geheiratet. Es wäre für ihn viel zu früh gewesen. Geliebt hätte er sie nicht. Nur wegen des Kindes wäre dann schnell diese Hochzeit gewesen. Er hätte ein paar Tage durchgehend Alkohol getrunken. Viel hat er von der Feier wohl nicht mitbekommen. Er war wenig zu Hause. Irgendwann hätte sie ihn dann betrogen. Dabei hätte er sie erwischt und hätte ihren Liebhaber am liebsten umgebracht. So eine Wut hatte er. Die zweite Ex-Frau M. wäre an der Pleite seiner Firma schuld gewesen, die er besaß. M. hätte sein ganzes Geld verjubelt, was er erarbeitet hat. Sie hat bei ihm die Büroarbeit gemacht und Geld unterschlagen. Er war insolvent. Auch bei M. wäre es keine Liebe gewesen. Die Hochzeit hätte nur ihre Mutter gewollt. Da kam mir bereits die Frage in den Kopf, warum heiratet man Frauen, die man doch nicht wirklich liebt? Trotzdem empfand ich damals Mitleid, so viel Pech wie er in seinem Leben bereits hatte. Er stellte sich immer als Opfer dar.

Dann ging Andreas ins Ausland. Sieben Jahre hatte er in Griechenland gelebt und gearbeitet und hatte dort eine Freundin, von der ihr mir erzählte. Sie war viele Jahre jünger als er und von ihm schwanger. Das Kind wollte er nicht. Er hasste Kinder, wie er sagte, konnte damit nichts anfangen. Leider hatte sie einen Autounfall nach einem Streit. Das hätte er nie verkraftet. Er wäre mit ihrem Tod von der Polizei in Griechenland in Verbindung gebracht worden. Deshalb ist er nach Deutschland zurück. Ein Bild von ihr hing in seinem Esszimmer mit schwarzem Trauerflor.

Aber sie war seine einzige große Liebe bisher gewesen. Was davon stimmte, ich weiß es nicht. Jedoch machte ich mir später viele Gedanken, ob es alles der Wahrheit entsprach. Ich wäre ihr aber sehr ähnlich, so behauptete er. „Gott hat mir nochmal einen Engel geschickt" ... so sprach er manchmal.

Seine letzte Ex-Freundin T., die er vor mir hatte, stand an einem Abend mit der Polizei bei ihm in der Wohnung, als ich gerade zu ihm kam. Es wären ihre Möbel und auch ihre Katze, behauptete sie. Andreas hätte sie nicht mehr in die Wohnung gelassen. Auch ihre Katze wollte sie nun endlich zurück. T. und ihr neuer Freund wollten mich beiseitenehmen und mir etwas sagen. Er gab ihnen keine Chance, T. wäre krank, irre, würde nur lügen und betrügen. Ich ging an dem Abend nach Hause und überlegte lange, ob das alles so stimmte und ich mit diesem Mann zusammen sein will. Doch ich habe es am Ende geglaubt und verdrängte alles. Ich wollte mir über seine alten Beziehungen keine Gedanken mehr machen. Es war doch vorbei. Und zu mir war er liebevoll und nur das zählte für mich. Er musste aus seiner Wohnung. Sein Mietvertrag war ungültig. Dazu gab es auch eine Klage vom Anwalt der Ex-Freundin und ihrer Mutter, die auch mit im Haus wohnte. Auch wegen der Möbel und Geld, was er so beiläufig erzählte und er war mit ihnen vor Gericht. Die Katze gab er ihr zurück, ihre Möbel stellte er in die Garage, er brauchte sie ja nicht mehr. Damit sie Ruhe gibt, wie er sagte. Doch es wäre alles sein Geld gewesen. Erzählt hat er kaum darüber, nur wären alle verlogen und hätten ihn mal wieder getäuscht. Die Möbel hätte er damals alle bezahlt, sich um die Katze allein gekümmert. Sie wäre doch selbst schuld an allem.

Wie er mir seine Liebe vorspielte

Die ersten Monate waren so schön, ich fühlte mich geliebt wie noch nie in meinem Leben. Andreas überzeugte mich davon, mit ihm zusammenzuziehen. Deshalb schauten wir nach einer passenden Wohnung für uns beide. Einige Wohnungen hatten wir uns angeschaut und dann auch die passende gefunden. Der Mietvertrag wurde von uns beiden unterschrieben. Der Umzug dauerte noch eine Weile wegen der Kündigungsfrist. Deshalb zog er erstmal zu mir. Er hatte eine neue Arbeit. Aber da passte ihm auch nicht alles, wie er sich das vorgestellt hatte. Er wäre so ein super Baggerfahrer, hätte viel mehr verdient für seine Arbeit. Dabei hatte er zwar ein Betriebsauto, aber alle anderen Kollegen hätten keine Ahnung. Das müsste sein Chef doch sehen und er wird sich nehmen, was ihm zusteht. Wie ich später erfuhr, hat er Diesel aus der Firma an andere verkauft. So hatte er die fristlose Kündigung bekommen. Wäre aber nicht schlimm, er findet schnell was Besseres. Auch sein Verhalten mir gegenüber hatte sich da bereits verändert. Er verglich mich immer wieder mit seiner Ex-Freundin. Sie machte so vieles besser, wäre spontaner gewesen, eine hübsche Frau, schlank und vieles mehr.

Ja, aber er hatte sie ja nicht mehr – das war so mein Gedanke. Dabei war er noch mit ihr zusammen, als er damals mit mir schrieb und angeblich Single war. Das erfuhr ich aber erst viel später. Doch ich verdrängte diese schlechten Gedanken schnell wieder. Ich liebte ihn doch und er mich, wie er oft sagte. Nach neun Monaten zogen wir in die gemeinsame Wohnung. Beim Umzug fand ich eine Waffe in seinem Nachtschrank. Als ich danach fragte, antwortete er lachend, er wollte damals am liebsten seine Ex-Freundin und ihren Neuen damit abknallen. Sie hätten im Wohnzimmer gesessen und er betrunken im Schlafzimmer gelegen. Natürlich war das nur ein Gedanke von ihm und ein Scherz, wie er meinte, eigentlich hätte ich spätestens da erwachen müssen.

Die Abwertungsphase

Ich bemerkte nach und nach, wie er sich veränderte. Er trank immer öfter sehr viel Alkohol, nahm Tilidin-Tabletten wegen seinem Rücken dazu. Auch wusste ich von Drogen, die er in der Garage versteckte. Genau wie seine Waffe, die ich damals gefunden hatte. Im Internet bestellte er sich noch ein Jagdgewehr, wie er sagte. Wozu? Ich hatte keine Ahnung. Er war weder Jäger noch hatte er einen Waffenschein. Er brauchte es einfach, ich soll nicht so dumm fragen. Es geht mich nichts an. Die Garage und der Keller waren von Anfang an tabu für mich. Die Schlüssel hatte er immer bei sich. Das war schon sehr komisch, doch sagen durfte man nichts. Da wurde er sofort sauer und beleidigte mich. Es fing mit Kleinigkeiten an, wo wir stritten. Er sprach sofort von Trennung, ich soll doch gehen. Doch wohin? Ich hatte meine Wohnung gekündigt. Dann wurde es schlimmer. Bösartige Beleidigungen, kleinmachen, nichts konnte ich ihm recht machen. Ich wurde mit Schweigen bestraft oder er ging einfach, ohne zu sagen, wohin.

Doch zu unserem ersten gemeinsamen Weihnachten schenkte er mir einen Verlobungsring. Ich wäre doch seine Traumfrau. Wir könnten doch gemeinsam unter meinem Namen eine Firma gründen. Für ihn war das ja durch seine Insolvenz nicht möglich. Ich könnte da viel Geld verdienen und müsste nur die Büroarbeit für ihn machen. Für mich war das keine Option, darüber brauchte er mit mir nicht zu diskutieren. Es funktionierte immer wieder ein paar Wochen gut und dann kam der Rückfall mit oft sehr viel Alkohol und auch Drogen. Bis er wieder seine depressive Phase hatte. Vom Arzt bekam er dann Tabletten verschrieben, war eine Zeit lang wieder krank. Dann wollte er sich wieder ändern. Das versprach er immer, als es ihm schlecht ging. Ich schob es auf den Alkohol und vergab ihm immer wieder.

Auch in keinem Job hielt Andreas es lange aus. Die erste Zeit alles super und er wurde wohl ständig gelobt. Dann trank er wieder Alkohol, es gab Schlägereien auf der Baustelle und seine Kollegen oder der Chef waren schuld daran. Oder er nahm Werkzeuge mit und verkaufte diese. Er fand es richtig, da er noch Geld bekommen musste, was ihm zusteht. Sowas war für ihn die normalste Sache der Welt. Wenn ich es ansprach, wurde er aggressiv und beleidigend.

Richtige Freunde hatte er keine. Auch keine Familie. Sein Vater und seine Mutter bereits verstorben. Zu seinen zwei Brüdern keinen Kontakt. Einer wäre im Gefängnis und der andere in Holland, verkauft Drogen und steht auf Männer. Andreas wäre der einzige normale Mensch seiner kaputten Familie. Meine Familie und meine Freunde hatten ihn anfangs gut aufgenommen. Auch da erzählte Andreas viele Abenteuer, wo er auf der Welt bereits überall war und gelebt hat. Er sprach Griechisch und Englisch und bei Gesprächen stand er sehr gern im Mittelpunkt. Seine Geschichten konnte er gut erzählen und wurde oft bewundert. Später machte Andreas sie alle schlecht, hetzte sie gegeneinander auf. Sogar meine beiden erwachsenen Kinder. Die Kontakte wurden immer weniger. Wir brauchen keinen, haben doch uns. „Wir gegen den Rest der Welt ..." – das war immer sein Spruch. Er war ein Überlebenskünstler, wie er selbst sagte. Hat die ganze Welt gesehen, in anderen Ländern eine Zeit lang gelebt. Am Anfang hat mich das auch sehr beeindruckt, weil ich gerne mit ihm noch einiges erleben und von der Welt sehen wollte.

Er trank immer mehr Alkohol, rastete manchmal völlig aus. Doch Problem hatte er keins, davon war er überzeugt. Denn andere Männer trinken auch. Man durfte nichts sagen, schon kippte die Stimmung. Von einer Minute auf die andere änderte er seinen Blick, seine kalten Augen sahen mich an. Seine ganze Art, wie ein anderer Mensch – „Monsterblick" habe ich immer gedacht. Ich bekam richtig Angst und sagte dann lieber gar nichts mehr.

Ich erwischte ihn auch, wie er mit anderen Frauen schrieb, telefonierte oder mit einer Flasche Wein bei einer Frau vor der Wohnung stand. Die Frau erzählte es mir, als ich von der Arbeit kam. Er stritt es ab. Lügen konnte er gut, darin war er Meister, wie er selbst oft sagte. Nichts durfte man ansprechen, dann wurde man ignoriert. „Rede wieder, wenn du normal bist", waren seine Worte. Er schlief seelenruhig weiter. Am nächsten Tag war er, als wenn nie was gewesen wäre. Meine Eifersucht wäre krank. Er drehte dann alles um. Wenn ich bei der Arbeit war, er mich anrief oder schrieb, musste ich sofort reagieren. Sonst gab es eine Szene. Ich hätte mich mit anderen getroffen oder Zeit verbracht. Er konnte es nicht ertragen, wenn ich nicht sofort reagiere oder telefonisch nicht erreichbar bin.

Die meiste Freizeit verbrachte er selbst in der Garage. Er reparierte gern Autos, sah sich im Internet Videos dazu an. Es war sein Hobby, auch wenn vieles nicht so funktionierte, wie er hoffte. Sprach deshalb auch gern Damen an, die dann zu ihm in die Garage kamen, weil an ihrem Auto etwas nicht in Ordnung war. Da bekam er Lob und Anerkennung, er war so hilfsbereit. In der Garage konnte er den ganzen Tag verbringen. Andreas kaufte sich auch ständig Autos, bastelte daran und verkaufte sie wieder. Als es dunkel war, kam er nach Hause und war betrunken. Wenn ich was sagte, kippte wieder die Stimmung. Also war jedes Gespräch wie auf Eierschalen. Das war immer so, wenn er kritisiert wurde oder jemand anderer Meinung war. Gemeinsame Zeit gab es nur noch selten. Kein Lachen. Keine gemeinsamen Gespräche und Unternehmungen. Nichts.

Die Wegwerfphase – Trennung auf Zeit

Zu einem bayerischen Bierfest wollte er allein mit einem Freund aus unserer Nachbarschaft. Zu ihm und seiner Freundin meinte er dann, ich hätte keine Lust. Früh um 5:00 Uhr sah ich ihn vor der Garage eine andere Frau küssen. Ich ging nach unten und stellte ihn zur Rede. Die Frau rannte vor mir weg. Er meinte: „Du hast doch Wahnvorstellungen, völlig irre. Hier war keiner." Er war völlig betrunken, wurde handgreiflich, boxte mich in den Bauch und schlug noch auf mein Auto vor Wut. Ich lief nach oben, schloss mich im Bad ein. Er trommelte mit den Fäusten gegen die Tür. Ich sollte öffnen und für immer verschwinden. Dann legte er sich schlafen und fuhr am nächsten Tag bereits wieder auf Montage in Südbayern, wo er in der Woche arbeitete. Die ganze Woche habe ich dann nichts mehr von ihm gehört und meine Nachrichten wurden nicht gelesen. Ich war völlig planlos und wusste nicht, wie es in diesem Moment weitergeht. Hatte er noch Kontakt zu dieser Frau? Am folgenden Wochenende kam er nicht nach Hause.

Wir hatten vor diesem Vorfall noch gemeinsam Urlaub nach Kreta gebucht. Den wollte ich nun auch nicht einfach verfallen lassen. Ich hatte doch das ganze Jahr darauf gewartet, mich gefreut und bereits bezahlt. Als Andreas wieder nach Hause kam, sprach ich ihn an, was wir nun machen und wie es weitergehen soll. Andreas war der Meinung, es ist nichts passiert. Natürlich fliegen wir gemeinsam in den Urlaub und ich würde nur alles dramatisieren, deshalb bin ich doch selbst schuld. Einen Tag vor dem Urlaub verschwand er jedoch wieder und kam erst am nächsten Morgen zurück, als wir fliegen wollten. Er roch stark nach Alkohol. Dann sagte er nur, entweder du kommst jetzt ohne Diskussionen mit oder du bleibst eben hier. Der Urlaub war die Hölle und wieder ein Wechsel zwischen „Ich hasse dich" und „Verlass mich nicht" – so kam es mir vor. Er braucht mehr Action im Urlaub, nichts passte ihm.

Oft war er allein unterwegs. Er brauchte seine Auszeit von mir und ganz viel Alkohol. Es wäre mit mir nicht möglich, einen Urlaub nach seinen Ansprüchen zu verbringen. Dabei hatte er selbst ausgesucht, wohin es geht.

An einem Tag kaufte er für über 800 € Schmuck, angeblich für seine Tochter und seine Ex-Frau. Er hätte bei ihr noch etwas gutzumachen. Mir schenkte er eine Kette und sprach wieder von Hochzeit im nächsten Jahr. Am nächsten Tag wieder Trennung und er geht nach dem Urlaub nach Australien, da er dort ein Jobangebot hat. Er war wieder betrunken und verbrachte den Tag mit einer anderen Frau, die er abends in der Bar getroffen hatte. Es war ein Wechselbad der Gefühle und seiner Aussagen. Auf dem Rückflug war er still. Zu Hause angekommen, hatte er es sich wieder anders überlegt und wollte doch keine Trennung. Er wüsste doch, wo er hingehört. Ich habe nur gedacht, wäre ich lieber zu meiner Arbeit gegangen. Ich glaube, hier werde ich noch verrückt!

Einige Tage später nahm er mich abends in den Arm und sagte: „Du bist das Beste, was mir passiert ist, aber ich muss jetzt in den Wald." Er hatte getrunken, wie so oft. Ich ließ ihn gehen. Als ich am nächsten Tag von der Arbeit kam, waren all seine Sachen weg. Andreas war nicht mehr erreichbar, Nachrichten auf dem Handy wurden nicht gelesen. Für drei Monate war er völlig abgetaucht, Miete zahlte er nicht. Dann schrieb er, er wohnt in einer Männer-WG und braucht Abstand. Ich enge ihn viel zu sehr ein. Mit so viel Liebe kann er nicht umgehen. Fragend las ich diesen Text. „Was sollte das alles ???"

Den Mietvertrag kündigen, kam aber nicht in Frage. „Du wohnst doch gut. Damit kannst du doch zufrieden sein und sitzt nicht auf der Straße", so seine Worte. Er hatte noch einen Schlüssel. Kam und ging, wann er wollte, und fand immer einen Grund, nach Wochen wieder kurz vorbeizuschauen.

Ich konnte mir denken, dass er bereits eine neue Frau in seinem Leben hat. Ich wollte es beenden. Trotzdem fühlte ich mich wie bei einem Drogenentzug. Eine Welt war für mich zusammengebrochen. Eine gemeinsam geplante Zukunft wie eine Seifenblase zerplatzt. Es war für mich eine Achterbahn der Gefühle. Ich wusste, eigentlich konnte ich froh sein, dass er weg war. Ich habe nächtelang nicht geschlafen, irgendwie nur noch funktioniert. Auch bei der Arbeit. Manchmal dachte ich, wenn er zur Tür reinkommt, würde ich ihn einfach in den Arm nehmen und alles wäre wieder gut. Ich hätte ihm wieder alles verziehen und an die guten Zeiten gedacht.

Oft schickte er mir auf dem Handy wirre Nachrichten. Eigentlich liebt er mich doch, er wäre aber so krank. Er kann das gerade alles so nicht. Erst war er in einem Krankenhaus und würde jeden Moment sterben, hängt an einer Lungenmaschine. Dann schrieb er wieder von einem Unfall und Operation. Dabei dachte ich mir nur, wie kann man so schreiben? Er ist doch völlig hinüber und betrunken! Und immer wieder solche Nachrichten, vom Sterben und allen möglichen Krankheiten. Zufällig sah ich sein Auto dann bei uns in der Nähe stehen, schaute auf das Klingelschild und schrieb der Dame. Ich wollte doch nur die Wahrheit wissen. Es war seine neue Freundin und diese Dame vom Bierfest damals. Das Auto war abgedeckt, nur das Nummernschild konnte ich erkennen. Erst leugnete sie alles. Dann schrieb sie, ich sollte es mit ihm klären. Sie waren in der Zeit gemeinsam im Urlaub.

Nach einem halben Jahr brachte ihn der Sohn seiner neuen Freundin S. wieder zu mir. Er war völlig betrunken, abgemagert, sah fertig aus. Der Sohn erzählte mir alles, denn er konnte ihn nicht mehr ertragen, wie er sagte. Er wollte mit ihm nicht weiter unter einem Dach leben. Er und seine Mutter hatten den Notarzt geholt, doch in eine Klinik wollte er nicht. Dabei hatte über 4 pro mille Alkohol, wie auf dem Arztbericht stand. Für ein halbes Jahr hatte er bei ihnen im Haus gewohnt.

Sie trank auch viel und war sehr krank. Natürlich konnte er da so viel trinken, wie er wollte. Sie hatte den ganzen Tag Zeit für ihn. Hat ihn bemuttert, wie er später sagte. Er leugnete es aber so lange, bis sie selbst zu uns kam und vor ihm stand. Ihr hatte er jede Menge Lügen erzählt. Geld hätte ich ihm weggenommen, wäre hysterisch und hätte ihn schlecht behandelt. An diesem Abend ist er völlig durchgedreht, als sie gegangen ist. Schlug mich gegen einen Schrank, Möbel gingen zu Bruch. Er schrie mich an, denn an allem war ich schuld. Andreas würgte mich, drohte mir, mich umzubringen. „Du hast mich dahin getrieben." Jetzt sitzt er wegen mir in diesem Schlammassel ohne Geld und hat nichts mehr. Durch mein Gemecker. Hätte ich ihn nur in Ruhe trinken lassen. Er stürzte betrunken durch die Wohnung, hatte einen Wutanfall nach dem anderen und schrie wirres Zeug. Dabei schlug er um sich und auf alles, was ihm in den Weg kam. So schlimm hatte ich ihn bis dahin nicht erlebt und bekam mehr und mehr Angst vor ihm.

Ich setzte mich in mein Auto und fuhr zur Polizei. Doch viel konnten sie in dem Moment nicht tun, da keine Verletzung sichtbar war. Sie nahmen alles auf und beruhigten mich erstmal. Eine Polizistin gab mir noch eine Nummer für eine Suchtberatung wegen Alkohol und wenn noch etwas passiert, sollte ich bei ihnen anrufen. Oder ich könnte versuchen, in einem Frauenhaus unterzukommen. Wie weit war ich gesunken? Sowas kannte ich nur aus der Ferne und dahin wollte ich doch niemals. Ich hatte Angst und Panikattacken, fuhr aber nach Hause. Zu Hause habe ich mich eingeschlossen und geweint. Wusste in dem Moment nicht, was ich machen und wie es weitergehen soll. Zu seiner Affäre hatte er weiterhin Kontakt und sie in seinem Handy als Männername gespeichert. Das kam raus, als sein Handy klingelte und meine Tochter, die gerade zu Besuch war, einfach das Gespräch annahm. Einfälle hatte er ja. Die nächsten Tage trank er weiter und verschwand dann wieder für einige Zeit.

Mein Sohn tauschte darauf das Türschloss. Dann bekam ich einen Brief von seinem Anwalt und musste ihn in die Wohnung lassen. Er stand mit im Mietvertrag. Der Brief bestand nur aus Lügen, doch wie konnte ich alles beweisen? Ich hatte weder die Kraft noch den Mut. Also kam er mit all seinen Sachen zurück.

Ich ging erstmal auf Abstand. Bei seiner Affäre hatte er Schulden gemacht. Sie hat ihn angezeigt und Andreas bekam ein Schreiben von ihrem Anwalt. Er musste sein geliebtes Z3 Cabrio verkaufen, das bei ihr noch im Hof stand. Sie rief mich sehr oft an, erzählte mir viel, was alles passiert ist in dem halben Jahr. Wegen der Anzeige wollte er ihren Anwalt fertigmachen, hat ihm gedroht und wurde wohl auch handgreiflich. Das Haus wollte er anzünden, wie sie mir erzählte. Sie hatte eine einstweilige Verfügung und ein Annäherungsverbot gegen ihn erwirkt und Angst, er würde sich rächen.

Die Hoovering-Phase

Er kam wieder zurück und wollte alles ändern.

Nun hatte er bei ihr alles verloren, deshalb kam er wieder zu mir. Er sagte, er hätte sie ja nie geliebt. Die einzige Liebe wäre immer ich gewesen. Er hätte so oft an mich gedacht. Ja, ich war damals völlig überfordert. Vor die Tür setzen ging nicht, da es auch seine Wohnung war. Er hatte sich einmal entschuldigt für alles und nun muss auch für immer gut sein, so sagte er. Ich soll es einfach vergessen. Ich hatte nach einer Wohnung für mich gesucht, aber es war sehr schwierig. In der Zeit seiner Abwesenheit hatte ich mir bereits einige Sachen gepackt, falls ich ganz schnell weggehen oder eine Bleibe finden würde. Ich hatte auch einen Besichtigungstermin für eine Wohnung. Das bekam er mit und war total sauer. Den Mann würde er kennen, er wüsste genau, wo er wohnt.

Sollte ich noch einmal dahin gehen, würden dieser Mann und ich es nicht überleben. Dieses Drama konnte ich doch keinem Vermieter antun, ich wusste mal wieder nicht weiter. Dabei meinte Andreas noch, ich hätte ihn doch mit dem Mann betrogen, damit ich die Wohnung bekomme, und wäre jetzt mit ihm zusammen. Das war alles nur in seinem Kopf und verdrehte Welt. Er packte alle Sachen von mir wieder aus. Wir gehören doch zusammen, so meinte er.

Es waren Kameras bei uns in der Wohnung. Im Schlafzimmer und auf dem Flur habe ich sie beim Putzen gefunden. Er kontrollierte ständig mein Handy, weil ich ihn betrügen würde, und redete mir genau die Dinge ein, die er selbst getan hatte. Als hätte er in einen Spiegel gesehen und dabei sich selbst erkannt. Nun warf er mir das alles vor. Ich musste immer erreichbar sein, sollte mit keinem sprechen. Nicht einmal meine Familie durfte ich mehr besuchen. Schon gab es wieder einen großen Krach.

Oft erfand er auch Krankheiten. Er hätte Krebs, verschiedene Arten wie Bauchspeicheldrüsenkrebs und einen Tumor im Kopf, Unfälle, die nicht stimmten, Rippe durch die Lunge und er hätte noch vier Stunden zu leben und noch vieles mehr. Immer wieder neues Drama. Andreas rief dann meine ganze Familie an, immer auf der Suche nach Mitleid und Aufmerksamkeit. Er hatte auch einen Bandscheibenvorfall und später noch Arthrose im Fuß. In dieser Zeit war ich immer für ihn da. Er hatte Schmerzen und Angst, in einem Rollstuhl zu enden. In diesen Phasen hat er oft geweint und war sehr depressiv. Ich machte ihm immer wieder Hoffnung, wir bekommen das alles hin. Egal, was passiert. Auch wenn er getrunken hatte, fuhr ich mit ihm zu Ärzten und ins Krankenhaus. Beides wurde erfolgreich operiert und er versprach wieder, jetzt wird alles gut. Das war bei mir immer der Punkt, wo ich rückfällig wurde. Mein krankhaftes Helfersyndrom machte es mir schwer, ihn einfach zu verlassen. Dazwischen gab es auch wieder „normale" Zeiten. Er versprach, weniger zu trinken.

Verlieren wollte er mich nicht, wie er sagte. Brachte Blumen mit oder kochte für uns. Wir gingen spazieren und redeten miteinander, so wie früher. Ich dachte immer, wenn gerade alles gut läuft, zerstört er es von heute auf morgen. Als könnte er es nicht ertragen. Wie eine tickende Zeitbombe.

Vor einem Kurzurlaub machte er wieder Drama, es war kein erholsamer Urlaub mehr möglich. Trotzdem fiel die Trennung so schwer und ich verstand nicht warum. War es noch Liebe? Oder was war es noch zwischen uns? Und warum ist die endgültige Trennung nur so schwer? Er war für mich wie zwei Persönlichkeiten. Davon liebte ich nur die eine, das war immer mein Gedanke. Die andere war nicht er, sondern ein fremder Mensch für mich.

Häusliche Gewalt

Das mit dem Alkohol bekam er aber auf Dauer nicht mehr in den Griff. Überall Verstecke und wenn er trank, war er ganz schlimm. Auch Drogen und Tilidin-Tabletten besorgte er sich ständig. Er hatte sich nicht mehr unter Kontrolle. Normale Gespräche eskalierten sofort. Er würgte mich mehrmals, zog mir ein Kopfkissen über das Gesicht, bis ich keine Luft mehr bekam. Nur weil ihm wieder etwas nicht passte. Als ich an einem Tag von der Arbeit kam, war er wieder betrunken. Man sah es ihm sofort an. Er konnte nicht mal gerade stehen und sein Ton war bereits sehr aggressiv. Er beschimpfte und beleidigte mich, warum ich jetzt erst nach Hause komme. Die Kaffeetasse mit Cola roch nach Wodka. Das machte er oft. Auch in Wasserflaschen war oft purer Wodka umgefüllt. Ansprechen durfte man es nicht. Doch diesmal wurde ich auch laut und schrie ihn an: „Es reicht einfach und ich lasse mich nicht so von dir behandeln. Ich kann nichts dafür, wenn du nicht arbeiten gehen kannst und Langeweile hast und trinken musst!"

Der böse Blick war wieder da. Wir standen in der Küche, ich wollte die Einkäufe auspacken. In dem Moment griff er zu einem Messer und kam auf mich zu. „Du hast es nicht verdient, überhaupt zu leben. Ich steche dich jetzt ab!", schrie er mich an. Ich konnte zum Glück noch reagieren und sprang beiseite. Das Messer steckte im Fensterrahmen fest.

Ich rannte aus der Wohnung, zitterte und hatte Angst. Setzte mich in mein Auto und fuhr einfach nur weg. Einen klaren Gedanken fassen konnte ich nicht. Wie weit würde dieser Mensch noch gehen und warum hat er diesen Hass in sich? Ich wollte weg und wusste doch wieder nicht, wohin. Mit wem könnte ich darüber reden? Wer glaubt mir, ohne mir Vorwürfe zu machen? Suche ich mir erstmal ein Hotelzimmer? Doch dann ging ich am späten Abend wieder zurück in die Wohnung. Das Messer steckte noch immer im Fensterrahmen. Er lag mitten in der Küche und bewegte sich nicht. Auf dem Küchenschrank lagen mehrere offene Packungen mit Tabletten. Verletzt war er nicht. Was sollte ich tun? Den Notarzt anrufen? In ein Krankenhaus ging er eh nicht, denn das kannte ich ja von ihm. Sofort verschwand er dort wieder. Die Polizei? Werden sie mir glauben? Er kam wieder zu sich, erzählte wirres Zeug. Er wollte keinen Arzt. Ich schleppte ihn in sein Bett und er schlief. Am nächsten Tag kein Wort mehr darüber. Als ich ihn darauf ansprach, wusste er von nichts. Ein Messer im Fensterrahmen? Er zog es raus und konnte es sich nicht erklären. So wollte er es runterspielen und sagte dazu nichts mehr. Ich schob es mal wieder auf den Alkohol und entschuldigte sein Verhalten. Dabei konnte ich froh sein, noch am Leben zu sein.

Auch nahm er nachts nach einem Streit mein Auto. Ich wusste nicht einmal, dass er in diesem Zustand noch gefahren ist. Denn sein Auto stand vor der Garage. Das konnte ich vom Küchenfenster sehen, denn er fuhr oft in betrunkenem Zustand Auto.

Doch nie wurde er erwischt. Oft wollte ich es bei der Polizei melden und hatte selbst ein schlechtes Gewissen, wenn ich ihn so fahren ließ. Doch was würde dann wieder passieren, wenn er keinen Führerschein mehr hat? Gerade bei seinem Job als Baggerfahrer. Als ich morgens zur Arbeit wollte, kam er auf mich zugefahren, bremste knapp vor mir und lachte, als er ausstieg. „Schade, dass ich dich nicht getroffen habe", meinte er nur. Mit Panikattacke und zittrigen Händen fuhr ich dann zur Arbeit, denn er hätte mich fast umgefahren. Für eine Anzeige fehlte mir aber immer der Mut. Ich weiß, es wäre der richtige Weg gewesen. Doch ich konnte es nicht und hatte auch Angst davor.

Mit der Faust machte er oft kurz vor meinem Gesicht halt. Nein, er würde doch nie schlagen. Dabei lachte er immer. Mein Handy versteckte er oft vorher oder nahm es mir ab. Warf es in die Badewanne oder in die Toilette. Wie weit würde er gehen, wenn er total betrunken ist? Was er die ganze Zeit an Drogen zusätzlich nahm, ich weiß es nicht. Seine Verstecke von Alkohol und Drogen in der Garage waren mir zwar bewusst, doch was konnte ich daran ändern? Ich konnte nur für mich etwas ändern. Ich ging dann immer mehr auf Abstand und habe ihm klar gesagt, ich werde mich trennen. Manchmal trank er bis zum Delirium. Es war schrecklich. Wenn er getrunken hatte, verließ ich sofort die Wohnung. Ich fuhr mit meinem Auto bei lauter Musik ziellos herum. Dabei wusste ich, daheim würde es jetzt eskalieren. Ich hatte Angst, meine Hände zitterten, mein Herz raste. Durch die Musik kam ich langsam wieder runter. Jedoch wusste ich nie wohin, denn darüber sprechen konnte ich nicht. Ich kam mir selbst schuldig vor, da ich ja noch immer bei ihm war. Ich habe mich geschämt. Oft stand ich nachts auf einem Parkplatz und schlief im Auto. Ich kannte die Meinung von meiner Familie und von Freunden. Ja, ich wusste es doch eigentlich bereits. Ich musste da weg!

Auch wenn er versprach, er sucht sich eine neue Wohnung oder hätte etwas in Aussicht. Es war gelogen oder ein Scherz, wie er dann sagte. „Er würde mich doch nie verlassen, ich gehöre doch ihm."

Bei uns im Haus wohnten sechs Parteien. Es gab oft Ärger wegen ihm. Mit einigen legte er sich an, andere hetzte er gegeneinander auf. Manchmal war er hilfsbereit, je nach Laune. Und mit mir wollte doch laut ihm keiner was zu tun haben. Sie hätten eine schlechte Meinung und ich wäre seltsam. Das wusste jeder. So sagte er mir das immer wieder, obwohl ich jeden freundlich grüßte, sah mich jeder komisch an. Ich wusste nicht einmal, warum. Dafür hatte er sicher gesorgt.

Zu seinem Chef, wo er eine Zeit lang arbeitete, hatten wir ein sehr gutes Verhältnis. Er war sehr verständnisvoll, auch wegen seinem Alkoholkonsum. Das war zuvor nicht jeder Chef von ihm. In den sieben Jahren hatte er einige Firmen, wo er ganz schnell wieder entlassen wurde. Aber es waren ja immer die anderen schuld. Dieser hat ihm immer wieder Chancen gegeben. Er hat uns auch sehr oft privat besucht und mit ihm geredet. Ihm einen LKW-Führerschein über die Firma bezahlt. Auch diese Hilfe konnte er nicht annehmen. Andreas hat ihn so oft belogen, wenn er angeblich krank war, eine Schlägerei auf der Baustelle angefangen und Unfälle verursacht. Nachdem ihn sein Chef mit Wodka erwischt hatte, hat er einen nagelneuen Bagger von der Firma zerstört und wurde auch da gekündigt. Andreas wollte noch einige Mitarbeiter abwerben und selbst wieder eine Firma im Ausland gründen. Dazu war er jedoch finanziell gar nicht in der Lage. Also verschwand er mal wieder für eine Zeit auf einen Campingplatz und war für keinen erreichbar. Er brauchte Zeit zum Nachdenken.

Als er wieder einmal ganz unten war, hatte er wie so oft eine seiner depressiven Phasen. Er saß dann wie ein Kleinkind weinend vor mir auf dem Boden und wollte es diesmal unbedingt schaffen und alles ändern. „Bitte, bitte hilf mir noch einmal, ich brauche dich so." Er hatte mir erzählt, dass er sich an diesem Tag selbst umbringen wollte. Dazu war er in der Garage und hatte das Garagentor geschlossen und den Motor seines Autos laufen lassen. Das erzählte er mir abends, als ich nach Hause kam. Er möchte so nicht mehr weiterleben und unbedingt sofort in eine Klinik zur Entgiftung. Ich rief meinen Bruder an, weil ich emotional dazu gerade nicht in der Lage war. Wir sind gemeinsam erst mit ihm in einer Klinik gewesen und er hat dann sofort eine Überweisung in die Psychiatrie bekommen. Diese war aber überfüllt und er musste mit Medikamenten die Entgiftung zu Hause machen. Gemeinsam waren wir dann bei der Suchtberatung und er bekam nach einigen Wochen auch einen Therapieplatz. Er musste dafür vorher einen Lebenslauf von Kindheit an schreiben. Den gab er mir dann zum Lesen.

Bis zum 4. Lebensjahr war er fast immer im Krankenhaus, hatte mehrere Operationen an den Füßen. Die Eltern wollten ihn nicht. Der Vater Alkoholiker, die Mutter tablettenabhängig. Er wurde nur geschlagen, genau wie seine Mutter auch. Oft wurde er bestraft. Viel Zeit hat er dabei in einem Keller verbracht, wo ihn der Vater einsperrte. Ohne Essen und Trinken und über Tage und Nächte. Von seinem Vater wurde er missbraucht, wenn am Freitag Badetag war. Davor hatte er immer Angst. Er wurde von ihm auch mit in die Kneipe genommen und unter dem Tisch mit Alkohol abgefüllt. Dabei mit Füßen getreten, bis er unter dem Tisch schlief und vieles mehr. Es war eine sehr traurige Kindheit. Er tat mir wieder leid und beim Lesen standen mir die Tränen in den Augen.

Zu diesem Zeitpunkt hatte ich Andreas versprochen, ich gehe mit ihm diesen Weg, bis er ihn wieder verlässt und weitertrinkt und mich noch einmal so behandelt. Ich habe noch gehofft, er wird es mit der Therapie schaffen. Ich wollte ihm nochmal helfen. Nach vier Wochen hat er abgebrochen. Andreas hatte keine Lust mehr, seine Geschichten bei den Psychologen zu erzählen. Ihm kann keiner helfen und er hat doch alles verstanden und wird nicht mehr trinken. In seinem Entlassungsbericht stand damals, er hat auch eine narzisstische Persönlichkeitsstörung und braucht dringend weitere Therapien. Er könnte jederzeit zurück in die Klinik. Doch das wollte er nicht. Diese Diagnose hatte ich noch nie gehört und habe viel darüber gelesen, bis ich dieses kranke Muster erkennen konnte. Und natürlich bringt ein krankhaftes Helfersyndrom in so einem Fall die Hölle auf Erden, weil er sich niemals ändern kann. Ich hätte ihm gern all meine Liebe gegeben, die er als Kind nie bekommen hat. Leider konnte er sie nicht annehmen und fiel immer wieder in dieses Muster. Was heute gut war, war morgen schlecht. Es war ein Pulverfass, worauf ich saß.

Als er mich wieder einmal gegen einen Schrank stieß, war ich ohne Bewusstsein. Ich kam erst nach einer Zeit in meinem Bett wieder zu mir. Er saß neben mir auf dem Bett und hatte einen Kühlakku auf meine Stirn gelegt. Das Blut lief über mein Kopfkissen. Ich hatte eine Platzwunde am Kopf. Und da sagte er wirklich zu mir: „Bitte rufe die Polizei, ich habe mich nicht unter Kontrolle. Ich gehöre weggesperrt. Da ist was in meinem Kopf, ich kann nichts dafür, ich will das nicht." Angerufen habe ich nicht, denn ich war völlig unter Schock. Er verschwand wieder für ein paar Tage, kam dann zurück und redete mir ein, ich wäre doch ausgerutscht. Ich wäre doch selbst schuld, wenn ich zu doof zum Laufen bin. Das erzählte er dann auch überall so. Für mich war es der Punkt, es reicht für immer! „Fass mich nie, nie wieder an! Ich habe viel zu oft Verständnis gezeigt und dir viel zu oft verziehen. Und jetzt ist Schluss!!"

Ich war dann bei einer Beratungsstelle für häusliche Gewalt. Meine Kollegin hatte mir die Adresse gegeben. Ich wollte mir endlich Hilfe suchen. Aber für mich, da er mich auch nicht aus dem gemeinsamen Mietvertrag lassen wollte. Bei dieser Beratungsstelle wurden mir Anwälte und Therapeuten empfohlen und vieles gut erklärt. Auch, wo ich mir überall Hilfe holen und wie ich gegen ihn vorgehen kann. Ich weiß jetzt, ich war emotional abhängig. Wie eine Droge, ich wusste, er tut mir nicht gut. Aber trotzdem hat man immer wieder dieses Gefühl wie am Anfang gesucht, wo alles so schön begann. Die Schuld für sein Verhalten habe ich oft bei mir selbst gesucht oder es mit seinem Trinkverhalten entschuldigt. Ich habe nicht mehr bemerkt, wie ich manipuliert und ausgelaugt wurde. Als würde er mich jeden Moment einen Abhang mit runterziehen. Wie in einer Nebelwand, wo man keinen klaren Gedanken mehr fassen kann und auch kein Ziel mehr vor Augen hat. Man fühlt sich nur noch leer und kraftlos und dabei hatte ich immer wieder die schönen Momente vor Augen.

Ich erfuhr später auch von einigen Affären, die er während unserer Beziehung hatte. Er brauchte diese ständige Aufmerksamkeit und Bestätigung anderer Frauen.

Nach sieben Jahren bin ich endlich ausgezogen und habe den Absprung geschafft. Eigentlich war er auf Montage arbeiten. Doch die Kündigung dieser Firma kam meinem Auszug zuvor. Also musste ich ihn die letzten Wochen noch ertragen. Auch diese Zeit hat er mir noch einmal richtig zur Hölle gemacht. Er verwüstete die Wohnung und machte Fotos. Damit wollte er zum Anwalt gehen. Dabei erzählte er überall viele Lügen über mich. Oft sagte er auch, so fett, hässlich, krank und gestört, wie ich bin, würde mich eh keiner mehr anfassen oder gut finden.Kein Wunder, dass er sich ständig betrinken musste.

Alle seine Freunde hätten das auch gesagt. Ich habe in den sieben Jahren nie einen Freund von ihm kennengelernt, nur ein paar Kumpels, mit denen er trinken ging.

Es gab Streit wegen jedem Vertrag, da sie alle über mich liefen. Passwörter wurden geändert und wegen jeder Sache wollte er zum Anwalt. Nur am letzten Tag hat er nochmal alles gegeben und gebettelt. Andreas lag weinend in seinem Bett und meinte, alle würden ihn in seinem Leben immer verlassen! ... Doch es war mir diesmal wirklich egal. Er war mir egal! Nur noch weg und ihn nie mehr wiedersehen. Ich habe ihm die Schlüssel auf sein Bett gelegt und ihm noch alles Gute gewünscht. Am 03.10.2020 bin ich in meine eigene Wohnung gezogen. Ich kann JEDEM nur empfehlen, den Schritt zu gehen!

Viel zu lange habe ich das alles ertragen. Mir meinen Selbstwert, meine Lebensfreude und meine Kraft nehmen sowie fast mein Leben zerstören lassen. Und mit Liebe hatte es nichts mehr zu tun.

Hoovering nach der Trennung

Ein paar Tage nach meinem Auszug wollte er vom Balkon springen. Die Nachbarn haben Polizei und Rettungswagen geholt und er kam erstmal in die Psychiatrie, war aber wohl schnell wieder draußen.

Vor meinem Auszug hatte er noch heimlich ein GPS im Handschuhfach meines Autos angebracht, um meine Adresse zu erfahren, da ich sie ihm nicht geben wollte. Ich habe lange gesucht. Es war sehr komisch, weil er immer wusste, wo ich bin. Das hatte ich dann bei der Polizei gemeldet, denn ich hatte auch Angst, er wird mich weiter aufsuchen. Dann hat er mir noch zweimal Blumen geschickt. Ich habe nicht darauf reagiert.

Viele Nachrichten kamen noch von ihm. Erst wollte er mich zurück. Ich hätte ihm versprochen, wenn er noch einmal eine Therapie macht, würde er eine neue Chance bekommen. Doch davon haben wir niemals gesprochen. Dann wieder bösartig und beleidigend. Ja, er hätte sich ja endlich von mir getrennt und alles richtig gemacht. Jede Nacht ewige Monologe als Nachrichten. Bis ich ihn endlich überall blockiert habe.

Da ich aber noch einige Sachen in der Wohnung vergessen hatte, die mir wichtig waren, hatten wir einen Termin festgelegt, um diese zu holen. Ich bin dazu noch einmal bei Andreas in der Wohnung gewesen. Er hatte im Wohnzimmer wieder das Bild von seiner damals schwangeren Freundin L. aus Griechenland mit dem Trauerflor hängen und daneben ein Bild von mir. Ich schaute ihn fragend an, was er mit meinem Bild noch will. „Wir beide wären seine große Liebe gewesen und beide hätte er verloren." In der Ecke im Wohnzimmer stand eine Waffe. Ich fragte ihn, warum er diese im Wohnzimmer braucht. Er antwortete, wenn er Langeweile hat, schießt er auf die Vögel vom Balkon aus. Er hatte gekocht und ich sollte zum Essen bleiben. Schnell bin ich wieder gegangen und habe mich auf kein Gespräch mit ihm eingelassen. Es war so gruselig und ich war froh, als ich in meinem Auto saß.

Doch dann rief meine ehemalige Vermieterin bei mir an. Er wollte zwei Straßen entfernt von mir eine Wohnung mieten. Dort hat er erzählt, ich wäre seine Freundin, deshalb brauchte er unbedingt diese Wohnung. Zu mir hat er dann gemeint, er macht mich in meinem neuen Wohnort fertig. Ich werde keinen Schritt mehr vor die Tür gehen. Er wollte dafür sorgen, dass ich meinen Job in der Firma verliere, wo ich schon über zwanzig Jahre arbeite. All das hat er nicht geschafft und die Wohnung auch nicht bekommen, weil sich beide Vermieter durch Zufall kannten.

Sein eigenes Ende

Er hat weiter viel getrunken. Oft Wodka oder andere harte Sachen. Am Ende muss er wohl sehr einsam gewesen sein. Mit seinen Jobs und seinen Freundinnen hat es sicher nicht mehr so gut funktioniert. Am 19. Februar 2022 rief er mich von unbekannter Nummer an. Ihm geht es so schlecht. Sein rechtes Auge ist blind, er kann nichts mehr essen und trinkt nur noch. Ich sollte ihm doch bitte helfen. Er vermisst mich so und entschuldigt sich für alles, was er getan hat. Er ist so allein. „Unsere Bänder wären doch noch da", wie er immer sagte. Ich wäre doch seine einzige große Liebe gewesen. Ich habe ihm gesagt, er soll sich Hilfe holen. Ich kann ihm nur anbieten, den Notarzt zu schicken. Helfen konnte ich doch nie und kann gegen seine Sucht nichts ausrichten. Doch in ein Krankenhaus wollte er nicht. Es war seine eigene Entscheidung.

Auch seiner ersten Ex-Frau hatte er per Handy noch geschrieben. Sie hatte mir Screenshots davon weitergeleitet. Wir hatten bereits Kontakt, bevor er die Alkoholtherapie begonnen hatte. Sie schrieb mir damals, in der Jugend wurde bei ihm bereits eine gespaltene Persönlichkeit festgestellt. Da war er noch kein Alkoholiker. Er konnte seine Tochter nie lieben. Sie war ihm immer egal. Sie selbst ist damals durch die Hölle gegangen, wie sie mir schrieb. Sein Vater war der Teufel und Andreas der Sohn. So hat er auch immer zu mir gesprochen. Ein Engel und ein Teufel in einer Person und er kann nichts dafür. Meine ehemalige Vermieterin rief mich zwei Wochen nach seinem Telefonat an, es wäre alles sehr seltsam. Die Balkontür steht schon tagelang bei Regen offen, das Licht brennt, aber er öffnet nicht. Ob ich etwas weiß?

Ich rief die Polizei an, denn ich spürte, er lebt nicht mehr. Die Polizei rief mich später zurück. Er ist an einem Aneurysma in der Speiseröhre verblutet. Es hatte keiner bemerkt, keiner hat ihn vermisst. Er hatte zu vielen Menschen Leid angetan, so dass sich jeder von ihm abgewendet hatte, und Freunde hatte er nicht. Einige Tage hat er bereits tot in der Wohnung gelegen. Als ich die Nachricht von der Polizei bekam, ging es mir erstmal sehr schlecht. Ich hatte viele Flashbacks, auch aus den guten Zeiten. Meine Tränen liefen, ich konnte es nicht beeinflussen. Keine richtige Traurigkeit, eher Wut und viele Emotionen. Wie ein Mensch sein Leben mit 55 Jahren so wegwerfen kann. Es war so endgültig. Auf einer Seite befreiend, denn ich werde ihn nicht mehr sehen und Angst haben. Er wird keine andere mehr zerstören. Trotzdem hatte er auch diese verletzliche Seite, nett, hilfsbereit und verständnisvoll. Es gab für mich noch einmal eine sehr emotionale Zeit, um das alles zu verarbeiten.

Ich weiß, es ist nicht meine Schuld. Keiner hätte ihn und sein Leben ändern können. Es war sein Leben und seine Verantwortung. Ich habe ihm vergeben, weil ich nicht ändern konnte, wie er war. Und vor allem mir, weil ich es sieben Jahre ertragen habe. Möge er seinen inneren Frieden finden, denn auch er ist erlöst von seinen Leiden.

Manchmal braucht das Herz etwas mehr Zeit, um etwas zu akzeptieren, was der Kopf längst weiß. Trotzdem war es die beste Entscheidung, die ich damals getroffen habe. Wenn ich heute meine Geschichte lese, kann ich nicht glauben, dass ich damals nicht früher diesen Schritt gehen konnte und ihn verlassen habe.

Ich bin froh darüber, mein Leben wieder so zu leben, wie es mir gefällt, genieße diese Ruhe und meine Zeit mit lieben Menschen zu verbringen. Ohne dieses Chaos und die ständige Ungewissheit und Angst. Es gibt wieder ein schöneres und besseres Leben und alles hat sich zum Positiven verändert. Dafür bin ich dankbar.

**„Keine Veränderung tut so weh,
wie dort zu bleiben,
wo man nicht hingehört."**

Dieser Spruch lag damals auf meinem Schreibtisch, als ich mich endlich getrennt habe.

So, so wahr!!!

Alles Gute auf deinem Weg!

Simone W.

*Das Wichtigste sind die Herzens-Menschen,
die diesen Weg gemeinsam gehen.*

EXTREME GESUNDHEITLICHE AUSWIRKUNG

von Steffi Winkler

2006 lernte ich meinen jetzigen Ex-Mann Elmar kennen. Am Anfang war alles einfach toll. Wir konnten miteinander reden, haben gemeinsam viel unternommen und ich habe gemerkt, dass ich ihn glücklich machen konnte, indem ich ihm Aufmerksamkeit schenkte – sehr viel Aufmerksamkeit. Er genoss die Aufmerksamkeit, die ich ihm gab und gab mir damit die Bestätigung, von ihm geliebt zu werden.

Nach einem dreiviertel Jahr zog ich zu ihm in seine Wohnung nach München. Wir lebten harmonisch zusammen, machten den Haushalt gemeinsam, unternahmen und redeten viel und schmiedeten Zukunftspläne. Eigentlich so, wie sich jeder eine glückliche Beziehung wünscht oder erträumt.

Nach nicht mal zwei Jahren heirateten wir und zogen in eine größere Wohnung, da wir uns beide Kinder gewünscht haben. Auch der Kinderwunsch wurde uns schnell erfüllt und ich bekam im Februar 2009 unsere Tochter.

Jedoch hätte ich damals schon mehr darauf achten müssen, wie das ALLES begann, doch das Ausmaß der Folgen war mir damals noch nicht zu 100 % bewusst.

Denn ich ging fast immer allein zum Frauenarzt, um die Kontrolle durchzuführen. Es wurde nicht darüber gesprochen, wie es mir oder dem ungeborenen Kind geht, in der ganzen Schwangerschaft nicht. Er hatte nicht fühlen wollen, wie sich das Baby im Bauch bewegte. Nein, er zeigte kein Interesse an dem Kind. Wichtig war ihm jedoch, ob es ein Mädchen oder ein Junge wird. Ein Stammhalter war eben sehr essenziell für diesen oberbayrischen Mann.

Doch leider gab ihm der Frauenarzt bekannt, dass es ein GESUNDES Mädchen werden sollte. Man glaubt es kaum, Elmar saß mit Tränen in den Augen da bei dieser Information. Und somit besorgte ich für das Baby alles allein und richtete auch das Babyzimmer alleine ein. Für mich war das alles keine Belastung, weil es ja ein Wunschkind war und ich mich riesig auf die Tochter gefreut habe.

Im Februar 2009 kam die kleine Anna zur Welt. Ich kümmerte mich von Anfang an Tag und Nacht allein um Anna. Na klar, ich war in Elternzeit, jedoch kamen immer mehr Ausreden vom KV (Kindesvater), um sich der Fürsorge zu entziehen, z. B.: Ich habe Angst, das Kind fallen zu lassen; Du kannst das besser oder Ich kann das nicht, bis hin zu: Ich gehe arbeiten und du bist ja zu Hause.

NEIN, eine Bindung aufbauen zum Kind wollte der KV nicht wirklich. So verging die Zeit, in der ich mich um Anna und den Haushalt gekümmert habe. Später bin ich auch wieder arbeiten gegangen. Ich habe einfach alles getan, um für den Mann eine gute Frau zu sein und der Aufmerksamkeit, die er brauchte, gerecht zu werden. Ja, seine Aufmerksamkeit forderte er immer mehr ein, weil er merkte, dass Anna auch ihre Bedürfnisse hatte und er zurückstecken musste. Dadurch begann er öfter schlechte Laune zu haben und mich oder Anna zu ignorieren oder zu bestrafen.

Er forderte immer mehr Aufmerksamkeit ein oder um es anders zu formulieren, er war sauer, wenn es nicht so lief, wie er es wollte. Natürlich gab ich mir als gute Ehefrau Mühe, ihn weiterhin glücklich zu machen. Jedoch zog er sich in seine Arbeit zurück oder am Abend auf die Couch und trank sein Bier. Es war ihm egal, wie es mir oder Anna ging, Hauptsache, ich hatte alles hinbekommen.

Ja, im Nachhinein hätte ich da schon merken sollen, dass Elmar nicht gut war für mich und Anna. Aber ich hatte eine Familie mit ihm und war damals schon finanziell abhängig, da ich wegen Anna nur Teilzeit arbeite und die Wohnungspreise in München enorm teuer waren bzw. immer noch sind.

Er begann, mit Anna zu schimpfen, wenn sie zu laut war oder er ab 18 Uhr seine Nachrichten schauen wollte oder wenn Anna am Tisch mit den Fingern gegessen hatte. Wenn sie gesungen hat, kam nur vom Vater: „Anna, halte deinen Mund, da kommt nur Müll raus." Ich denke, das sollte kein dreijähriges Kind hören. Eher hätte er sie ermutigen und ihr zeigen können, wie man mit Messer und Gabel isst. Leider prägte sich Anna da bereits ein, dass Essen etwas Negatives ist. Einmal kam sie ganz stolz an – sie hatte sich zum 1. Mal einen Zopf selber gebunden. Da sagte der Vater zu ihr: „Anna, du siehst scheiße aus, gehe dir die Haare kämen."

Oh Mann, ich könnte euch noch mehr von solchen Demütigungen erzählen, aber meine Geschichte geht noch weiter.

Vier Jahre später (2013) kam dann Tom zur Welt. Die Schwangerschaft verlief wie die erste. Elmar ignorierte alles. Der Unterschied war nur, dass es diesmal ein Junge geworden ist. Für mich war es nun doppelt so anstrengend, weil ich ja noch meine kleine Anna hatte und sie (auch wieder allein) auf ihren Bruder vorbereiten durfte, während sie mich zu den Untersuchungen begleitete.

Dann war ich noch arbeiten, den Haushalt machte ich ebenfalls alleine und ich musste dem Mann seine Aufmerksamkeit geben, damit er bei guter Laune blieb.

Elmar hielt sich weiterhin aus allem heraus, obwohl diesmal ein Stammhalter geboren wurde. Bis heute trage ich immer noch die Frage in mir: „Warum hatte sich beim 2. Kind nichts geändert?"

Drei Tage nach der Entbindung von Tom habe ich mit dem Baby wieder Anna in den Kindergarten gebracht, den Haushalt erledigt, ein neugeborenes Baby versorgt und versucht, dem Mann seine Aufmerksamkeit zu geben. Es gab in keinster Weise Unterstützung vom Kindesvater und auch kein Verständnis für ein Neugeborenes, das auf die Hilfe der Eltern angewiesen ist. NEIN, seine Laune wurde immer schlimmer.

Er ging noch länger zur Arbeit und kam mit immer schlechterer Laune nach Hause. Wir passten immer mehr auf, was wir sagten oder verschwanden erstmal ins Kinderzimmer, um Elmar aus dem Weg zu gehen. ER schimpfte häufiger mit Anna, weil sie nicht ordentlich am Tisch saß oder wieder zu viel redete. Und er demütigte mich und begann mir zu unterstellen, dass ich ihm fremdgehen würde.

Da ich eine Freunde-Finder-App auf meinem Handy hatte, wusste er immer, wo ich war und wenn ich mal bei einer Freundin war, kam sofort eine Nachricht von ihm: „Wo bist du? Komm um ... Uhr nach Hause. Was gibt es zum Essen?" Ich war also ständig unter Kontrolle und musste mich rechtfertigen, wo ich bin. Kaum zu glauben, aber es ist wahr. Diese sch... Apps können einem das Leben echt zur Hölle machen.

DIESE Kontrolle war normal geworden – Elmar, der IT-Spezialist von BMW, machte regelmäßig ein Update auf meinem Handy. Und wehe, ich hatte mit einem Patienten oder einem Freund geschrieben. Ich hatte also keine Freiheit mehr, er wusste, mit wem ich Kontakt hatte oder wohin ich mit den Kindern ging. Allein konnte ich ja nirgends hin, da ICH auf zwei Kinder aufgepasst habe und das 24 Stunden lang und ganz ALLEINE.

Die Zeit verging damit, dass Tom in die Kindergrippe und Anna in den Kindergarten ging, ich wieder Teilzeit arbeitete, den Haushalt und den Einkauf erledigte und mit den Kindern zum Sport gegangen bin. ICH habe alles allein gemacht, denn meine Eltern wohnten 380 km weit weg von uns und ich hatte kaum Freunde in München, weil ich erst in die Stadt gezogen war und dann später unter Kontrolle von meinem Ex-Mann stand.

Eines Tages, wo ich mal wieder fix und fertig vom Tag war und Elmar mal nicht am Abendbrottisch gemeckert hatte, hatte ich versucht, ein Gespräch mit ihm zu führen. Ich hatte mir getraut zu sagen, dass ich nicht mehr kann und Hilfe von ihm bräuchte. Ich hatte vorgeschlagen, dass er eventuell die Kinder zum Sport bringen oder abholen könnte. Wäre ja nicht viel verlangt gewesen von einem liebenden Vater. Doch ich habe gesagt bekommen: „Ich bin fürs Geld verdienen zuständig und du für den Rest." Ich habe ihn nur angeschaut und war sprachlos. ... OHNE WORTE ...

Ja, in diesem Moment hätte ich wirklich schon meine Sachen nehmen und mit den Kindern auf der Stelle ausziehen müssen. Doch ich hatte da schon keine Kraft mehr ... Ich war da schon wie in einem Hamsterrad.

2015 kam Anna in die Schule. Es war von Anfang an nicht leicht mit ihr, denn sie hatte Probleme beim Lesen und konnte sich in der Schule kaum konzentrieren. Die Lehrerin hatte mich gebeten, mit Anna einen LRS-Test zu machen (LRS = Lese-Rechtschreib-Schwäche) und der Test war eindeutig. Mit dieser Schwäche kam der Kindsvater erst recht nicht zurecht – das Kind hat eine Schwäche, wie peinlich. Traurig, aber wahr, der KV hatte sich für sein Kind geschämt.

Als Anna dann auch noch in der 2. Klasse von den anderen Kindern gemobbt worden ist, erklärte er sie komplett für dumm. Aus DER wird eh nichts, sie wird Hartz-IV-Empfänger oder sitzt bei Aldi an der Kasse, war seine Meinung zu IHR. Nein, von seiner Seite bekam Anna keine Hilfe und diese Worte waren sehr demütigend für sie. Anna kam nach der Schule immer trauriger nach Hause und bekam bei mir Wutanfälle, weil sie mit dem Ganzen überfordert gewesen ist. Sie wusste nicht, wie sie mit den Bösartigkeiten der anderen Kinder umgehen sollte. Doch ich hatte auch keine Ahnung, wie ich, außer sie zu trösten und für sie da zu sein, ihr helfen konnte.

Meine Lösung wäre gewesen, dass Anna mit der 3. Klasse in eine neue Schule (Montessori) wechseln könnte, damit sie vom Leistungsdruck wegkam und etwas anders gefördert worden wäre bzw. andere Kinder um sich gehabt hätte. Und was soll ich sagen, die Antwort von Elmar war NEIN. Auf so eine „Doofen"-Schule geht sie nicht und Schulgeld zahlt er auch nicht. Stattdessen wurde lieber ein neues Auto gekauft, denn es geht nicht, dass er bei BMW arbeitet und ich mit einem Fiat unterwegs bin. Dazu muss man sagen, er hat im Jahr mindestens das Fünffache an Gehalt verdient als ich, aber er kaufte lieber ein neues Auto, als seiner Tochter eine Gelegenheit zu bieten, anders zu lernen und ihr eventuell somit ein besseres Leben zu schenken. Nein, die Bedürfnisse der Kinder und meine gingen einfach an ihm vorbei – Hauptsache, sein Wille wurde durchgesetzt.

Und da gab es noch den kleinen Tom, der alles miterleben musste. Tom hatte immer alles mit Anna und mir mitgemacht, ohne zu nörgeln. Anna, Tom und ich waren dann irgendwann ein eingespieltes Team, da wir ja immer alles zusammen gemacht hatten. Schule, Kindergarten, Spielen, Sport, Ärzte und das Zubettbringen am Abend. Ich konnte nicht mehr und fast jeden Abend wurde ich wegen etwas geschimpft von Elmar, was wieder nicht in Ordnung war. Immer und immer wieder versuchte ich, mit Elmar zu reden, aber das war nach drei Flaschen Bier und anderthalb Flaschen Wein JEDEN Abend kaum noch machbar. Ich musste mir immer mehr Bösartigkeiten anhören und am nächsten Tag wusste er nichts mehr davon.

Es gibt ein schönes Sprichwort: „Alkohol ist ein hervorragendes Lösungsmittel. Es löst Familien, Freundschaften, Ehen, Arbeitsverhältnisse, Bankkonten, die Leber und das Gehirn auf. Nur Probleme löst er nicht."

Anna fragte mich immer öfter: „Mama, hat der Papa wieder mit dir geschimpft?" Sie hat so viel mitbekommen und ihn durch zwei geschlossene Türen gehört. Natürlich versuchte ich auch mal mit ihm zu reden, wenn er nicht so viel getrunken hatte, jedoch bekam ich nur zu hören, dass WIR keine Probleme haben, und dann stand er auf und ist gegangen. Er hat einfach alles ignoriert!

Dieses Spiel ging dann nicht mehr lange gut, denn eines Tages wurde wieder eine Diskussion ausgelöst, weil es nicht nach seinem Willen ging und da brach ich vor ihm zusammen. Ich lag zusammengekauert wie ein Baby vor ihm und weinte 45 Minuten lang. Ich konnte nicht mehr und alle Last und Traurigkeit kamen aus mir heraus. ER ließ mich einfach nur liegen, drehte sich um und ging eine rauchen.

Beide Kinder kamen zu mir und wollten nach mir schauen, warum ich weinte, da kam Elmar und sagte: „Kinder, geht in eure Zimmer, der Mama geht es nicht gut." Ich bin dann funktionierend aufgestanden und zu meinen Kindern gegangen, damit sie wussten, Mama ist da für sie. Darüber wurde nie gesprochen und weiterhin alles ignoriert. Ab da wurden die Gedanken immer lauter, wie ich mit den Kindern da rauskommen konnte. Jedoch fehlte mir die Kraft, Geld für eine eigene Wohnung und die Angst vor Elmar wuchs in mir.

Ich fragte meine Mama um Rat. Die einzige Möglichkeit war, nach Jena zu meinen Eltern zu ziehen. Nur der Mut, endgültig zu gehen, fehlte mir. Elmar hatte alles unter Kontrolle gehabt, vor allem mich – ich/wir war/en im Gefängnis unter seiner Kontrolle. Meine Mama sagte immer und immer wieder: „Mein Kind, ich kann dir nur helfen, wenn DU mir das Okay dafür gibst." Aber ich hatte solche Angst vor den Reaktionen von Elmar. Ich kam mir wie in einem dunklen Tunnel vor und funktionierte nur noch, um den Kindern eine Familie zu bieten, nur um welchen Preis!?

BIS mir eines Tages dies passierte: Mein Patient sagte zu mir in einer Behandlung: „Steffi, du siehst nicht gut aus, du musst unbedingt was unternehmen für dich und deine Kinder. Du musst da raus." Zwei Tage später ist mir dann jemand von hinten ins „neue" Auto gefahren – so in der Art wie: Wache auf! Von hinten wie ein Schlag auf den Hinterkopf. Und die Krönung war, als zwei Wochen später in unsere Wohnung eingebrochen wurde. Das alles ist in 14 Tagen passiert.

Diese drei Dinge waren für mich der ausschlaggebende Punkt und im Nachhinein mein Glück gewesen, weil sie mich wach-gerüttelt hatten.

Elmars Reaktion auf den Einbruch war, dass er eine Über-
wachungskamera für das Wohnzimmer kaufte. Ich bemerkte,
dass die Kamera auch ständig an war, als die Kinder und ich
dann zu Hause waren. Ich fühlte mich beobachtet und jetzt erst
recht gefangen im eigenen Haus – mein Gefängnis war perfekt.

Diese Situation brachte mich endgültig zum Entschluss, dass ich
SOOOOOO … nicht mehr weiterleben möchte und nicht kann.
Ich konnte Anna und Tom nicht länger so einem eiskalten und
empathielosen Menschen ausgesetzt lassen.

Nein, nein, nein, ich wollte das nicht mehr und habe meinen
ganzen Mut zusammengenommen und Elmar gesagt, dass
ich die Trennung möchte. Dass ich mit den Kindern 380 km
wegziehen möchte nach Jena, wo meine Eltern waren. Ich
dachte, er rastet vollkommen aus – es kam NICHTS von ihm.
Keine Reaktion, kein bitte bleibe oder nein, das möchte ich nicht
… nichts kam von seiner Seite. Unvorstellbar, aber wahr.

So plante ich mit meinen Eltern den Umzug. Meine Eltern waren
mir eine sehr große Hilfe und ich bin ihnen dafür unendlich
dankbar, denn OHNE sie hätte ich dies nicht geschafft, auch
wegen des Geldes nicht, denn ich hätte keine neue Wohnung
bekommen bei einem Gehalt von 450 Euro. Im Juli 2018 zogen
wir dann um nach Jena. Von der Seite des Ex und Kindesvater
kam immer noch nichts, dass wir bleiben sollten.

Auch am Auszugstag war der Abschied vom Vater zu den
Kindern unfassbar kalt. Er ging in das Kinderzimmer, wo beide
gerade gespielt hatten, stand an der Tür und sagte zu ihnen
Tschüss. Anna und Tom ignorierten den Vater vollkommen. Es
gab keine Umarmung, kein liebes Wort, wieder mal nichts.

Später sagte Elmar zu mir, dass die Kinder eine Last für ihn waren, er eifersüchtig auf sie war, weil ich mich um sie gekümmert habe und soooo wenig Zeit für ihn hatte. Der arme Mann.

Zu diesem Zeitpunkt waren die gesundheitlichen Folgen:

TOM war ängstlich und lächelte nicht mehr, er hatte keine Freunde außerhalb des Kindergartens und starke Verlustängste mir gegenüber.

ANNA war ängstlich, lachte kaum, hatte Wutanfälle, wenn ihr was nicht gefiel, aß nur noch vier Lebensmittel (Breze mit Butter, Nudeln pur, Apfel und viel Schokolade), hatte mit neun Jahren nur eine Freundin, häufig Verstopfungen, im Bett Vorstellungen, dass Wölfe sie anfallen könnten, Einschlafprobleme und sie war sehr dünn.

ICH war mit 171 cm abgekämpft bei 49 kg, war erschöpft und dauermüde, ich hatte Angst, nichts mehr richtig zu machen, Verstopfungen, heftigen Hautausschlag. Ich war ausgelaugt und lachte schon längst nicht mehr.

ER hatte es geschafft, dass wir kein Selbstwertgefühl mehr hatten und Ängste in verschiedenen Varianten bekommen haben.

WIR DREI WAREN FREI mit dem Umzug nach Jena im Juli 2018 und nach und nach blühten wir wie eine schöne Blume wieder auf. Wir lachten mehr, aßen, was uns schmeckte und es gab wieder viele leckere Sachen zu entdecken. Wir unternahmen viel mit neuen Freunden und uns/mir war eine Last abgenommen worden, diesem Mann ständig alles recht machen zu müssen und trotzdem nicht genug gewesen zu sein. Und die Kontrolle war weg – es war einfach ein neues Lebensgefühl. Es war unglaublich schön, diese Freiheit erleben zu dürfen.

Wir genossen so unser „neues" Leben, bis Elmar fragte, wann er die Kinder mal sehen darf – da waren bestimmt fünf Monate vergangen. Ich fragte die Kinder und beide fingen gleich an zu sagen: „Nein, wir wollen Papa nicht sehen." Das teilte ich Elmar mit. Er drohte mir daraufhin, keinen Unterhalt mehr zu zahlen. Ich bat ihn etwas Geduld zu haben, bis sich die Kinder noch mehr eingewöhnt hatten. Doch er drohte weiter und missachtete die Bedürfnisse der Kinder.

Ich wusste nicht, ob ich dem Wunsch der Kinder nachgeben darf und bat das Jugendamt (kurz JA) in Jena um Hilfe. Ich sprach mit dem JA-Betreuer, der mir zustimmte, dass ich dem Bedürfnis der Kinder, den Vater nicht sehen zu müssen, nachgeben dürfte. Der JA-Betreuer gab mir noch zur Unterstützung die Adresse vom Kinderschutzbund, damit die Kinder dort angehört werden konnten. Ich habe beim Kinderschutzbund die Lage erklärt. Es gab mehrere Termine und es kristallisierte sich immer mehr heraus, dass Tom, da war er gerade fünf Jahre, den Vater nicht sehen wollte, weil er so viel geschimpft hat und weil er nur dreimal mit ihm gespielt hatte.

Bei Anna hingegen wurde es noch deutlicher, welche extremen Folgen durch das lange Zusammenleben mit dem Vater entstanden waren. Die Dame vom Kinderschutzbund meinte, dass Anna (neun Jahre) an einer Ess- und Angststörung litt. Sie hatte z. B. Angst vor ihrem Vater, vor der Dunkelheit und davor, dumm zu werden. Sie sagten mir, wenn ich da nicht mit ihr zu einem Psychologen gehen würde, dann kann das als unterlassene Hilfeleistung ausgelegt werden.

Mir war die Gesundheit von Anna natürlich wichtig und ich wusste, dass ich eine Teilschuld daran trug, dass es ihr nicht gut ging. Es war meine Schuld, weil ich es einfach zu lange in dieser giftigen Ehe ausgehalten hatte und die beiden Kinder zu viel Böses in ihrer Kindheit miterleben mussten.

Ich suchte für Anna einen Psychologen, leider gibt es kaum Kinderpsychologen und erst recht nicht sofort Termine. Als Anna dann einen Termin bei einem Mann bekam, war sie noch mehr auf Abwehr: „Von dem lasse ich mir nichts sagen. Der ist genauso wie mein Vater", waren ihre Worte zu dem Psychologen. Sie wollte einfach keine Hilfe annehmen. Sie kannte es auch nicht, von einem Mann Hilfe/Unterstützung zu bekommen, denn ihr Vater tat das ja nie oder sie wurde nur beschimpft von ihm. Jedoch hatte der Psychologe nur von Anna gewollt, dass sie wieder isst und nicht mehr abnimmt. Ansonsten hätte Anna zwangseingeliefert werden müssen.

Anna aß trotzdem nichts und nahm immer mehr ab – sie galt als untergewichtig. Sie begann, gegen sich selbst verletzend zu werden. Sie kratzte mit dem Fingernagel ihre Haut an den Beinen auf, bis sie bluteten. Sie lag auf dem Fußboden, weinte und dann sagte Anna zu mir: „Mama, bitte BRINGE mich um!"

Glaubt mir, das möchte keine Mutter von ihrem neunjährigen Kind hören. Immer und immer wieder sagte sie es zu mir, dass es ihr größter Wunsch sei, dass ich sie umbringe. Ich sagte zu ihr, dass ich ihr jeden Wunsch erfülle, nur diesen einen Wunsch NICHT.

Ich war einfach hilflos in diesem Moment und wusste nicht, was ich tun sollte, außer weiterhin für sie da und an ihrer Seite zu sein.

Und dann kam noch Corona hinzu. Diese Isolation und das ständige Händewaschen gaben Anna erst recht den Rest. Sie bildete noch dazu einen Waschzwang aus und stand bis zu einer Stunde unter der Dusche, um sich allen Dreck abzuwaschen und vor allem, damit sie nicht dumm wird. Wenn ich versuchte sie herauszuholen, biss Anna mich oder schlug auf mich mit den Fäusten ein. Heute (März 2023) weiß Anna dies alles nicht mehr – sie war damals in ein schwarzes Loch gefallen, weit weg von dieser Welt.

Ich rief auch einmal den Notarzt an und bat um Hilfe, als sie wieder mal auf dem Boden lag und nur noch weinte, doch ich bzw. Anna bekamen keine Hilfe, weil sie ja nicht in Lebensgefahr war. Doch das war sie, denn es spitzte sich zu, bis Anna ihren Kopf, aus Hilflosigkeit, heftig gegen eine Regalkante knallte. Sie weinte nicht dabei und unterdrückte den Schmerz. Sie hatte eine dicke Beule auf der Stirn, dazu eine Gehirnerschütterung, aber sie ließ mich nicht an sich ran. Mein letzter Ausweg war die Kinder- und Jugendpsychiatrie in Jena, das ist eine geschlossene Kinderstation.

Als sie von Anna gehört hatten und davon, was passiert war, nahmen sie sie innerhalb einer Woche auf. Ja, ich musste mein Kind abgeben, um für SIE Hilfe zu bekommen, besonders für ihr Leben.

Als ich dann dem Kindsvater berichtet habe, dass ich Anna ins Krankenhaus einliefern musste, kam von seiner Seite nur: „Was machst DU mit den Kindern!!!" Und es fiel ihm nichts Besseres ein, als sich einen Anwalt zu nehmen und Umgangsrecht einzuklagen.

Es bestand bis dahin zwischen den Kindern/mir und dem KV kein Kontakt, weil die Scheidung im Hintergrund auch noch lief. Per Anwalt zwang er die Kinder, mit ihm per Video zu telefonieren. Sie hatten so nur noch mehr Angst vor ihm bekommen.

Seine Meinung ist bis heute: Wie konnte ICH mich nur von diesem großartigen Mann trennen und es kann niemals sein, dass die Kinder ihn nicht sehen möchten. ER war und ist so von sich überzeugt und ICH bin an allem schuld.

Anna ging es dann im November 2020 besser, so dass sie wieder aus der Klinik herauskonnte. Eine Woche später kam die Gerichts-Verfahrensbeistands-Dame (Anwalt der Kinder) zu uns ins Haus, um die Kinder zu befragen, ob sie den KV wiedersehen möchten. Beide sagten klar und deutlich, dass sie den Papa NICHT sehen möchten. Die Verfahrensbeistands-Anwältin schrieb das so in ihren Bericht.

Da das nicht reichte, kam dann noch ein Brief von der Richterin, dass sie die Kinder auch noch anhören möchte. Es gab kein Verständnis von den Ämtern, dass Anna gerade erst wieder aus der Klinik gekommen war. Es interessierte keinen, welche Belastung das für Anna war.

Am Tag der Gerichtsverhandlung wurden die Kinder von der Richterin angehört und die Verfahrensbeistands-Anwältin sowie das Jugendamt gaben ihre Meinung ab und auch der Kinderschutzbund verfasste einen Bericht. Alle waren sie der gleichen Meinung, dass KEIN Kontakt zum KV aufgebaut werden soll, weil die Kinder ihre abwehrende Haltung klar und deutlich gezeigt haben. Anna war damals elf und Tom sieben Jahre alt.

Ich wurde während der Verhandlung mehrmals auf meine Tonlage hingewiesen. Nein, ich bin nicht ausfällig geworden, ich habe nur versucht zu erklären, was uns passiert ist und wollte mich nicht als böse Mutter hinstellen lassen. Es wurde mir Kindesentfremdung von der Gegenseite vorgeworfen und somit eine Opfer-Täter-Umkehr versucht. Ich, die die Kinder und mich aus einem emotionalen Missbrauch und aus der häuslichen Gewalt herausgeholt habe und mich um meine Kinder gekümmert habe, seitdem sie auf der Welt sind, ich wurde als Täter dargestellt. Einfach nur fassungslos machend und demütigend für eine Mama!

DOCH ES KOMMT NOCH UNGLAUBLICHER. Das Urteil von der Richterin war, dass es eine Elternvereinbarung gab und dass über **eine AWO-Beratungsstelle der Umgang zum Kindesvater wieder angebahnt werden soll.**

Alle sind aus den Wolken gefallen nach diesem Urteil. Ich war sprachlos und fassungslos. Wie sollte ich das den Kindern beibringen?

Heute weiß ich, dass der Umgang das höchste Gut bei den Gesetzen ist, egal was die Kinder miterleben mussten oder was mit ihnen passiert ist. Da zählt nicht, ob sie psychische Gewalt erlitten haben vom KV. Er darf alles, doch wer schützt die Schutzbefohlenen? Die Kinder waren sehr traurig, dass sie zu jemand anderem gehen müssen, um den Papa zu sehen und darüber, dass sie zu etwas gezwungen werden, was sie gar nicht möchten.

Anna begann wieder, nichts mehr zu essen, war traurig und zog sich zurück. Sie nahm ein Messer in die Hand und sagte zu mir: „Mama, was machst du, wenn ich mich mit dem Messer selbst verletzen würde?" Mir blieb nichts weiter übrig, als Anna erneut einweisen zu lassen. Das war am 31.12.2020. Sie hatte sich damals wirklich Pläne im Kopf zurechtgelegt, wie sie sich selber umbringen würde.

Anna zog sich in die Klinik zurück, weil die Außenwelt ihr nicht zugehört hat und wieder gegen ihren Willen etwas angeordnet worden war. Ihr gefiel es in der Klinik besser als zu Hause. Denn sie hatte bei jedem Besuchswochenende bei mir einen Wutausbruch und schrie mich an: „Ich habe keinen Vater und wenn ich den sehen muss, dann laufe ich weg." Oder sie nahm wieder ein Messer in die Hand, sah mir tief in die Augen und sagte: „Ich könnte jetzt ganz einfach das Messer in meinen Bauch rammen ..."

Die Klinik gab mir somit Anna nicht mehr nach Hause mit und sie bekam das zweite Medikament. Das erste war gegen die Angst und gegen die Zwänge und das zweite war für ihre Wutausbrüche und zur Beruhigung.

Wer von euch den Film „Einer flog über das Kuckucksnest" kennt, der weiß, was solche Beruhigungstabletten mit einem Menschen machen.

Dass die Ärzte mir Anna nicht mehr aus der Klinik mit nach Hause gaben, gab mir als Mama natürlich den Rest. Ich wollte doch nur Hilfe für mein Kind und am Ende wurde sie mir weggenommen. Diese Ärzte sagten zu mir, ich solle mir auch Hilfe holen beim Psychologen, damit ich Anna wiederbekommen könnte. Somit wurde mir meine liebende Mutterrolle entzogen und die Ärzte glaubten mir nicht mehr, dass ich mit Anna zurechtkommen würde.

Nicht mal einen Monat später, mit Einschaltung vom Jugendamt Jena, sagten mir die Ärzte, dass Anna aus der Klinik muss, da sie kein Notfall mehr ist. Mit dem Jugendamt Jena wurde dann die heilpädagogische Wohngruppe ISA Kompass in Kronach für Anna als Empfehlung ausgesprochen. Aber NUR unter der Bedingung, dass wenn Anna nach Hause möchte, sie JEDERZEIT nach Hause darf, stimmte ich zu.

Ab Februar 2021 war Anna dann in der Wohngruppe und es gab am Anfang eine sechsmonatige Kontaktsperre. Es kann sich kaum jemand vorstellen, wie ich oder der kleine Bruder von Anna sich dabei gefühlt haben. Jedoch war ich entmündigt worden vom Jugendamt und der Wohngruppe.

In den sechs Monaten hatten sie es in der Wohngruppe „geschafft", den Kontakt zum Vater wiederherzustellen und DAS unter dem Einfluss von Medikamenten. Die Einrichtung ist im Übrigen stolz, so gute Arbeit geleistet zu haben. Unfassbar. Anna sagte nur zu mir: „Sie haben einfach über mich hinweg bestimmt. Und sie haben mich mit Strafen in Schach gehalten."

Die Einrichtung hatte ihre Regeln und wer sich nicht daran hielt, bekam eine Strafe, z. B. Sim-Karten-Verbot für eine Woche, Putzdienste im Haus erledigen oder auf dem Zimmer bleiben. Sie war in eine Einrichtung gekommen, wo sie sich wieder an Regeln halten musste und nichts sagen und nicht „frei" sein durfte. Das hatte das Jugendamt wirklich gut ausgesucht für Anna. Die Einrichtung hatte Anna wieder unter Kontrolle gehabt, wie der Kindesvater uns drei. Die Krönung war, dass diese Einrichtung versucht hatte, gegen die Mutter-Kind-Bindung anzugehen. Anna sagte: „Mama, warum reden sie den Papa immer so schön und bei dir sind sie abwertend?"

OHNE WORTE! Doch sie haben es nicht geschafft, denn im April 2022 sagte Anna zu mir: „Mama, ich möchte wieder nach Hause."

Ich habe mich gleich an das Jugendamt in Jena gewendet, da hatte ich mittlerweile die vierte Betreuerin für Anna gehabt. Was soll ich sagen, bis zum Februar 2023 habe ich gegen die Einrichtung, gegen den Kindsvater (der nicht wollte, dass Anna aus der Einrichtung rauskommt) und gegen das Jugendamt gekämpft, bis Anna endlich wieder nach Hause kommen durfte.

Seit drei Wochen ist Anna nun wieder zu Hause, es geht ihr sehr gut und sie hat sich schon wieder bei uns eingelebt. Sie darf jetzt mit vierzehn Jahren endlich ein Kind sein.

Regeln haben wir natürlich auch, ABER nur, dass wir einen respektvollen Umgang miteinander pflegen, Spaß zusammen haben und jeder dem anderen hilft und ihn unterstützt. Nur wie lange sie noch die Erinnerungen zu verarbeiten hat, weiß keiner. Im Augenblick möchte sie nicht darüber reden. Sie trägt diese Erfahrung noch mit in ihrem „Rucksack".

Tom ist mittlerweile zehn Jahre alt und für sein Alter zwar noch etwas ruhig, jedoch weiß ich, dass er seinen Weg ohne Angst oder Beleidigungen gehen darf, weil ich ihn rechtzeitig aus dem Gefängnis geholt habe. Kontakt zum KV möchte er immer noch nicht.

Ich war in den letzten zwei Jahren für fünf Wochen in der psychiatrischen Tagesklinik, hatte einige Monate Psychotherapie und habe mir Neurofeedback als Traumaverarbeitung unterstützend geholt. Ich habe viel lernen dürfen und verarbeiten müssen. Dafür kann ich wieder lächeln und bin stark für meine Kinder.

Schlusswort

In den letzten drei Jahren kam ich mir vor, als ob ich die Täterin (die böse Mutter) bin, die dem KV die Kinder weggenommen hat. Ich kam mir hilflos vor, weil mir keiner zugehört hat. Ich begann, an der Gesellschaft zu zweifeln oder glaubte, dass ICH verkehrt bin. Bis ich die Gruppe „T.o.B.e Toxische Beziehungen überwinden" auf Facebook gefunden habe und dem Verein beigetreten bin.

Von da an verstand ich, was uns passiert ist und dass ich mich nicht schämen muss für das, was uns zugestoßen war. In dieser Gruppe wird einem bewusst, wie viele Seiten von toxischem Missbrauch es gibt und welche gesundheitlichen Auswirkungen daraus resultieren können.

Ich

Liebe

Respekt

Vertrauen.

Die Libelle ist der Glücksbringer vom #T.o.B.e Verein. Mein erstes Tattoo – ein Zeichen für mich, dass ich mich von häuslicher Gewalt befreit habe.

Meine Gesundheit und meine Freiheit, die mir und meinen Kindern KEINER mehr wegnehmen darf. Wir haben es geschafft ...

Liebe Grüße
Steffi

Vorstellung des Vereins beim Lauf gegen Gewalt
in Bad Soden-Salmünster

VON EINEM GEFÄNGNIS INS NÄCHSTE

von Kay Schönnagel

Ende 1982 kam ich in Jena, Thüringen zur Welt. Meine Eltern lebten zu der Zeit in einer kleinen Stadt in der Nähe, die bis heute keine Geburtsstation hat. Wie die meisten Eltern waren meine natürlich glücklich über den Familienzuwachs. Mein Vater hatte mit seiner Arbeit aber so viel zu tun, dass er meistens nicht da war. In meiner Erinnerung liebte er seine Regeln. Die machten zwar irgendwo auch Sinn, aber nicht in jedem Fall. Ich erlebte ihn daher als streng und unnahbar. Und wie bei so vielen rutschte ihm die Hand nicht nur aus Versehen aus. Er sagte dann immer, dass er das nicht tun wollte, aber in der Bibel steht geschrieben, dass nur wer sein Kind schlägt, es lieben würde. Es wäre ein Ausdruck seiner Liebe zu mir. Für mich war es ein Zeichen der Ablehnung und der Nichtliebe. Nicht einmal Liebe, sondern Akzeptanz nach bestimmten Regeln. Liebe nur, wenn man die Leiter nach oben klettert. Schon sehr früh hielt ich das für falsch. In meinen frühesten Erinnerungen war ich gerade mal ein halbes oder dreiviertel Jahr alt. Diese reichen also sehr, sehr weit zurück.

Meine Mutter war dagegen schon immer ein sehr herzlicher Mensch. Sehr emotional. Sie konnte Dinge erkennen, schon lange, bevor diese offensichtlich wurden. Ihr Selbstbewusstsein ist bis heute nicht das beste. Ein Fall eines Generationentraumas. Sie rastete täglich aus und schimpfte in einer für mich damals extrem hysterischen Art. Auch ihr glaubte ich nicht, dass sie mich lieben würde. Ich lehnte sie daher ab und wollte von ihr auch nicht berührt werden. Bis heute glaube ich nicht, dass es wahre Liebe war. Es war Liebe mit Bedingungen. Eine Liebe, die mir sagt, ich soll so funktionieren, wie andere wollen. Genau wie sie schreckte auch mein Vater vor Moralpredigten nicht zurück. Von beiden konnten diese sehr lang sein. Ich darf nicht ich selbst sein. Das wurde mir sehr klar vermittelt. Festgesetzte Rollenvorstellungen wurden mir über die Jahre einfach aufgedrückt. Erst drei bis vier Jahrzehnte später wurde mir klar, dass ich keinem Klischee entspreche. Ich zog mich daher schon sehr früh, noch bevor ich das erste Lebensjahr vollendete, immer mehr in mich zurück.

Heute weiß ich, dass ich schon als Kind wahnsinnig sensibel war. Sehr sensible Menschen können sich nicht so stark anpassen, ohne Schaden zu nehmen. Eigentlich niemand. Aber bei sehr sensiblen Menschen schürt es beizeiten Traumata, die einen für den Rest des Lebens beeinflussen. Ich galt einfach als auffällig und als ein Kind, das besonders viel Aufmerksamkeit brauchte. Aber ich war nie ein typisches Mädchen. Besonders als Pastorenfamilie hieß es, ein Vorbild zu sein. Egal wer man selbst eigentlich ist. Erfülle die Rolle. Später erfuhr ich dann, dass viele Pastorenkinder der Kirchgemeinde daher den Rücken kehren.

Mein Bruder kam in mein Leben, als ich gerade ein Jahr alt war. Er liebte es, mich zu ärgern. Ich reagierte meistens wütend und rastete aus, weil er nicht aufhörte, wenn er damit meine Grenzen erreichte. Er schien es nicht wahrzunehmen.

Erst wenn ich ausrastete. Er wusste es einfach nicht besser. Er konnte meine Grenzen und Gefühle nicht erkennen. Obwohl ich es schon vor dem Ausrasten deutlich machte. Mir sagte man, ich solle mich zusammenreißen. Half nicht wirklich. Erst heute weiß ich, dass ich damals nicht wusste, wie ich mit Wut umgehen sollte und dass diese permanente Unterdrückung meines Selbst mich überhaupt erst zum Ausrasten brachte. Ich hatte auch nie ein anderes Bild von meinen Eltern.

Ich war eher der Jungentyp als Kind, dem Mädchen immer ein Rätsel waren und der lieber Räuber und Gendarm mit anderen im Umkreis gespielt hatte. An Gottesdiensttagen reingesteckt in Kleider mit höchst unbequemen und zu kleinen Strumpfhosen, war ich oft froh, wenn diese Tage herum waren. Aber auch in meinem Elternhaus war ich für jede Gelegenheit dankbar, mich von allen zurückziehen zu können, um wenigstens für Momente ich sein zu können. Dementsprechend kam ich auch in meiner Schulzeit mit allem nicht wirklich zurecht. Überall schien ich alles falsch zu machen oder ich schaffte eine zufriedenstellende Anpassung.

Erst heute kann ich sagen, dass meine Eltern ein sehr enges Regelkorsett hatten. Auf Übertretungen folgten immer Strafen und Moralpredigten. Später als Teenager fingen dann die Sätze mit „Ich verbiete dir das nicht. Aber ..." an. Das Aber verschwand nie. Und ist bis heute sehr, sehr lang. Die Dinge, die ich wirklich tun wollte, wurden mir dadurch ausgeredet.

Aber eines muss ich dazu noch erwähnen. Mein Vater hat über die Jahre wahnsinnig viel gelernt und an sich verändert. Meine Mutter ist tendenziell noch mehr in ihre eigene Welt versunken. Andere Meinungen sind bis heute für sie der Beweis, dass ihr Gegenüber ein Feind ist. Ich wüsste jetzt nicht, wie ich es anders bezeichnen sollte. Ganz besonders innerhalb der Familie werden falsche Geschichten verbreitet.

Man kommt bei den anderen nicht heran. Also versucht man es hintenrum, indem man sich die Unterstützung von woanders holt. Ein direkter offener Austausch war nie möglich! Meine Oma war da genauso. Die Mutter meiner Mutter sozusagen. Meine Mutter konnte das Verhalten ihrer Mutter erst mit über sechzig Jahren grob differenzieren. Bis dahin war sie der festen Überzeugung, dass alles, was ich durch meine Oma erlebte, eine ausgedachte Geschichte war und ich eigentlich nie erwachsen geworden wäre und auch nicht allein leben könne, weil ich meine Wohnung in höchster Unordnung halten würde und zu aufmüpfig sei. Als wäre ich ewig der rebellische Teenager. Als wäre ich immer eine Person, die ihr nur das Leben zur Hölle machen wollte. Man muss dazu sagen, dass ihr Ordnungssinn wahrhaft zwanghaft ist. Kein Krümel durfte bei ihr auch nur auf dem Boden liegen bleiben. War das der Fall, wurde der/die Schuldige gesucht und sich beschwert, während sie direkt zum Besen oder Lappen griff.

Meine Eltern zogen durch die Arbeit meines Vaters immer wieder um. Meinen ersten Umzug erlebte ich mit fünf Jahren. Ich wuchs daher in Sachsen auf und erlebte meine Teenie-Jahre in Nordrhein-Westfalen. Mit achtzehn zog ich aus. Mein Selbstbewusstsein war völlig im Keller. Es brauchte ab da einige Jahre, bis ich damit halbwegs klarkam.

Für meine Ausbildung zum Ergotherapeuten zog es mich wieder nach Thüringen zurück. Diese half mir persönlich sehr, da sie neben einem bunten Handwerksangebot auch einen starken psychologischen Pfeiler hatte. Meine größten Schwierigkeiten hatte ich damit, dass ich nicht wirklich wusste, wer ich bin oder war. So ganz konnte ich das selbst am Ende der Ausbildung nicht sagen. Obwohl ich bei anderen keine großen Probleme hatte, die Ursachen ihrer Probleme herauszufinden. Nur meine leider nicht.

Meine Großeltern lebten in Erfurt zu der Zeit. Ihr Bekanntheitsgrad und Einfluss zogen sich durch die Kirchgemeinden von ganz Thüringen hindurch und auch darüber hinaus. Machte ich etwas nach ihrer Meinung nicht richtig, rief mich meine Oma an. Heulte, als würde die Welt zusammenbrechen und erzählte mir, wie sehr ich sie und je nach Ursache meiner Mutter durch mein Verhalten wehgetan hatte. Einmal ging es dabei darum, dass ich einem Bekannten für wenige Wochen Obdach gegeben hatte, bis dieser eine eigene Wohnung fand. Zusammen hatte uns niemand draußen gesehen. Es wusste auch so gut wie niemand. Als meine Oma anrief, weinte sie wieder. Wieso ich ihr so wenig vertrauen würde und weshalb ich ihr nicht erzählt hätte, dass ich einen Freund hatte. Den hatte ich ja tatsächlich nicht. In ihrer Vorstellung jedoch war sie davon überzeugt, dass ich einen hätte und lud ihn über mich offiziell zum „traditionellen" Essen zur Vorstellung ein. Ich erzählte es dem Bekannten zwar, aber mehr kam dabei nicht heraus. Er fand es ebenso unsinnig.

Ich kam mir vor, als hätte ich meine „persönliche Stasi-Überwachung". Teilweise behielt meine Oma sogar Sachen ein, um sicherzustellen, dass ich bei ihnen mal wieder übernachten würde. Sie erzählte die kuriosesten Geschichten auch öffentlich in der Gemeinde. Zwischendurch ging es mir wegen geistiger Unterforderung nicht so gut. Sie erzählte dann zusammen mit meiner Mutter überall herum, dass ich von dunklen Mächten besessen wäre. Alle waren dann natürlich besonders aufmerksam. Insbesondere als ich es wagte, einen Grundpfeiler ihres Glaubens zu verwerfen. Ich redete praktisch wie mit Wänden. Sie sagten nicht mal mehr ihre Meinung mir gegenüber. Als wenn man mich vorsichtig zur Herde wieder zurückführen müsste. Ich versuchte immer wieder, meine Großeltern auf Abstand zu halten und einen Neustart zu wagen. Nach dem dritten Mal gab ich es endgültig auf. Ihr Spiel schien allerdings niemand außer mir zu durchschauen. Ich war isoliert.

Ich flüchtete dann bei erstbester Gelegenheit nach Berlin. Auch dort versuchte meine Oma, sämtliche Informationen über mich über ihr Netzwerk herauszufinden. Ich ging irgendwann nicht mehr zu den Gottesdiensten hin. Damit hatte sie dann auch ihre Quelle verloren. Für mich zu sein war mir ohnehin viel wertvoller geworden. Ansonsten baute ich nach und nach meinen Freundes- und Bekanntenkreis in Berlin auf. Mit Menschen, die meine Verwandtschaft nicht kannten.

Allein blieb ich in Berlin nicht lange. Etwas über ein Jahr nur. Durch lange Bänder bekam ich immer mal Entzündungen in meinen Füßen. Ein Arzt legte mir nahe, mehr Sport zu treiben. Nach einem Jahr Fitnessstudio wechselte ich dann zum Kampfsport. Das war Ende 2011. Ich entschied mich für MMA. Bisher kannte ich nur Judo. Das war mir aber zu langweilig. Ich wollte auch mal auf irgendetwas einschlagen können. MMA war daher perfekt. Kaum irgendwelche starren Regeln. Dort lernte ich ihn dann kennen. Deutliches Interesse war ganz zu Beginn noch nicht da. Er war halt einfach interessant. Für mich aber hauptsächlich, weil er als Einziger in meiner Gegenwart nicht rot zu werden schien. Wenigstens mal eine Person. Wir trafen uns kurz darauf nach Weihnachten und auch im Januar hin und wieder. Redeten stundenlang durch die Nacht hindurch. Für mich war es schön. Wie ein Traum. Meine Hormone spielten verrückt. Ich brauchte eine Weile, bis ich das genau verstand. Kurze Zeit später, im März 2012, war ich dann tatsächlich schwanger. Wir redeten über das Thema Kinder. Ich wollte keine Pille nehmen wegen der Nebenwirkungen. Kondome schienen mir ohnehin das sicherste Verhütungsmittel. Nur er wollte das nicht. Er würde nie ein Kondom benutzen, sagte er.

Dennoch freute ich mich auf mein Kind. Innerhalb des Jahres zogen wir dann zusammen. Bereits während dieser Zeit fing er mit seinen ersten Heiratsanträgen an. Um die ganze Wohnungs-suche kümmerte ich mich. Bei vielem sagte mein Ex nein.

Wir suchten einen Kompromiss, der oft darauf hinauslief, dass er sich ganz zurückzog und alles mir und seiner Mutter überließ. Aber ein schwarzes Schlafzimmer mit Lampe, die fast die Hälfte des großen Raumes einnahm, war für mich nicht denkbar. Alles andere wollte er irgendwie nicht. Seine Mutter redete auf ihn ein, so dass er aufgab. Aber Alternativen hatte er keine.

Seine Familie war sehr aufmerksam. Alle schienen sich zu freuen. Als meine Tochter zur Welt kam, es war eine Hausgeburt, baute mein ehemaliger Schwiegervater nebenan im werdenden Kinderzimmer die letzten Möbel auf. Die kamen recht spät. Während sich meine Tochter fast drei Wochen vor ihrem Termin ankündigte. Die Geburt selbst dauerte etwa 26 Stunden. Ich konnte mich nicht wirklich entspannen. Am Ende setzte die Hebamme dann einen Schnitt.

Heute weiß ich, woran es lag. Entspannung war schon damals für mich nicht mehr möglich. Direkt nach der Geburt wurde ich spätestens jeden zweiten oder dritten Tag von meiner Schwiegermutter besucht oder sie holte mich mit meiner Tochter ab. Ich wollte das nicht. Ich wollte in Ruhe eine Beziehung zu meiner Tochter aufbauen. Meinem Ex war es egal. Er wollte mit dieser Debatte nichts zu tun haben. Oder mit uns beiden. Meinte nur, ich solle doch froh sein, dass mir so viel abgenommen wurde und ich solle das mit seiner Mutter klären und nicht mit ihm. Ich war im Prinzip nicht in einer Beziehung mit ihm, sondern ausschließlich mit seiner Mutter.

Die Wahrheit war auch, dass ich darunter litt. Regelmäßig hatten wir teilweise heftigste Auseinandersetzungen. Fast täglich. Einmal gab sie nach und versicherte mir, dass sie mich „wenigstens mal eine Woche" mit meiner Tochter allein lassen würde. Sie war der festen Überzeugung, mir wäre alles zu viel und sie müsse mir helfen. Ein Nein wäre absolut inakzeptabel.

Sogar ihre Eltern hätten sie dazu angehalten, das zu tun. Sie sah sich absolut im Recht. Genau am nächsten Morgen wachte ich noch glücklich mit meiner Tochter auf. Nichts ahnend, wer da an der Tür klingelte, dachte ich, es wäre ein Paket für die Nachbarn und öffnete die Tür. Natürlich stand sie davor. Stürmte durch die Tür, so dass zuschlagen keine Option mehr war. Sagte mir, sie wolle nicht darüber reden und rannte förmlich in die Küche. Sagte nur, dass sie sich jetzt was zu tun suche oder mit meiner Tochter rausgehen wolle. Die Wahl läge bei mir. Dabei klapperte sie lautstark mit Geschirr und Töpfen. Die Ruhe war dahin. Ich brach innerlich fast völlig zusammen. Meine Kraft schwand und ich zitterte. Total überrumpelt musste ich mich erstmal sammeln. Aber so war das nicht möglich. Ich schickte sie daher mit meiner Tochter auf einen Spaziergang.

Im Laufe der folgenden Wochen gab ich meine Versuche, alleine mit meiner Tochter eine Beziehung aufzubauen, dann völlig auf. Sie tat sogar dann, was sie wollte, wenn ihr Mann ausrastete, laut in der Wohnung brüllte und sich über sie aufregte. Sie wurde dann immer still und tat eben, was sie für richtig hielt. Zuhören konnte sie nicht. Sie sah sich anscheinend zu hundert Prozent im Recht.

Auch mit Klamotten war es so. Sie sagte mir immer wieder, es wären nur Ersatzsachen, die sich immer weiter in ihrem Schrank türmten. Die wollte sie für den Fall der Fälle einfach dahaben. Dagegen hatte ich ja nichts. Und jedes Mal, wenn ich mit ihr ankam, zog sie meiner Tochter sofort die Sachen, die sie trug, aus und ihr etwas aus ihrem Schrank an. Sie meinte dazu, dass sie die Anziehsachen von mir ja nur schonen wollte. War sie mal ein Wochenende ohne mich bei ihr, zog sie ebenfalls die Anziehsachen von mir aus und ihr erst wieder an, wenn sie sie mir wiederbrachten.

Mit Schuhen war es noch schlimmer. Ehe ich mich versah, hatte sie meiner Tochter zwei oder mehr Paare an Schuhen gekauft und meinte, ich müsse dafür kein Geld mehr ausgeben. Ich war mir sogar mit meinem Ex recht einig, dass sie häufig Barfußschuhe tragen sollte. Diese waren ja auch bequem und meine Tochter liebte sie. Bei ihrer Oma zog sie diese aber eher selten an. Da hieß es dann starre Schuhe.

Seit ihrer Geburt hatte meine Tochter auch starke Gewichtsprobleme. Angeblich hätte sie das von ihrem Vater geerbt. Ich glaubte das nicht so wirklich. Später fand ein Arzt auch heraus, dass es für ihr Gewicht keine körperlichen Ursachen gäbe. Also im Prinzip auch keine vorübergehende genetische Disposition. Man tat es dennoch mit der Begründung ab, weil ja ihr Vater das auch hatte neben seiner Neurodermitis als Baby und Kleinkind. Beides ist psychosomatischen Ursprungs. Ist der Körper im Stresszustand, den man als Kind nicht erfassen und damit ausdrücken kann, wird es als normal abgetan und nicht erkannt, dass die Ursache psychisch ist. Der Stresszustand setzt die Körperfunktionen der Organe usw. herunter. Statt Verwertung findet Speicherung statt. Auch das Immunsystem ist anfälliger und verschiedene Erkrankungen ohne ersichtlichen Zusammenhang entstehen. Auch die Neigung meiner Tochter, dass sie keine engen Anziehsachen tragen konnte. Es hieß, sie sei eben mit der Haut empfindlich. Das läge in der Familie. Bei Hochsensibilität der Haut neigen Betroffene zu sehr engen Anziehsachen, die nicht an der Haut schlackern und damit kitzeln. Das Gefühl macht Betroffene wahnsinnig. Es deutete alles auf ein Generationentrauma hin. Ich kam mir hilflos vor.

Ich konnte das bei meiner Tochter gut beobachten. Immer wenn ich mit ihr allein war, brauchte sie einige Zeit. Aber sie wurde dann ruhiger und ausgeglichener. War dann auch das liebe und glückliche Kind, das ich kannte. Ich wusste genau, wie ich sie motivieren musste, um mehr Selbstvertrauen zu entwickeln. Sie war sehr ängstlich und unsicher.

Kam sie von ihren Großeltern, war sie fast hysterisch und aufgeregt. Schien keine Ruhe zu finden. Ich hatte Ergotherapie gelernt. Natürlich startete ich in einer anderen Liga als andere. Da ich es meiner Schwiegermutter auch nie recht machen konnte, spornte mich das nur noch mehr zum Perfektionismus an. Von der Wahl der Klamotten bis hin zum Umgang mit meiner Tochter.

Im Verlauf der Jahre wurde vieles schlimmer. Bei ihr wie auch für mich. Der Umgang mit Freunden war aus verschiedenen Gründen für mich nicht vorhanden. Kam dennoch mal jemand auf Besuch vorbei, durfte meine Tochter nie anwesend sein. Man sagte mir, ich hätte dann mehr Zeit für meine Freunde. Gleichzeitig wurden sie schlechtgeredet, sobald diese wieder weg waren. Waren Freunde von meinem Ex oder seinen Eltern da, war es Pflicht, dass meine Tochter anwesend war. Ich durfte irgendwann auch nicht mehr auf deren Verwandtenbesuch mitkommen. Man sagte mir, dass ich mich so dermaßen danebenbenehmen würde, es wäre völlig unmöglich. Ich dürfe daher nie mehr mit. Meine Tochter musste aber immer mit. Sie würden auf ihre Anwesenheit bestehen.

Ich nahm es gedanklich nie wirklich ernst. Auf Arbeit erlebte ich ja das Gegenteil. Dennoch war es eine Diskriminierung und Ausgrenzung. Mein Ex kündigte einem Freund sogar die Freundschaft und sagte mir, er wäre jetzt so komisch, mit ihm wäre etwas nicht in Ordnung. Er wollte jeden Nachrichtenaustausch mit ihm von mir sehen und verbot mir jeglichen Kontakt. Nicht lange danach aber ließ er die Freundschaft wieder aufleben. Mein Kontakt zu ihm war aber vernichtet. Ich war mir sicher, dass er eifersüchtig gewesen war. Ich beteuerte mehrfach, dass ich ihn zwar mag, aber nicht so lieben würde, dass ich mehr wollte, als es der Fall war. Auch von seiner Mutter wurde ich akribisch ausgefragt.

Meinen Ex heiratete ich übrigens, als meine Tochter fast vier Monate alt war. Seine mehrmaligen Anträge nahm ich nicht für voll, weil diese mir von seiner Seite nicht ernst gemeint vorkamen. Ich gab aber irgendwann nach. Anfangs sagte er mir auch noch, dass er mich lieben würde. Später sagte er nur noch, dass er mich nur wegen des Kindes geheiratet hätte und dass eine Ehe nur fürs Kinder bekommen sei. Er wollte mir auch verbieten, unserer Tochter Klamotten und Geschenke zu besorgen. Es sei eine Geldverschwendung. Sie solle nur einen Kartoffelsack tragen und Geschenke sind völlig überflüssig und zu hoch bewertet. So seine Worte. Sie würde doch genug auch von anderen geschenkt bekommen. Ansonsten würde sie ja ihre Klamotten von der Oma gekauft bekommen. Ich solle mich darum nicht kümmern. Nur extrem selten spielte er mit ihr mal ein oder zwei Stunden. Aber auch nur, wenn man ihn wochenlang vorher dazu ermunterte. Er wollte auch nie mit ihr und mir in den Urlaub. Meinte ich solle damit zu seinen Eltern gehen. Er möchte das nicht. Er gab mir immer mehr das Gefühl, ich sei völlig unerträglich und ihm würde es nur wegen mir schlecht gehen, so dass er vor mir flüchten müsste. Begründen konnte er es aber nie.

Meine Tochter wurde mir im Laufe der Jahre immer mehr entzogen. Als sie in die Schule kam, wollte ich eher, dass sie die Schule gegenüber besuchte. Alle überredeten mich, die Schule bei seinen Eltern zu nehmen. Es wäre besser wegen unserer Arbeit. Ich wollte eigentlich beizeiten Schluss machen und meine Tochter vom Hort abholen. Das versuchte ich später immer wieder. Mir wurde dann gesagt, dass meine Tochter schon bei den Großeltern sei und nicht länger im Hort hatte bleiben wollen. Sie müsse ihre Zeit jetzt bei der Uroma bleiben, weil die ohne den Kontakt und die Betreuungsaufgabe schnell sterben würde und das wolle ja niemand. Dann wurde es immer so spät, dass sie über Nacht dortbleiben musste. Mir wurde auch gesagt, man könne einer Mutter nicht das Kind stehlen.

Ein anderes Mal wurde mir erzählt, sie hätte sich Freundinnen eingeladen. Manchmal sagte mir meine Tochter, dass aber niemand da gewesen sei. Sie sagte mir auch immer wieder, dass sie mehr Zeit mit mir wollte. Bettelte sogar ihre Großeltern an. Am Ende hatte ich nur noch zwei Nächte am Wochenende mit ihr gemeinsam. Es zerbrach mir und ihr immer wieder das Herz. Es ist schwer, ein Kind zu verlieren. Aber es immer wieder zu verlieren, ist wirklich Folter! Am Samstag wurde sie morgens abgeholt, um mit ihrem Opa zum Reiten zu fahren. Sie liebte es ja. Ich gönnte es ihr. Aber als ich fragte, ob nicht andere Termine zur Verfügung standen, schauten alle sehr schnell weg. Man murmelte nur sehr leise die Antwort, es wäre der einzige freie Termin gewesen. Es wäre nur samstags möglich zu zwei bis drei verschiedenen Uhrzeiten. Man könne das frühestens in einem Jahr sehen, ob da zu einer anderen Zeit bzw. einem anderen Tag etwas frei wäre. Auch freie Tage wie über Weihnachten und so ging sie mit ihrem Opa dorthin. Die Ferien über wurde sie mir damit auch immer entzogen. War sie nicht beim Reiten, dann hieß es Verwandtenbesuch. Gebuchte Urlaube wurden mir nicht mitgeteilt. Genauso wenig wie Elternabende. Dort ging nur mein Ex hin und sagte später nur, dass alles gut sei. Mehr nicht. Ich bettelte über Jahre, dass man mir mal die Hausaufgaben für meine Tochter mitgeben solle. Wenn ich das tat, kam es ein- oder zweimal dazu und dann wieder nichts, bis ich mich wieder häufig genug beschwerte. Ich arbeite vor allem viel im Hirnleistungstraining und machte kognitive Testungen neben Persönlichkeitstestungen im Auftrag von Ärzten. Ich verstand es daher nicht. Immer nur Ausreden.

Ich versuchte sogar, mir ein Auto zuzulegen, um meine Tochter selbst von der Schule abzuholen und hatte mir alles durchgerechnet, ob es finanziell passt. Ein kleiner Kredit würde es möglich machen. Aber der wäre auch schnell abbezahlt gewesen. Mir wurde gesagt, dass das Geld dafür nicht da sei und mein Ex drohte bei dem Thema Kredit mit Scheidung.

Er nahm selbst einen Kredit für einen Freund auf, um dessen Firma zu retten. Wie ich hörte, erfolgreich. Es ging dabei etwa um 65.000 Euro. Von seinem Freund bekam er dann regelmäßig zusätzlich das Geld, um den Privatkredit abzubezahlen. Angeblich auch illegal. Nur sagte man mir, wie auch ähnlich zu anderen Gelegenheiten, dass ich bitte bloß nichts sagen solle. Wenn er ins Gefängnis müsse, würde meine Tochter keinen Vater mehr haben.

Nebenbei fing er auch mit Drogen an. Er vergaß immer sehr viel. Dachte dann darüber nach und entwickelte eine völlig andere Vorstellung, von der er überzeugt war, dass diese wirklich wahr sei. Das hatte allein mit den Drogen nichts zu tun. Aber aufgrund meiner beruflichen Erfahrung wusste ich, dass seine Vergesslichkeit nicht mehr normal war. Er zog sich auch immer weiter von mir und unserer Tochter zurück. Sagte, dass wir ihm nicht guttun würden und dass er uns nicht aushalten könne. Er vergnügte sich später dann mit einer anderen. Das allein war ja schon ein Albtraum für mich. Diejenige war aber drogenabhängig und noch nicht lange aus dem Gefängnis wegen Drogenbesitzes frei. Sie hatte mal fünf Kinder gehabt, für die sie kein Sorgerecht mehr hatte und die sie auch nicht sehen durfte. Sie arbeitete nicht. Konnte sie auch nicht, da sie nie nüchtern war. Sie stand also permanent unter Drogeneinfluss. Angeblich im Gefängnis sterilisiert, hatte sie auch immer andere Typen bei sich. Ich vermutete, dass sie mit denen allen etwas hatte, um ihre Sucht zu finanzieren. Anders wäre es nicht möglich. Sie hatte ja kein Geld. Nicht offiziell. Und da mein Ex grundsätzlich keine Kondome benutzte, war die Gefahr groß, sich mit etwas anzustecken. Er versicherte mir, die beiden hätten sich sogar wegen mir untersuchen lassen. Sie sagten das aber viel zu schnell und undeutlich, als dass ich es je geglaubt hätte. Seine Drogengeschichten beichtete er mir meist hinterher.

Sein Vater verstand sich auf Chemie und konzentrierte aus Gras ein hocheffektives Öl. Zusammen mit einfachen gedrehten Zigaretten war mein Ex über Monate teilweise dauerhaft unter dessen Einfluss. Er fuhr damit auf Arbeit ohne schlechtes Gewissen. Er war sogar stolz darauf, dass niemand es bemerkt hatte. Auch die Polizei nicht. Er erzählte mir immer mal, wie man die Polizei mit ihren Gesetzen sogar austricksen könne, um nicht erwischt zu werden. Er kam auch wieder damit an, dass ich nichts sagen solle, weil sonst unsere Tochter ohne Vater aufwachsen würde. Da ich ihn auch noch liebte, hielt ich natürlich dicht.

Ich wusste auch nicht, wie ich etwas sagen hätte sollen, so dass mir auch geglaubt worden wäre. Er hielt mir ja immer vor, wie man sich vor Untersuchungen herauswinden könne. Ich hätte dann etwas behauptet, was man als reine Verdächtigung abgetan hätte. Und später hätte ich auf die ein oder andere Art und Weise dafür bezahlen müssen. Die Lage erschien mir dahingehend aussichtslos. Auch falls irgendjemand die Gras-Öl-Produktion bei seinem Vater entdecken würde. Würde der ins Gefängnis dafür gehen, würde niemand mehr die Wohnung halten können, da seine Mutter ja seit Jahren Hausfrau und „Familienmanagerin" ist.

Zum Jahreswechsel 2021/22 kam ein guter Freund von ihm vorbei und beide wollten Silvester mit einer Drogenparty begehen. Was er alles nahm, wusste er selbst nicht mehr. Er war daraufhin so durcheinander, dass er noch mehr vergaß als üblich. Er wusste manchmal nicht mal mehr, wo er sich unterwegs befand. Auch seine Wahnvorstellungen wurden heftiger. Er hatte zuweilen sogar die Vorstellung, dass ich mich mit unserer Tochter vom Balkon stürzen wollte. Er verstand da nicht mehr, dass es nur eine Einbildung gewesen war. Auch Verfolgungswahn kam noch dazu. Über Monate war er der festen Überzeugung, dass die Mafia ihn umbringen wolle und ob ich mich aus Sicherheitsgründen nicht von ihm scheiden lassen wolle.

Er erzählte mir in einem der wenigen klareren Momente, dass er immer dachte, ich würde alles nur tun, um ihn zu ärgern. Nicht aus Liebe. Nicht aus Angst vor ihm. Sondern nur aus Böswilligkeit. Kurioserweise war das auch die Überzeugung meiner Mutter über mich, als ich noch ein Baby war.

Der Wendepunkt kam, als ich bei mir meine Linkshändigkeit entdeckte. Ich suchte überall nach Informationen und begann sogar eine Zusatzausbildung zum Händigkeitsberater. Vor dem letzten Modul hörte ich allerdings aus mehreren Gründen auf. Der eine Grund war 2020 die Corona-Krise. Ich schulte mich erfolgreich auf die linke Hand zurück. Ein halbes Jahr später explodierten meine kognitiven Fähigkeiten förmlich. Ich stellte auch therapeutisch vieles erfolgreich um, um meinen Patienten die ideale Behandlung zukommen zu lassen. Trotz sozialtherapeutischem Berufs war ich geistig unterfordert. Sporadisch in meine Lern-App reinzuschauen, reichte nicht. Ich schaute in die Politik hinein und das rettete mich über ein Jahr lang. Das war 2019. Anfang 2020, genau eine Woche bevor der erste Corona-Fall nach Deutschland kam, war ich zunächst durch eine Erkältung zu Hause, von der ich mich nicht mehr erholte. Es war ein Zusammenbruch. Meine Pläne, mich zu erholen und dann selbstständig zu machen, verwarf ich im Laufe des Jahres. Ich bekam dann auch meine inoffizielle Autismusdiagnose, von der ich heute weiß, dass diese falsch ist. Aber das war zu der Zeit für niemanden offensichtlich.

Während wieder arbeiten zu gehen undenkbar war, kam privat sehr vieles in die Veränderung. Dem Verhalten meines Ex war ich mehr ausgesetzt als noch 2019. Meine Arbeit war auch mein Puffer, der mich oben hielt. Er wurde immer aggressiver. Wie von Beginn an konnte er mit mir nicht einmal kuscheln. Das hieß immer gleich Sex. Ich kam mir vor wie eine lebende Gummipuppe. Er fragte zwar, was er falsch machen würde, änderte aber nie etwas und tat immer das Gegenteil von dem, was ich ihm riet.

Ich durfte ihn dann auch nicht mehr einfach so berühren oder begrüßen. Hatte ich Essen da, gab ich ihm vorsichtshalber Bescheid. Er antwortete nicht. Ging dann, ohne auch nur in meine Richtung zu schauen, an mir vorbei und stellte meist große Einkaufstüten aus dem Biomarkt in der Küche ab und fing an zu kochen. Ging ich ihm vorsichtig entgegen, tat er so, als wenn er mich nicht wahrnehmen würde. Bemerkte er mich, landete manchmal sein Ellenbogen „aus Versehen" in meinem Gesicht und er brüllte mich immer lauter werdend an, dass er meine Gegenwart in der Küche nicht ausstehen konnte, ich das doch eigentlich wüsste und warum ich ihn bewusst so provozieren würde. Oftmals hörte er dann nicht mehr auf und schrie mir immer wieder den gleichen Satz ins Gesicht, den er in dem Moment gewählt hatte. Ich bettelte nur noch, dass er aufhören möge. Er tat es nicht und rannte hinter mir her, als ich nicht mehr konnte und nur noch wegwollte. Erst als ich in einem anderen Raum zusammenbrach und vergeblich versuchte, die Tür vor ihm zuzuhalten, hielt er inne und meinte, dass es ihm leidtäte, dass ich so empfindlich sei. Er wollte ja nur eine Reaktion von mir sehen.

Oftmals saß ich auch nur still auf dem Sofa auf ihn wartend, weil ich Angst hatte, dass er wieder ausrasten würde. Leise schaute ich dabei auf mein Handy. Er ignorierte mich daraufhin nur noch mehr und meinte, das läge nur daran, dass ich mich mit dem Handy anstatt mit ihm befassen würde. Er sagte mir auch, dass er eigentlich nicht wirklich mit mir reden wolle, da er an meiner Meinung nicht interessiert sei. Das wäre er nie und ich solle gefälligst den Mund halten. Informationen über meine Tochter oder überhaupt alles, was sie betraf, gab man mir zu dem Zeitpunkt gar nicht mehr. Seine Mutter schaute häufig vorbei und fragte auch per Telefon nach, ob ich etwas brauche. Ihre Hilfe wollte ich nicht. Doch sie drückte mir diese förmlich auf. Später ging ich zur Diagnostik zur Charité in Berlin. Dort wurde mir dann auch eine PTBS diagnostiziert.

Vom Ergebnis erzählte ich nichts. Ständig wurde ich von allen Seiten nach den Ergebnissen befragt. Sie wollten diese unbedingt haben. Stolz träumte seine Mutter sogar laut vor meinem Vater, als der mal zu Besuch kam, dass wenn ich eine offizielle Autismusdiagnose hätte, sie dann meine Betreuerin werden würde, weil sie ja ohnehin schon alles für mich tut und sie einfach perfekt dafür geeignet wäre. Für mich war das wie ein Schlag mit dem Hammer ins Gesicht. Spätestens da wurde mir bewusst, dass sie mich damit entmündigen wollte. Von dem Zusammenbruch 2020 erholte ich mich nicht wirklich. Später kam die Traumastörung, die PTBS, noch dazu. Teilweise hatte ich über eine Woche lang psychogene Krämpfe gehabt, als ich mit meinem Ex zu seiner Scheidungsanwältin gegangen war. Er wollte nicht, dass ich das in die Wege leitete und ging ohne ein weiteres Wort einfach zu einer Anwältin seiner Wahl.

Für seine Mutter schien es eine Mischung aus extrem starkem Autismus und meiner Trennungstrauer zu sein. Sie zuckte nur mit den Schultern, schaute mich kaum bis gar nicht an und meinte nur, dass es ihrem Sohn auch nicht gut ginge. Er jedoch ging ganz normal seinem Alltag nach. Er hatte keine Traumastörung von unserer Beziehung.

Ich brauchte lange, um meine Angst überhaupt zu bemerken. Diese fiel zuerst seiner Affäre auf, als sie eines Tages spontan auf Besuch vorbeikam. Als mein Ex zurückkam, schien er glücklich zu sein und schlug einen Dreier vor. Ich hatte ihm immer erzählt, dass ich so etwas in Beziehungen generell nicht möchte. Vergessen.

Ich saß im Wohnzimmer und durchspielte in meinem Kopf unsere gesamte Beziehung, während er mit ihr im Schlafzimmer war. An dem Abend zog ich aus dem Schlafzimmer aus. Die Beziehung war für mich endgültig vorbei. Das war Mitte November 2021. Die Scheidung kam dann im August 2022.

Er selbst zog aber erst im Januar 2022 aus, nachdem er sich nach seinem Drogen-Silvester ins Krankenhaus einweisen ließ. Man erzählte mir, er hätte eine Psychose gehabt und würde ab da vollkommen drogenfrei leben. Könne es sich ja als angehender Physiotherapeut auch nicht anders leisten. Soweit ich mich erinnere, sagte er das schon seit Jahren. Aber sie konnten nie die Finger von den Drogen lassen. Die Sucht kam immer zurück.

Im Verlauf der Zeit brach ich immer weiter zusammen. Verzweifelt suchte ich nach anderen bezahlbaren Wohnungen, die nicht direkt in dieser Stadt waren. Nichts. Die Suche nach Hilfe blieb ebenfalls ohne jeden Erfolg. Die ehemals gemeinsame Wohnung würden sie mir überlassen. Ich konnte sie mir nicht leisten und musste daher ohnehin ausziehen. Mit schwindender Kraft ohne jegliche Hilfe bekam ich irgendwann keinen Bissen mehr herunter. Ich erzählte es auch niemandem mehr. Wieso auch? Angeblich würden mich seine Eltern aus reiner Gutherzigkeit in der Miete unterstützen. Sie könnten das aber nur begrenzte Zeit, da ihnen angeblich die Finanzen nicht reichten. Es wäre ja ohnehin nicht mehr die gemeinsame, sondern angeblich nur noch meine Wohnung.

Ich erfuhr erst später, dass er irgendwelche Schreiben ohne mein Wissen abgeschickt hatte, in denen er klarmachte, dass die gemeinsame Wohnung auf mich allein übergehen solle. Entsprechende Unterlagen dafür wurden mir nie zugesandt. Daher erfuhr ich nur durch einen Zufall davon. Ich schrieb dem Vermieter. Dieser bestätigte die Kündigung von seiner Seite. Ich erklärte, dass ich die Wohnung allein nicht halten konnte. Man ließ mich damit einfach hängen. Obwohl er genauso zuständig war, schien er alles dahingehend eiskalt zu ignorieren.

Ich verlor immer mehr an Gewicht. Ich wusste, es würde nicht mehr lange gut gehen. Verzweifelt fand ich darin auch ein Stück Frieden. Doch dann rief eine Bekannte an. Sie musste die Wohnung für ihren Sohn kündigen, weil ihr die zusätzlichen Gelder gestrichen wurden. Sie suchten einen Nachmieter. Das hieß zurück nach Jena für mich. Ich konnte kaum noch laufen und kam die vier Etagen nur mit Pausen runter. Ich schrieb alles Notwendige zur Wohnungsübergabe auf. Auch wie ich mir den Umgang mit meiner Tochter vorstellte. Bis heute kam darauf keine einzige Antwort. Im Verlauf einer Woche saß ich erst ohne, dann jedoch mit wachsender Hoffnung in Jena. Da die neue Adresse nicht bekannt und weit von Berlin weg war, erholte ich mich so langsam. Rechtlich wollte ich meine Tochter nicht auch noch verlieren und ließ sie daher dort. Ich wollte sie ja wenigstens zu bestimmten Ferienzeiten bei mir haben.

Ein Einverständnis wollte mein Ex mir nicht geben, dass ich meine Tochter zu mir holen konnte. Leider auch kein Einverständnis, sie bei mir als Nebenwohnsitz anzumelden, was eine Ummeldung beinahe unmöglich machte. Ich suchte einen Anwalt, der aber keine Lust zu haben schien, sich einen Überblick zu verschaffen. Meine Versuche, rechtlich etwas zu tun, wurden durch verschiedene Hindernisse vereitelt und es zog sich daher über ein Jahr ohne Ergebnis hin. Bis es Anfang 2023 eine Ladung zum Gericht gab. In der Begründung ein Schreiben von meiner Psychologin, das er rechtlich weder besitzen noch weiterreichen durfte. Noch immer könnte ich ihn deswegen verklagen. Dazu nur Lügen, dass ich nicht imstande sei, mich um meine Tochter zu kümmern. Deswegen beantragte er auch das alleinige Sorgerecht.

Meine Tochter sagte im Gespräch auch das Gleiche. Sie war sauer, weil ich nicht ohne Vorwarnung oder Absprache alles tue, was sie oder diese Menschen wollten. Es hieß, dass ich die Person sei, die sich so querstellen würde. Dass ich völlig krank sei und zu keiner elterlichen Sorge oder nur Aufsicht imstande.

Beim Prozess verschlug es mir die Sprache dank Dissoziation durch die PTBS. Ich überließ meiner Anwältin das Reden. Teilte ihr auch schriftlich über mein Handy, reden ging ja nicht, mit, dass ich die Entscheidung meiner Tochter respektiere. Das heißt, dass ich die elterliche Sorge freiwillig abgegeben habe. Meine Tochter muss erfahren, was ihre Entscheidungen zur Folge haben. Diese Erfahrungen mögen hart sein. Aber wie sollte sie es sonst erkennen können? Für mich heißt es, dass ich sie nicht wiedersehe. Ein Treffen würde nur so stattfinden, dass es mich und auch sie kaputt machen würde.

Klar könnte ich um sie kämpfen. Aber ich habe den Eindruck, dass sie mich nur nach Berlin zurückhaben wollen und ich weiterhin ein Sklave sein soll. Den Sonntag darauf, so wurde es im Gericht ausgemacht, ging es mit ihr in den Zoo. Sie wollte, dass auch ihr Vater mitkommt. Ich schüttelte nur von Weitem mit dem Kopf, erzählte ihr aber später, dass ich durch ihre Bezugspersonen traumatisiert worden bin und daher nie wieder zurückkönne. Ich wollte ihr auch den Respekt erweisen und ihr den wichtigsten Grund geben. Ich denke, das hatte sie verdient. Ich sagte ihr, dass ich zwar lange selbst dachte, ich hätte Autismus, aber dass das nicht wahr ist. Es ist nun mal das Trauma.

Sie fing auch im Zoo an, mich mit gezielten Beleidigungen anzugreifen. Ich konnte es ihr nicht übelnehmen. Jetzt im Nachhinein weiß ich, dass ich sie verloren hatte. Ja, eigentlich wurde sie mir von Anfang an entzogen. Zu sehen, wie sie leidet, trifft mich tief.

Für mich heißt es: Sachen packen. Ich will weiter. Weiter in ein neues Leben.

Kay Schönnagel

Freiheit

Schweiß auf Haut
In der Hitze der Nacht
hallt rau ein Schrei

Das Feuer brennt
In der Glut tropft
golden das Blut

Federn sprießen,
werden zu Flügeln,
erheben sich zu siegen

Ein Schrei durchbricht die Nacht
Es ist die Freiheit, die lacht.

Mit geschärften Sinnen
entgeht nichts dem Auge,
nichts den Ohren

Das Blut, es rauscht
golden wie Glut
wie ein unsterbliches Feuer

Der Schmerz gebannt,
der Käfig verbannt,
die Ketten zerrissen

Ein Schrei durchbricht die Nacht
Es ist die Freiheit, die lacht.

K. Schönnagel

Es ist immer wieder aufregend, mit verschiedenen
Fernsehteams drehen zu dürfen

DER SCHEIN TRÜGT

Der Kampf um die Wahrheit
und wie ich meinen Sohn verlor.

von Anna G.

Ich heiße Anna G. und war elf Jahre in einer toxischen Beziehung, die hauptsächlich geprägt war von psychischem und sexuellem Missbrauch sowie von Manipulation, Erniedrigung und Abwertung. Aus der Beziehung sind zwei Kinder entstanden, die bei der Trennung fünf bzw. sieben Jahre alt waren.

Meine Beziehung zu Max begann 2002. Wir haben uns auf einer Party kennengelernt. Sofort entdeckten wir Gemeinsamkeiten und fanden uns gegenseitig sehr anziehend und sympathisch. Er gab sich sehr charmant, charismatisch und war sehr gutaussehend. Ich war dreiunddreißig Jahre alt und dachte, endlich meinen Traummann gefunden zu haben. Ich war schockverliebt. Schnell kamen wir zusammen. Ich war im siebten Himmel, da ich endlich jemanden gefunden hatte, mit dem ich mir eine Familie vorstellen konnte. Wir haben denselben Migrationshintergrund, sind beide in Deutschland geboren und aufgewachsen, zweisprachig erzogen und hatten auf den ersten Blick viele Gemeinsamkeiten. Er hat mich am Anfang unserer Beziehung auf Händen getragen, mir Gedichte geschrieben, Geschenke gemacht, Blumen geschickt, mich von Geschäftsreisen abgeholt und mich oft ausgeführt.

Das ist die klassische Lovebombing-Phase in einer toxischen Beziehung, was mir erst einige Jahre nach der Trennung klar wurde. Bereits nach drei Monaten kam es zu einer größeren Streitigkeit, worauf wir uns trennten. Ich wusste nicht, was genau geschehen war, denn die Trennung kam aus heiterem Himmel. Ich war wie vor den Kopf gestoßen und verstand die Welt nicht mehr. Nach weiteren drei Monaten folgte eine Aussprache. Das Treffen endete damit, dass wir einen Neuanfang wagten. Er gestand mir seine Liebe, ich wäre die tollste Frau, die er je kennengelernt hat, und wollte nur noch mit mir zusammen sein und eine Familie mit mir gründen. Ich war bereits emotional abhängig von Max und sah eine rosige Zukunft mit ihm. Kurze Zeit später sind wir zusammengezogen. Ein Jahr nach dem Umzug, im Herbst 2005, wurde ich ungeplant schwanger. Wir hatten bereits zu diesem Zeitpunkt einige Differenzen. Es gab sehr viele Missverständnisse und Streitigkeiten wegen Kleinigkeiten. Ich wusste nie, was er wollte und warum ich immer alles falsch verstanden oder mich falsch verhalten hatte. Ich dachte am Anfang der Schwangerschaft, dass ich nun mit diesem Mann ein Kind bekommen würde und mich deshalb nicht trennen könnte. Ich war sehr gläubig erzogen worden und man trennte sich nicht vom Partner, und schon gar nicht, wenn man ein Kind von ihm erwartete. Ich musste also durchhalten. Schnell kamen weitere Beleidigungen dazu, Abwertungen, Schlechtreden, Schuldzuweisungen, sich vor anderen über mich lustig machen usw. Ich musste ihm alles recht machen. Ich wusste nicht, mit welcher Laune Max aufwachte und was als Nächstes kam. Ständig hatte ich Angst, etwas falsch zu machen oder in seinen Augen etwas Falsches zu sagen und passte mich immer mehr an. Ich war nicht mehr ich selbst. Der klassische Kreislauf einer toxischen Beziehung begann. Das war mir damals aber noch nicht klar. Ich wusste, etwas stimmte nicht in der Beziehung, habe aber die Schuld bei mir gesucht, so dass ich die Beziehung nicht weiter hinterfragte. Er nötigte mich, Sex mit ihm zu haben, auch wenn es mir nicht gut ging.

Außerdem wollte er etwas abartigen Sex, den ich mitmachte, weil ich dachte, das gehöre zu einer Beziehung dazu. Er war ja mein Ehemann. Max war zudem noch sexsüchtig und hat mich bewusst mit Kolleginnen eifersüchtig gemacht. Ich musste mich für Dinge entschuldigen, die ich gar nicht gemacht hatte und als Versöhnung Sex mit ihm haben. Mir war sehr oft nicht danach, gerade nicht nach Streitereien, aber für ihn war es wichtig als Zeichen, dass alles wieder in Ordnung ist und er mir verziehen hat. Auch hier habe ich erst Jahre nach der Trennung verstanden, was das bedeutete: Ich wurde in der Ehe öfters vergewaltigt.

Nach der Geburt meines Sohnes Samuel 2006 verschlimmerte sich die Situation, doch ich hielt weiterhin zu Max. Ich bekam eine postpartale Depression, musste mich alleine um Haushalt und Baby kümmern. Ich hatte Suizidgedanken, da ich dachte, ich bin eine schlechte Mutter und kann mich nicht um mein Kind kümmern, ich bin nichts wert, ich bin beziehungsunfähig, ich kann nichts, ich bin dumm usw., was er mir ständig einredete. Bald wurde ich wieder schwanger und bekam einen Heiratsantrag, der nicht romantisch war und auch nicht, wie ich ihn mir vorgestellt hatte. Aber da ich ein weiteres Kind von ihm erwartete, sagte mein Verstand „ja", obwohl mein Bauch „nein" schrie. Meine Tochter Laura wurde 2008 geboren. Die Geburt meiner Tochter empfand ich damals als meine „Rettung". Sie hat mich durch ihr fröhliches und sonniges Wesen am Leben gehalten. Max wollte nicht, dass ich mich so viel um die Kinder kümmere, er sei als Ehemann an erster Stelle und nicht die Kinder. Ich müsste mich um ihn kümmern und ihn glücklich machen, was für ihn noch mehr Sex bedeutete. Egal, wie ich mich anstrengte, ich machte in seinen Augen alles falsch und konnte es ihm nie recht machen.

Die Beziehung ging weiter, aber ich fühlte mich immer schlechter, bekam Bluthochdruck, hatte enorme Schlafstörungen, war ständig angespannt, fühlte mich energielos und ausgelaugt.

Ich hielt aber der Kinder wegen durch und kümmerte mich um Haushalt, Kinder, Job, Finanzen, Werkstatttermine, Einkäufe etc. Wenn Max von der Arbeit am frühen Abend nach Hause kam, verschwand er zuerst einmal über eine Stunde im Arbeitszimmer und spielte Computerspiele und das jeden Tag, da er spielsüchtig war. Die Kinder und ich mussten warten und leise sein. Wenn die Kinder zu laut waren, da sie müde waren oder spielten, bekam ich Vorwürfe gemacht, ich hätte die Kinder nicht im Griff und hätte sie falsch erzogen. Wenn er nach Hause käme, müssten wir Rücksicht auf ihn nehmen und ihn in Ruhe lassen. Er kam dann erst aus dem Arbeitszimmer heraus, wenn es Abendessen gab. Er bestrafte die Kinder öfter wegen Kleinigkeiten, z. B. wenn sie nicht ruhig waren oder sich nicht so verhielten, wie er es wünschte. Die Kinder und ich wussten nie, woran wir bei ihm waren. Auch musste ich immer die Kinder alleine ins Bett bringen. Zum Sport durfte ich nur unter der Bedingung, dass ich die Kinder vorher ins Bett gebracht hatte. Auch durfte ich mich abends nicht mit Freundinnen treffen. Ich musste zu Hause bleiben und ihn bedienen. Außerdem durfte ich uns als Familie unter der Woche oder am Wochenende nicht verplanen. Wenn eine Einladung von Freunden kam, musste ich erst um Erlaubnis fragen. Oft musste ich dann absagen. Er versuchte, mich noch weiter von der Außenwelt und meinen Freunden zu isolieren. Mir ging es von Tag zu Tag, von Woche zu Woche leider immer schlechter, ich wurde immer müder, fühlte mich kraftlos und bekam zusätzlich Schwindelanfälle. Ich habe nur noch funktioniert, ich kam mir wie eine Marionette vor.

Wir zogen mit den Kindern 2011 von einer Wohnung in ein Haus um, mit der Hoffnung, dass sich die Situation bessern würde. Doch das Gegenteil traf ein. Den Umzug musste ich komplett alleine planen und durchführen. Max ist am Umzugstag arbeiten gegangen und hat mich mit dem Umzug allein gelassen, so dass ich eine Freundin um Unterstützung bitten musste.

Die Situation und der Umzug waren so stressig für mich, dass ich vergaß, die Kinder aus dem Kindergarten abzuholen und der Kindergarten mich anrief.

Nach der Elternzeit begann ich 2010 wieder zu arbeiten und merkte allmählich, dass ich langsam etwas mehr Selbstwertgefühl bekam. Nach und nach stellte ich fest, dass ich in meinem Beruf anerkannt und geschätzt wurde, aber zu Hause als das Aschenputtel, Mutter und als Sexobjekt von Max angesehen wurde. Sobald ich nicht funktionierte, wie Max es sich vorstellte, ich nicht nach seiner Pfeife tanzte oder keinen Sex wollte, wurde ich mit Ignoranz und Nichtbeachtung seinerseits bestraft. Dafür zog er für eine Woche ins Arbeitszimmer und sprach in dieser Zeit nicht mehr mit mir. Ich musste mich bei ihm entschuldigen, wusste aber nie wofür. Ich wollte einfach nur Frieden und Ruhe. Also habe ich mich bei ihm für mein Verhalten entschuldigt. Danach musste es immer Versöhnungssex geben. Sein Verhalten, das seit Jahren so ging, hat mich innerlich zerfressen. Zudem kam, dass er sich gerne öfter einen Spaß daraus machte, mir die Decke über den Kopf zu ziehen und so zu tun, als ob er mich ersticken wollte. Das hat bei mir Panik ausgelöst, die ich auch heute in dunklen Räumen und ähnlichen Situationen immer wieder bekomme. Nachdem ich wieder einen meiner schlimmen Schwindelanfälle hatte und nicht mehr weiterwusste, beschloss ich, meine Kinder und mich zu schützen. Es war ein Prozess von mehreren Jahren, der mich nach elf Jahren Beziehung dazu bewog, mich von Max zu trennen. Diese Entscheidung fiel mir sehr schwer, da ich meine Familie nicht auseinanderbringen wollte. Mein Traum einer Familie war geplatzt. Doch mein Glaube und mein Überlebenswille haben mich dazu gebracht, mich zu trennen, obwohl ich hier in Deutschland keine Familie und keine Hilfe habe. Max hat noch einmal versucht, die Ehe zu retten, indem er mir einen zweiten Heiratsantrag, kirchlich und in Weiß zu heiraten, gemacht hat. Dies war immer mein Traum gewesen.

Doch meine Entscheidung war getroffen. Ich konnte nicht mehr so weiterleben. Mir wurde erst Jahre nach der Trennung und mit psychologischer Hilfe bewusst, wie stark ich eigentlich war, was ich damals nicht wahrnahm.

Meine Kinder waren bei der Trennung 2013 noch sehr klein und verstanden natürlich die Situation nicht. Max zwang mich, den Kindern die Trennung beizubringen. Er machte mich vor den Kindern für die Trennung verantwortlich. Das hat mir mein Sohn bis heute sehr übelgenommen. Das äußerte sich in seinem schlechten Verhalten mir gegenüber. Dazu später mehr.

Nun begann der Kampf um die Kinder und die Wahrheit. Die Kinder wurden von Max manipuliert und gegen mich aufgebracht. Er machte mich schlecht vor den Kindern, erzählte Lügen über mich. Jedes Mal, wenn sie von seinem Umgang zurückkamen, waren sie sehr aggressiv, beleidigten und beschimpften mich. Dieses Verhalten dauerte einige Tage an, bis sie sich wieder einigermaßen beruhigt hatten. Meine Tochter Laura weinte jedes Mal, wenn sie zu ihrem Vater ging. Mir brach es immer wieder das Herz. Der Umgang war von Anfang an hochstrittig. Wir hatten auf Empfehlung einer Kindertherapeutin alle 14 Tage Umgang Samstag und Sonntag sowie alle zwei Wochen mittwochs mit Übernachtung. Die Mittwochsübernachtung gestaltete sich schnell sehr ungünstig, zumal Samuel die 2. Klasse besuchte und ihm die unterwöchige Übernachtung beim Vater nicht guttat. Er wollte nicht immer die Schulsachen von zwei Tagen mitnehmen. Ich schlug Max per Mail vor, den Mittwochsumgang zu streichen und dafür den Umgang alle 14 Tage von Freitag auf Sonntag auszudehnen. Das wurde jedoch seitens Max kategorisch abgelehnt. Da er meinem Vorschlag nicht zustimmen wollte, stellte er einen Antrag auf ein Umgangsverfahren vor Gericht, wobei die Kinder im Alter von sechs und acht Jahren angehört wurden. Das war für die Kinder und mich sehr schlimm.

Ich hatte Angst, dass mir meine Kinder weggenommen würden. Denn Max war ein Meister der Manipulation und der Lügen. Ich wollte vor Gericht die Lügen entkräften, indem ich Mails zeigen wollte, die genau das Gegenteil aussagten von dem, was Max vor Gericht behauptete. Doch das interessierte die Richterin nicht. Ich wurde von ihr aufgefordert, die Mails zur Seite zu legen, denn diese würden nicht zur Sache beitragen. Für mich war und ist die Wahrheit sehr wichtig, ich wollte einfach Gerechtigkeit. Richterin, Jugendamt, Verfahrensbeiständin, alle sahen den fürsorglichen Vater, für den er sich ausgab, der seine Kinder sehen wollte und erkannten seine Spielchen nicht. Max ist sehr charismatisch, charmant und sehr eloquent, so dass niemand hinter die Fassade schaute. Der Umgang wurde erweitert und der Mittwochstermin zum Glück gestrichen. Es wurden die Ferien hälftig aufgeteilt. Wir mussten gemeinsam eine Erziehungsberatungsstelle aufsuchen, damit sich die Kommunikation zwischen uns Eltern verbessert. Das war die Auflage des Gerichts. Der Psychoterror ging trotzdem weiter und nahm kein Ende. Kurz nach dem Gerichtstermin wollte er wieder neue Umgänge und das Gerichtsurteil nicht anerkennen. Regelmäßig schrieb er mir Mails, änderte die Umgänge, nahm die Kinder an manchen Wochenenden mit kurzer Ankündigung nicht oder auch teilweise in den Ferien nicht. Max schüttete mich regelrecht mit Mails zu, die Lügen und verdrehte Tatsachen enthielten, die mich beleidigten und demütigten. Wenn er Termine mit mir klären wollte, stellte er mir kurze Antwortfristen, oft von nur einem Tag. Sollte ich innerhalb der von ihm genannten Frist nicht antworten, drohte er mir, gerichtlich vorzugehen, Umgänge oder die Teilnahme an einem Kindergeburtstag seitens der Kinder abzusagen etc. Meistens war eine Zusage oder Zustimmung mit einer Bedingung verknüpft. Es war reine Willkür seinerseits. Verletzung und Kränkung waren seine Triebfeder, um mich zu schikanieren und die Kinder weiter gegen mich aufzustacheln. Er benutzte die Kinder als Spielball, um weiterhin Kontrolle und Macht über mich und die Kinder zu haben.

Kurze Zeit später kam noch ein Unterhaltsverfahren auf mich zu, da er mich zwingen wollte, Vollzeit zu arbeiten und er weniger Unterhalt für die Kinder zahlen wollte.

2015 stand das Scheidungsverfahren mit Versorgungsausgleich an, was mich auch sehr viele Nerven kostete. Denn im Vorfeld gab es wieder mal viele Anwaltsschreiben und Lügen, was das Vermögen von Max betraf. Er plünderte das gemeinsame Kinderkonto und rechnete sich arm, obwohl er das Dreifache von mir verdiente. Ich wollte mich so schnell wie möglich scheiden lassen, um mich finanziell unabhängig zu machen. Außer den Unterhalt für die Kinder forderte ich nichts weiter ein, um einen längeren Rechtsstreit zu vermeiden und schnell rechtskräftig geschieden zu werden.

Ich war ziemlich ausgebrannt und holte mir psychologische Hilfe. Die Situation mit Max und den Kindern verschlechterte sich weiter. Samuels Verhalten wurde zu Hause immer aggressiver und sein Verhalten gegenüber seiner Schwester Laura und mir immer heftiger. Seine mehrmals täglichen Wutausbrüche waren kaum zu ertragen.

Meine Therapeutin erkannte das Muster der Beziehung mit Max und über sie erfuhr ich zum ersten Mal von toxischen Beziehungen und Narzissmus. Ich hatte bis zu diesem Zeitpunkt diese Begriffe noch nie gehört. Parallel bemühte ich mich um eine psychologische Therapie für meinen Sohn, die aber Max kategorisch ablehnte. Da mir aber die psychologische Hilfe für meinen Sohn sehr wichtig war, kämpfte ich über ein Jahr um die Unterschrift für eine Therapie. Nach einem weiteren Jahr konnte meinem Sohn endlich geholfen werden, dachte ich zumindest. Leider hat sich Max nach ein paar Monaten in die Therapie eingemischt und Lügen über mich erzählt, so dass die Kinderpsychologin nach ca. acht Monaten die Therapie mit meinem Sohn von sich aus abbrach.

Das Verhalten meines Sohnes wurde schlimmer, er bekam täglich mehrere Wutausbrüche und beleidigte uns zu Hause aufs Heftigste. Max bombardierte mich weiterhin mit Mails und verbreitete Lügen bei der Erziehungsberatungsstelle. Da ich nicht allen seinen Wünschen und Vorstellungen entsprach und nicht in allem nachgab, stellte er mich als die Quertreiberin hin, obwohl mir das Wohl meiner Kinder am wichtigsten war. Ich versuchte, immer wieder Kompromisse einzugehen und das Wohl meiner Kinder im Blick zu behalten, doch er machte meinen Kindern und mir weiterhin das Leben sehr schwer. Dazu instrumentalisierte er immer wieder die Kinder. Das nächste Umgangsverfahren vor Gericht stand an, weil er erneut die Umgänge ändern wollte. Wieder zog er die Richterin, das Jugendamt und die Verfahrensbeiständin mit seinem Auftritt auf seine Seite. Er verdrehte die Tatsachen, log, erfand Geschichten, die so nicht stattgefunden hatten. Sobald ich die Lügen vor Gericht entkräften wollte, wurde mir immer wieder gesagt, ich soll die Vergangenheit ruhen lassen, es ginge nur um die Zukunft. Dass aber die Vergangenheit die Zukunft meiner Kinder beeinflusst und bedingt, das wollte keiner sehen. Wieder mal kam er mit seiner Masche durch und bekam den erweiterten Umgang, den er wollte.

Eine weitere Masche von Max war, dass er kurz vor jedem Gerichtstermin noch am selben Morgen eine Gegendarstellung ans Gericht schickte, worauf ich erst im Gerichtssaal reagieren konnte, ohne mich vorher mit meiner Anwältin beraten zu können. Seine Gegendarstellung war dann Gegenstand der Verhandlung. Meine vorherige Stellungnahme wurde vor Gericht ignoriert. Wieder wurden uns gemeinsame Elterngespräche bei der Erziehungsberatungsstelle auferlegt.

Auch vom Jugendamt war und bin ich sehr enttäuscht. Ich hatte mehrere Gespräche und auch über Vorfälle berichtet, die nicht zum Wohl der Kinder waren. Doch es wurde nichts unternommen.

Im Gegenteil, ich musste ein Genogramm machen, d. h. über meine Herkunftsfamilie beim Jugendamt aussagen. Max wurde bis heute nicht dazu aufgefordert. Auch habe ich über meine Ehe und über Vorkommnisse der Kinder berichtet. Obwohl das Wohl der Kinder gefährdet war, unternahm das Jugendamt nichts. Ich führte über mehrere Jahre eine „Kinderliste" mit Vorfällen, die die Kinder im Umgang mit ihm betraf und über die hochstrittige Kommunikation zwischen Max und mir. Diese „Kinderliste" war sowohl für Anwälte als auch für die Institutionen nicht interessant, sie wurde nie gelesen. Keiner wollte wissen, was vorgefallen war. Ich fühlte mich zunehmend machtlos und ohnmächtig. Ich war maßlos enttäuscht von diesem Rechtssystem und den Institutionen und bin es immer noch.

Auch die Erziehungsberatungsstelle sah nicht das Ausmaß des Geschehenen. Nach dreieinhalb Jahren gemeinsamer Gespräche wollte ich keine weiteren Gespräche bei der Erziehungsberatungsstelle mit Max führen, da ich immer wieder durch diese Gespräche retraumatisiert wurde und es mir nach den Gesprächen sehr schlecht ging. Ich brauchte die Kraft für meine Kinder. Ich setzte mich intensiver mit dem Thema toxische Beziehungen und Narzissmus auseinander und sah sehr viele Parallelen zu meiner Geschichte. Ich begann zu verstehen, was mir widerfuhr und warum mir das alles passiert war und passierte. Nun bekam das Geschehene endlich ein Gesicht. Somit begann meine Heilung, ich konnte das Geschehene endlich verarbeiten. Aber die Angst um die Kinder blieb. Denn der Psychoterror hörte nicht auf. Max instrumentalisierte die Kinder immer und immer wieder für seine Zwecke und versuchte, uns das Leben weiterhin schwer zu machen. Er verweigerte die Erstellung neuer Kinderreisepässe, die wir für den Besuch der Großeltern im Ausland benötigten, indem er die Unterschrift nicht leisten wollte. Er machte mich für Schultermine an seinen Umgangswochenenden verantwortlich und ließ die Kinder nicht zu deren Schulfesten oder Geburtstagseinladungen gehen.

Stimmte nach über einem Jahr und erst nach mehreren Anwaltsbriefen endlich der kieferorthopädischen Behandlung von Laura zu, übernahm aber nie die Kosten dafür. Max kaufte den Kindern teure Geschenke, gab viel Geld aus und prahlte gegenüber den Kindern damit. Er nahm die Kinder mal nicht an seinen Wochenenden, mal wieder nicht in den Ferien, so dass die Kinder sehr verunsichert waren und wir nie planen konnten. Max ließ keinen Kontakt zu meinen Kindern während längerer Umgänge zu, auch nicht wenn die Kinder krank waren in seiner Zeit. Hatte ein Kind in seiner Zeit Geburtstag, durfte ich zu der von ihm diktierten Zeit anrufen und gratulieren, aber nicht mit dem Geschwisterkind telefonieren. Als mir 2018 stationär ein Schilddrüsenknoten operativ entfernt werden musste, da er durch den massiven Stress gewachsen war und ich keine Luft mehr bekam, bat ich Max, die Kinder über einen Zeitraum von ca. einer Woche zu nehmen. Er lehnte ab. Max verdrehte vor dem Jugendamt wieder die Tatsachen und meinte, er könne sie nicht einen Monat lang betreuen, was nicht der Realität entsprach. Denn es ging nur um einige Tage, bis ich wieder auf den Beinen war. Wieder und wieder musste er durch solche Situationen seine Macht demonstrieren und Kontrolle über uns haben. Es gab noch viele weitere dieser o. g. Beispiele.

Ich holte mir erneut Hilfe bei der Erziehungsberatungsstelle und beantragte beim Jugendamt Familienhilfe, da sich die Situation mit meinem Sohn Samuel nicht besserte. Es gab diverse Gespräche, auch mit seinem Vater Max, der jedoch die Familienhilfe ablehnte und den Antrag nicht mit unterschrieb. Leider schaffte es das Jugendamt nicht, ihn von der Notwendigkeit einer Familienhilfe in meinem Haushalt zu überzeugen, so dass ich keine gewährt bekam. Wieder stand ich mit meinen Problemen alleine da.

Leider folgten weitere Gerichtstermine wegen Umgang und Unterhalt. Max bekam vor Gericht meistens das, was er wollte. Die Lügen wurden geglaubt. Ich blieb bei den Gerichtsterminen ruhig und entkräftigte die Lügen, was mich aber nicht weiterbrachte.

Auch den Tod meiner Tante stellte er beim letzten Umgangs-verfahren vor Gericht in Frage. Ich wollte zur Beerdigung meiner Tante ins Ausland reisen. Er glaubte mir nicht und nahm die Kinder an seinem Umgangswochenende nicht, so dass ich mich um die Unterbringung der Kinder bei Freunden kümmern musste. Diesen Schmerz werde ich nie vergessen.

2019 war ein sehr schwieriges Jahr für mich. Nach vielen Diskussionen begann Max in den Osterferien, „Männer-gespräche" mit unserem Sohn Samuel zu führen. Nach der Rückkehr aus den Osterferien schrie mich mein Sohn eine halbe Stunde an und beschimpfte mich aufs Äußerste. Es war, als ob er eine Gehirnwäsche von seinem Vater erhalten hätte. Samuel gab mir die Schuld für die Trennung, für sein „Scheißleben" und seine Misere. Ich wäre eine sehr schlechte Mutter usw. Die Beleidigungen und die Heftigkeit seiner Worte haben mich tief erschüttert. Ich bin aus der Situation erst einmal heraus und konnte nicht sofort reagieren. Es war, als ob sein Vater mit mir sprechen würde. Er hatte dieselbe Art zu sprechen, sehr eloquent für sein Alter, sehr überzeugend. Ich musste erst einmal Abstand gewinnen und ging aus dem Zimmer, um Luft zu holen. Ich möchte erwähnen, dass ich auch mit Samuel eine enge Bindung hatte, da er seit er ein Kleinkind war eine chronische Krankheit hat, so dass ich mich sehr intensiv um ihn kümmerte und auch bei Klinikaufenthalten bei ihm war. Daher trafen mich seine Worte umso mehr. Ich musste feststellen, dass mir mein Sohn von seinem Vater entfremdet wurde.

Nach reiflicher Überlegung meinerseits machte ich meinem Sohn diverse Vorschläge, wie es bei uns zu Hause weitergehen könnte, zumal er auch seine Schwester Laura jahrelang unter Druck setzte, beleidigte und sie schlug, wenn sie sich nicht so verhielt, wie er es wollte.

Meine Vorschläge waren, dass ich Samuel psychologische Hilfe holen, er zu seinem Vater ziehen oder in ein Internat gehen könnte. Den Vorschlag der psychologischen Hilfe lehnte er sofort mit den Worten „nur über meine Leiche" ab. Ich ließ ihm mehrere Wochen Bedenkzeit, sich zu überlegen, wie es weitergehen sollte.

Samuel entschied sich, zu seinem Vater zu ziehen. Er war zu dem Zeitpunkt dreizehn Jahre alt. Natürlich brach mir diese Entscheidung das Herz, aber ich musste für das Wohl meiner Tochter Laura und auch für mein Wohl loslassen und ihn ziehen lassen. Ich schaltete meine Anwältin dazu ein, die Max über die Entscheidung von Samuel unterrichtete.

Max wollte erst nicht zustimmen, aber ein Internat lehnte er auch ab. Nach diversen Anwaltsschreiben und Vorschlägen seinerseits entschied sich Max, Samuel bei sich aufzunehmen. Daraufhin regelte ich den Umzug, so dass Samuel im Herbst 2019 zu seinem Vater zog. Das Mutterherz blutete, ich litt sehr darunter, aber im Nachhinein stellte sich heraus, dass es für meine Tochter Laura und mich damals die richtige Entscheidung war. Laura konnte sich nun ohne Druck, Beleidigungen etc. von Seiten ihres Bruders gut entwickeln. Sie sahen sich regelmäßig an den Wochenenden abwechselnd bei ihrem Vater oder bei mir sowie die gesamten Ferien.

Das Verhalten von Max mir gegenüber verbesserte sich trotzdem nicht. Im Coronajahr 2020 drohte er sogar, meine Tochter mit der Polizei abzuholen, da sie sich weigerte, in den Osterferien zu ihm zu gehen. Sie hatte Angst, dass sie aufgrund des Lockdowns nicht zu mir zurückkehren könnte. Diese Angst nahm er nicht ernst und drohte mir einen Tag vor ihrem Geburtstag mit der Polizei. Zum Glück konnte ich aber durchsetzen, dass sie nicht zu ihm gehen musste. Ich konnte sie emotional stärken und ihr helfen.

Laura kam nach und nach zur Ruhe und entwickelte sich zu einem tollen Mädchen. Das Verhältnis zu ihrem Bruder wurde besser. Auch ich verstand mich besser mit meinem Sohn Samuel. Wir näherten uns langsam wieder an, es kam nur noch vereinzelt zu Wutausbrüchen seinerseits. Wir sahen uns alle vierzehn Tage und die Hälfte der Ferien. Zwischendurch kamen noch Beleidigungen und Streitereien, aber Laura und ich konnten mit der Zeit besser damit umgehen, da wir Abstand gewonnen hatten und gestärkter waren.

Ich dachte, ich hätte schon einiges erlebt und es könnte mich nichts mehr so schnell umhauen. Doch im Herbst 2021 eskalierte leider die Situation zwischen Max, meinem Sohn Samuel und mir. Ich wollte lediglich das Zeugnis aus dem Sommer von Samuel sehen. Das wurde mir seitens seines Vaters verweigert. Sprach ich meinen Sohn darauf an, sollte ich mich an seinen Vater Max wenden. Es endete damit, dass ich das Zeugnis nicht bekam, mich an die Schule wenden musste und mein Sohn Samuel leider den Kontakt von heute auf morgen zu mir abbrach. Ein paar Tage nach dem Vorfall bekam ich von Max eine Mail, dass Samuel nicht mehr zu meinen Umgängen und auch nicht in den Herbstferien zu mir kommen möchte. Das brach mir erneut das Herz. Ich hatte keine Handhabe, da Samuel bereits fünfzehn Jahre alt war. Max schaltete zudem noch das Jugendamt ein, so dass ich zu einem Gespräch eingeladen wurde. Dort erfuhr ich, dass Max bereits zweimal da war und Dinge über mich erzählt hatte, die nicht stimmten und die ich entkräftigen musste. Leider gestaltete sich das Gespräch nicht so, wie ich es mir gewünscht hatte. Es entstand wieder einmal eine Täter-Opfer-Umkehr, wie ich sie schon seit Jahren vor Gericht und mit den Institutionen erlebt hatte. Ich wollte einfach nur, dass die Wahrheit ans Licht kommt und ich nach zwei Monaten wieder Kontakt zu meinem Sohn Samuel bekomme. Es hieß seitens des Jugendamts, dass sie mir nicht helfen könnten, ich müsste mich an die Erziehungsberatungsstelle wenden.

Die Dame vom Jugendamt würde sich wieder bei mir melden, sobald sie mit Samuel selbst gesprochen hätte. Leider kam das Gespräch zwischen Jugendamt und Samuel nie zustande. Auch nach mehrmaligem Nachfragen bekam ich nur die Antwort, sie würden sich schon bei mir melden. Doch das erfolgte nicht. Ich entschied mich, keine weiteren Schritte zu unternehmen, da ich schlechte Erfahrungen mit den Institutionen gemacht und Angst hatte, zudem noch meine Tochter Laura zu verlieren.

Der Kontakt zu meinem Sohn blieb weiterhin aus. Ich konnte ihn weder per Mail noch per Telefon erreichen. Nach Rücksprache mit meiner Anwältin hätte ein Umgangsverfahren in diesem Alter wenig Sinn gemacht. Daher beschloss ich, nicht gerichtlich vorzugehen und abzuwarten. Ich schrieb meinem Sohn in regelmäßigen Abständen Karten bzw. Briefe, z. B. zu Weihnachten, Geburtstag und zwischendurch. Jedes Mal signalisierte ich ihm, dass ich für ihn da sei, die Tür immer offen sei für ihn und ich ihn sehr liebhätte. Ich schickte die Briefe per Einschreiben ab, warf sie direkt in den Briefkasten ein oder gab die Geschenke für Samuel meiner Tochter Laura mit, wenn sie bei ihrem Vater war. Denn Laura nahm regelmäßig die Umgänge bei ihrem Vater wahr, um auch ihren Bruder sehen zu können. Ich wollte sie so wenig wie möglich mit der Situation belasten und hielt mich zurück, damit sie nicht zwischen die Stühle geriet, was schon schwierig genug für sie war. Ich habe versucht, soweit es möglich war, die Kinder aus der Situation mit ihrem Vater rauszuhalten und nur ihr Wohl im Blick zu haben. Ich hätte aber, ehrlich gesagt, nie gedacht, dass sich die Situation derart zuspitzen kann.

Leider verweigert mein Sohn bis heute den Kontakt zu mir und ist noch sehr beeinflusst von seinem Vater. Ich schreibe ihm trotzdem weiterhin Briefe oder Karten und werde die Hoffnung nie aufgeben, dass er sich eines Tages wieder bei mir meldet. Meine Tür ist für ihn immer offen.

Auch würde ich ihm nie Vorwürfe wegen des Kontaktabbruchs machen. Denn ich weiß, dass er nichts für diese Situation kann. Ich weiß selbst und habe es am eigenen Leib erfahren, wie man von solchen Menschen wie seinem Vater manipuliert, beeinflusst und massiv unter Druck gesetzt werden kann. Ich freue mich schon jetzt auf den Tag, an dem ich ihn in die Arme nehmen und ihm sagen kann, dass ich ihn sehr liebhabe. Ich bin mir sicher, dass das Gute irgendwann siegt und eines Tages die Wahrheit ans Licht kommt.

Ich bin sehr dankbar, Mitglied in dem Verein #T.o.B.e „Toxische Beziehungen überwinden" zu sein und der Online-Selbsthilfegruppe seit zwei Jahren anzugehören. Denn darüber ist mir vieles im Nachhinein noch klarer geworden. Ich habe gelernt, dass ich nicht schuld daran bin, in eine toxische Beziehung geraten zu sein und dass ich auf mein Bauchgefühl und die Körpersignale hören sollte. Denn durch diese gewaltvollen Erfahrungen und unterdrückten Gefühle in einer toxischen Beziehung treten oftmals körperliche Beschwerden und Krankheiten auf. Hätte ich diese Hilfe und den Austausch direkt nach der Trennung vor zehn Jahren schon gehabt, wären einige Dinge sicherlich anders gelaufen: Ich hätte z. B. nicht fünf Anwälte gebraucht, um an die „richtige Anwältin" zu geraten, die Gerichtsverfahren und die Gespräche mit den Institutionen wären positiver verlaufen und ich hätte wahrscheinlich meinen Sohn nicht verloren und vieles, vieles mehr.

Max ist seit der Trennung Mitglied in einem Verein für Väterrechte. Welche Macht diese Vereine auf Gerichte, Jugendämter, Anwälte usw. haben, habe ich unterschätzt. Ich hätte nie gedacht, dass es solche Lobbys gibt und wie sehr die Gerichte und Institutionen von den Väterrechtlern beeinflusst werden. Diese Vätervereine haben die Absicht, die Frauen zu schikanieren und geben vor, zum Wohle des Kindes zu agieren. Doch genau das Gegenteil ist der Fall. Hier liegen Schein und Sein nah beieinander. Man sollte daher genauer hinschauen.

Generell ist die Aufklärungsarbeit über toxischen Missbrauch sehr wichtig, nicht nur für Betroffene, sondern auch für Anwälte, Gerichte, Verfahrensbeistände, Jugendämter etc., um institutioneller Gewalt vorzubeugen. Denn diese Institutionen kennen sich mit diesem Thema oft nicht aus und sind dafür nicht ausgebildet.

Ich kann jedem Menschen, der in einer ähnlichen Situation ist, raten, sich professionelle Hilfe zu holen, um das Geschehene zu verarbeiten und zu heilen. Denn viele Muster stammen aus der Kindheit und der eigenen Erziehung. Das hat mir sehr geholfen zu verstehen, warum ich in eine toxische Beziehung geraten bin. Außerdem stärkt es auch das Selbstbewusstsein und gibt Kraft, die Hürden und Probleme, die es mit gemeinsamen Kindern aus einer toxischen Beziehung gibt, zu meistern, und zwar zum Wohl aller, aber vor allem zum Wohl der Kinder. Denn auch die Kinder aus einer toxischen Beziehung brauchen unbedingt psychologische Hilfe, um das Erlebte zu verarbeiten und zu heilen. Ich hoffe, dass Samuel und Laura eines Tages, wenn sie erwachsen sind, selbst erkennen, was geschehen ist und sich Hilfe holen. Auch sollte man sich nicht dafür schämen, fremde Hilfe bei Frauenberatungsstellen, dem Weißen Ring etc. zu suchen sowie Familienhilfe beim Jugendamt zu beantragen.

Ich wünsche mir, dass die o. g. Institutionen für solche ungesunden Muster sensibilisiert werden, den Betroffenen mehr Gehör geschenkt und geglaubt wird, damit Betroffene sich nicht nur aus einer toxischen Beziehung befreien können, sondern sie und ihre Kinder nach der Trennung gewaltfrei leben und die Kinder psychisch gesund aufwachsen können.

Alles Gute, viel Kraft und achte auf dich, deine Anna.

Me2We Kongress, ein wundervolles Event

ALLES LÜGE

von Simone Neininger

Ich heiße Simone Neininger und möchte euch in meiner Geschichte von einem sehr schweren psychischen Missbrauch erzählen. Dieser Missbrauch ging über acht Jahre. Ich habe meinen Täter mehrfach nach der Zeit des Missbrauchs persönlich angeschrieben, nachdem ich begriffen hatte, was er mit mir gemacht hat. Ich wollte dadurch erwirken, dass er sich seinen Taten stellt, dass er zugibt, was er mir angetan hat. Ich bekam nicht ein einziges Mal eine Reaktion darauf. Daher habe ich mich entschieden, dass ich meine Geschichte in der Ich-Form erzähle, so als wenn ich mit meinem Täter spreche und ihm erkläre, dass er einen sehr schweren Missbrauch an mir begangen hat. Ich hatte dabei das Gefühl, als wenn ich einem kleinen Kind erkläre, dass es etwas ganz Falsches gemacht hat und selbst nicht versteht, warum es das tat.

Meine Geschichte soll anderen helfen, die entweder noch in einer toxischen Beziehung stecken, dies schneller herauszufinden oder gar nicht erst in eine toxische Beziehung zu schlittern. Ich wäre dankbar gewesen, wenn ich damals ein Buch in die Hand bekommen hätte, in dem die typischen Verhaltensmuster beschrieben worden wären und ich dadurch meine Situation früher erkannt hätte.

In einer Beziehung mit einem toxischen Menschen erlebt man keine Liebe und Tiefe, keinen Zusammenhalt und keine Verbundenheit, keine Ehrlichkeit, keine Geborgenheit und keine Aufmerksamkeit. Die Beziehung ist geprägt von Gefühlen der Einsamkeit, Leere, Hohlheit und Oberflächlichkeit. Man hat immer irgendwie das Gefühl, dass der toxische Partner „abwesend" ist.

Man sollte hellhörig werden, wenn immer wieder Situationen der Schuldzuweisung auftreten, die von dem toxischen Partner häufig sehr dramatisch dargestellt werden. Genauso, wenn es um Schuld und Schuldumkehr geht. Das ist für toxische Beziehungen ganz typisch.

In dieser Beziehung steht man unter Dauerstress, der oft schleichend anfängt, daher nimmt man das erst einmal gar nicht wahr.

Eine weitere Auffälligkeit in toxischen Beziehungen ist, wenn es in Richtung On-/Off-Beziehung geht. Immer und immer wieder trennt sich der toxische Partner unter einem Vorwand, den man meist nicht nachvollziehen kann. Kurze Zeit später steht er wieder vor der Tür, meist weinend und auf Knien bettelnd, dass er doch gar nicht ohne dich leben kann. Dazu kommen Entschuldigungen, dass alles nicht so gemeint war, mit der Beteuerung, dass dies nie mehr vorkommt! Leider ist das alles gelogen und gehört zu der systematischen Zerstörung seines Gegenübers!

Nun zu meinem toxischen Missbrauch:

2006 – Anfang Mai starb mein Mann an den Folgen eines Verkehrsunfalls. Ich stand von jetzt auf gleich mit vier Kindern allein da!

2007 – Ein Arbeitskollege machte mich darauf aufmerksam, dass ich doch mal den Versuch machen sollte, auf einer Plattform für Partnerschaftssuche mein Glück zu probieren. Eigentlich wollte ich das nicht machen, da man dort die Menschen erst einmal nur virtuell kennenlernt, aber ich ging davon aus, dass ich nichts zu verlieren hätte, sondern nur gewinnen könnte! Ich registrierte mich bei einem Portal. Recht schnell fiel mir ein Profil auf, das mich sehr ansprach. Ich schrieb das Profil an und erhielt schnell eine Rückmeldung. Wir schrieben zwei bis drei Tage, dann wollte er meine Telefonnummer. Wir telefonierten und dabei fiel mir schon auf, dass dieser Mensch sehr überdreht war. Er wollte auch ganz schnell ein persönliches Treffen. Mir ging das eigentlich zu schnell, aber trotzdem gab ich nach. Wir trafen uns nach genau einer Woche.

Als wir uns bei dem Treffen das erste Mal persönlich gegenüberstanden, waren wir beide positiv überrascht. Wir waren uns recht schnell so sympathisch, dass wir noch bei diesem Treffen wussten, dass wir uns wiedersehen wollten.

Bei dem ersten Treffen fiel mir bereits auf, dass du sehr euphorisch warst und dich gern übertrieben verhalten hast. Ich schob das auf die Aufregung!

Wir trafen uns immer häufiger und kamen schnell zusammen. Nachdem sich deine drei und meine vier Kinder kennengelernt und auch gleich gut verstanden hatten, beschlossen wir, dass du bei mir einziehst.

Da du aus der gemeinsamen Wohnung mit deiner Frau ausziehen musstest und gerade kein Geld für eine eigene Wohnung hattest, bot sich das sehr gut an. In meinem Haushalt war genug Platz, auch für deine Kinder, die dann regelmäßig da waren, vor allem am Wochenende und in den Ferienzeiten. Du meintest noch sehr dramatisch, wenn das nicht geklappt hätte mit dem Einzug bei mir, dann hättest du zu deiner Oma ziehen müssen, weil es sonst keine andere Möglichkeit gegeben hätte. Ich fand diese Aussage zwar komisch, aber dachte mir nichts weiter dabei. Heute weiß ich, dass die Dramatik absichtlich von dir erzeugt wurde, weil du wusstest, dass du damit dein Ziel sicher erreichen würdest, nämlich den Einzug in meinen Haushalt!

Du hast mich täglich mit Komplimenten überschüttet, wie toll ich organisiert und strukturiert bin, dass ich toll kochen und backen kann, dass ich einen tollen Job habe, wie süß mein Dialekt klingt, dass ich alles mit meinen Kindern meistere und dass sich deine Kinder sehr wohl bei mir fühlen, weil es so gemütlich ist. Auch hast du dich um mich gekümmert, wenn ich mal wieder sehr traurig über den Tod meines Mannes war. Du hast meist die richtigen Worte gefunden. Bis zu fünfzehn Mal am Tag hast du mich angerufen! Du wolltest immer wissen, was ich gerade mache. Ich habe eine unglaubliche Aufmerksamkeit von dir bekommen. Ich dachte damals, was bist du nur für ein verrückter Kerl! Und habe öfter lachend den Kopf geschüttelt.

Ich habe mich sehr geschmeichelt gefühlt, da ich das hohe Maß an Aufmerksamkeit so nicht kannte. Dass das die Love-Bombing-Phase war, hatte ich damals nicht erkannt, weil ich davon nichts wusste! So etwas war mir bis dato noch nie widerfahren in dieser Art und Weise! Ich habe die Komplimente einerseits als sehr toll empfunden und andererseits fand ich sie etwas übertrieben! Ich hatte mir keine weiteren Gedanken darüber gemacht, sondern genoss es einfach. Dass ich dir dadurch überhaupt erst ins Netz gegangen bin, wusste ich damals noch nicht!

Neben den Komplimenten, die du mir täglich gemacht hast über mich und mein gut organisiertes Leben, hast du dafür im Gegenzug die Mutter deiner Kinder in ein völlig schlechtes Licht gestellt. Dein Ziel war hierbei, dass ich mich noch toller fühlen sollte. Mein Bauchgefühl hat mir damals schon signalisiert, dass sich das nicht gut anfühlt. Ich habe das ignoriert! Dass es sich bei den Komplimenten nur um Lobhudeleien handelte, verstand ich erst viel später.

Dir war sehr wichtig, dass du mir sofort von deiner Erkrankung „Morbus Crohn" erzählt hast. Wie sehr du darunter leidest, dass du dagegen Tabletten nimmst und dass du mal eine OP hattest. Mir fiel auf, dass du das sehr euphorisch und überdreht erzählt hast. Ich fand es komisch, aber wusste jetzt Bescheid über deine Vorerkrankung. Dass daraus eine weitere manipulative Reaktion entstehen sollte, wusste ich zu diesem Zeitpunkt noch nicht!

Genauso wichtig war es dir, mir in der Anfangszeit der Beziehung sehr viel über deinen Vater zu erzählen. Dass du ein sehr gestörtes Verhältnis zu ihm hast. Dein Vater war auch gleichzeitig dein Arbeitgeber und Chef, was bedeutet hat, dass du täglich, außer am Wochenende, mit ihm konfrontiert warst. Du hast mir immer wieder erzählt, dass dir dein Vater regelrecht Befehle erteilt und Verbote ausgesprochen hat. Er hatte dich von Kleinkind an entwürdigt und gepeinigt gemäß deinen Erzählungen. Weiter hast du sehr unter seinen aggressiven Schreiattacken gelitten, du wurdest in Situationen der äußersten Peinlichkeit durch deinen Vater gebracht bis ins Erwachsenenalter. Mir stellte es die Luft ab, als du das erzählt hast. Es war ja schon sehr ungewöhnlich, dass man als erwachsener Mann sich von seinem Vater delegieren und befehlen lässt. Ich fand das sehr komisch! Du bist sehr oft abends weinend nach Hause gekommen und hast mir wieder eine dramatische Geschichte, die gerade zwischen dir und deinem Vater passiert war, erzählt.

Ich habe dir immer aufmerksam zugehört und dich getröstet und versucht, dich darin zu bestärken, dass du dich gegen deinen Vater auch mal zur Wehr setzt. „Keine Chance", meintest du. Ich fand das befremdlich!

2008 – Wir hatten nach deinem Einzug in meinen Haushalt vereinbart, dass du dich erst einmal mit einem kleinen Betrag an den Kosten beteiligst, da du gemäß deinen Angaben bei deinem Vater nicht so viel verdient hast und auch versprochene Provisionen wurden dir angeblich nicht ausbezahlt. Auch für die Scheidung hast du Geld benötigt. Ich bin dir immer sehr entgegengekommen, wenn es um das Finanzielle ging. Allerdings hatte ich auch schnell bemerkt, dass es mit den monatlichen Zahlungen für die Kosten so ganz und gar nicht klappte.

Ich sprach dich dann mal ganz vorsichtig nach über einem Jahr darauf an. Du hast mich kurz angeschaut, dich dann auf einen Stuhl gesetzt und den Kopf gesenkt. Alles geschah im Zeitlupentempo. Ich fühlte mich dabei sehr unwohl, weil ich das komisch fand. Ich wusste nicht, was jetzt auf mich zukommt. Du fingst dann bitterlich an zu weinen, wie auf Knopfdruck. Auf meine Frage, was das jetzt soll, meintest du, dass ich dich mit meiner Frage ganz durcheinandergebracht hätte. Ich wüsste doch, dass es bei dir momentan mit dem Geld klemmen würde. Ich war so verdutzt, weil du mich zwischenzeitlich mit deinem verheulten Gesicht angeschaut hast und ich mir die Schuld gab, dass du jetzt wegen meiner Frage heulen musst. Ich habe sofort eingelenkt und zu dir gesagt, dass wir das Thema erst einmal sein lassen! Du bist aufgestanden und hast mich aus ein paar Meter Entfernung mit einem ganz seltsamen Blick angeschaut. Ich konnte ihn nicht einordnen, aber dieser Blick sollte immer wieder eine Rolle spielen. Dieser Blick hatte etwas sehr Komisches, fast schon Bedrohliches – mein Bauchgefühl meldete mir sofort, dass das nicht gut war, was du da gerade gemacht hast.

Das war auch der Beginn, dass du dein Verhalten mir gegenüber manipulativ eingesetzt hast, wenn ich dir aus deiner Sicht eine unbequeme Frage gestellt hatte oder wenn ich nicht so reagiert hatte, wie du das wolltest.

Wir haben dann unseren Alltag gelebt. Du warst als Außendienstler für die Firma deines Vaters unterwegs und ich habe in einer Firma im Büro gearbeitet. Meine Arbeit hat mir sehr viel Spaß gemacht. Du konntest das überhaupt nicht nachvollziehen und fragtest mich, wie es sein kann, dass mir die Arbeit Spaß macht. Ich sagte, dass ich nur gute Erfahrungen gemacht habe und dass das sicher eine große Rolle spiele. Genauso konntest du ganz schlecht damit umgehen, wenn ich gelacht hatte über ganz normale Dinge des Alltags. Du hast mich tatsächlich gefragt, weshalb ich jetzt so fröhlich lache. Ich konnte mit der Frage nichts anfangen! Ich wusste nicht, dass da purer Neid von dir dahintersteckt.

Eines Tages kam, wie aus heiterem Himmel, von dir sehr vorwurfsvoll die Aussage, dass ich dich wohl nicht meinen Verwandten und Freunden vorstellen möchte. Das fand ich sehr komisch. Ab diesem Zeitpunkt hast du in den ganzen acht Jahren immer wieder Behauptungen aufgestellt und ich verstand nicht, weshalb du das gemacht hast! Du hattest zwischenzeitlich alle Verwandten und Freunde von mir kennengelernt und wir haben auch viele Feste gefeiert. Das hatte dir sehr gefallen, da du dich sehr in den Vordergrund spielen konntest und dadurch eine hohe Aufmerksamkeit bekommen hast. Du hast dich gefühlt, als wenn du der Größte bist!

Du dagegen hast mich in den ganzen acht Jahren deiner Verwandtschaft nicht vorgestellt! Wenn ich dich darauf angesprochen hatte, kamen von dir unterschiedliche Aussagen.

Entweder war das Verhältnis zu deinem Vater gerade wieder sehr angespannt oder es ging deiner Mutter momentan nicht gut oder es war gerade schwierig mit deinem Bruder oder deine Schwester war gerade wieder psychisch labil.

Oft hast du auch die Behauptung aufgestellt, dass ich dir selbst gesagt hätte, dass ich deine Verwandten gar nicht kennenlernen möchte. Was natürlich nicht stimmte. Auch hast du mir immer wieder unterstellt, dass ich gar nicht mit dir zusammen sein wollte, dass ich mich für andere Männer interessieren würde, dass ich gar kein gemeinsames Leben mit dir aufbauen möchte. Das waren alles falsche Behauptungen von dir, die nichts als Unruhe erzeugt haben.

Dies wurde durch unterschiedliche manipulative Reaktionen unterstrichen. Entweder hast du dich auf einen Stuhl gesetzt, den Kopf hängen lassen und angefangen zu weinen oder du hast dich vor mir aufgebaut und gesagt, dass es dich jetzt gleich durchhauen würde. Du bist dann auf die Toilette, nach ca. zwanzig Minuten kamst du sehr langsam laufend zurück und hattest einen schmerzverzerrten Gesichtsausdruck. Oder du bist bettelnd auf die Knie gegangen und hast dabei geweint.

Der Gang zur Toilette war das meist eingesetzte Druckmittel, was du in den ganzen Jahren gegen mich benutzt hast. Meist sagtest du dann, dass du dich über mich jetzt so aufgeregt hast, dass es dich nicht nur durchgehauen hat, sondern du auch Darmblutungen hattest. Du meintest weiter, dass du jetzt erst einmal das Klo sauber machen musstest, weil es total blutverspritzt war.

Ich war in solchen Situationen total hilflos und auch geschockt über diese Aussagen; teilweise hat mich das sehr verletzt. Ich hatte sofort Schuldgefühle entwickelt und wollte nur, dass du zu weinen aufhörst, keine Darmblutungen mehr hattest oder keine falschen Behauptungen mehr aufstellst. Zu diesem Zeitpunkt hatte ich noch nicht erkannt, dass da „System" dahintersteckt. Ich hatte dir alles geglaubt. Ich hatte nie etwas hinterfragt. Die emotionale Abhängigkeit war bereits viel zu groß!

2009 – Je länger wir zusammen waren, desto mehr hast du für schlechte Stimmung gesorgt. Diese ganzen komischen Situationen, die ich in der kurzen Zeit mit dir erlebt hatte, wurden von dir weiter unterstrichen durch dein sehr auffälliges Verhalten.

Wir sind sehr viel ausgegangen, wie ins Kino, irgendwo etwas essen oder mal etwas trinken. Immer habe ich bezahlt. Wir haben viele Fahrten nach Frankreich gemacht zum Einkaufen oder Flohmärkte dort besucht. Natürlich nur mit meinem Fahrzeug und natürlich konntest du dich kein einziges Mal an den Benzinkosten beteiligen, weil du angeblich kein Geld hattest. Eines Abends kamst du wieder nach Hause. Du bist in die Küche gegangen, hast dir dort eines meiner schärfsten Küchenmesser aus der Schublade geholt und es gegen dich gerichtet. Ich wusste nicht, wie mir geschah. Du hast mir dabei gesagt, dass du dir jetzt etwas antun wirst. Ich stand da und dachte nur, dass ich jetzt in einem ganz schlechten Film mitwirke. So etwas hatte ich vorher noch nie erlebt! In mir stieg das pure Entsetzen hoch. Bevor du dir etwas antun konntest, habe ich dir das Messer aus der Hand gerissen! Du bist danach auf dem Küchenboden zusammengebrochen, hast bitterlich geweint und gesagt, dass du unter einer depressiven Verstimmung leidest! Ich stand hilflos daneben!

Auch bist du mehrmals nachts auf der Balkonbrüstung im 2. OG meines Hauses balanciert. Wärst du abgestürzt, wäre das der sichere Tod gewesen. Ich war total genervt und konnte dein Verhalten nicht einordnen, weil ich vor dir so ein Verhalten durch einen anderen Menschen noch nie kennengelernt hatte! Wenn für dich wieder etwas von mir nicht klar beantwortet worden war, hast du mitten in der Nacht den Lichtschalter im Schlafzimmer immer an- und ausgeschaltet wie ein Bekloppter! Genauso hast du aus dem Fahrzeug bei geöffnetem Fenster bei voller Fahrt abartige Schreie und ein unnatürliches Lachen von dir gegeben, das wie eine Mischung aus Schadenfreude und geballtem Hass klang. Ich wusste nichts damit anzufangen. Es fühlte sich nicht gut an! Trotzdem ließ ich es zu!

Weiter hast du Situationen provoziert, indem du gerne Behauptungen aufgestellt oder etwas angezweifelt hast aus dem Nichts heraus. Es war für mich zwischenzeitlich ein völliger Wirrwarr. Ich war sehr gestresst und gereizt. Ich empfand alle deine Auffälligkeiten sehr unnormal. Auf die Idee, dass das ein sehr krankes Verhalten ist, bin ich nicht gekommen!

Natürlich hast du gemerkt, dass mich dein Verhalten sehr stresst und dass ich manchmal so hilflos war, dass ich mich von dir zurückgezogen habe. Du wusstest dann ganz genau, was zu machen war, damit ich meine hilflosen Gefühle, die Angst und die totale Unsicherheit wieder loswerde, indem du dich unendlich oft für dein Verhalten entschuldigt hast, oft auch bettelnd auf Knien zu mir gesagt hast, dass das nie wieder vorkommen würde, da du gar nicht ohne mich leben kannst. Ich hatte bei diesen Aktionen ein schlechtes Bauchgefühl, trotzdem habe ich mich immer wieder weichkochen lassen.

2010 bis 2015 – Innerhalb dieser ganzen Jahre kam es zwei Mal dazu, dass ich die Polizei angerufen habe. Bei beiden Situationen wolltest du bei mir etwas durchsetzen und ich habe verbal dagegengehalten. Du hast angefangen zu schreien, bis du Schaum vor dem Mund hattest und hast mich durchs Haus gejagt. Ich hatte solche Angst, dass ich die Polizei rief. Ich verstand nicht, weshalb es überhaupt zu solchen Situationen kam. Das hatte ich noch nie erlebt. Ich musste noch nie die Polizei rufen! Du hattest dich jedes Mal ganz schnell unter Kontrolle und hast den Beamten erzählt, dass ich immer noch unter dem Tod meines Mannes leiden und daher öfter überreagieren würde. Ich stand da, hatte keine Energie, dagegen vorzugehen und sagte nur, dass das nicht stimme. Später sagtest du zu mir, das hättest du sagen müssen, sonst hätten sie dich mitgenommen! Ich empfand nur Leere!

2010 war das Jahr, als es losging mit deinem Rückzug. Es war im April. Ich habe sofort gemerkt, dass jetzt etwas Neues auf mich zukommt und mit dir etwas ganz und gar nicht stimmt. Ich weiß nicht, wie oft ich dich gefragt habe, was denn los sei. Ich weiß nicht, wie oft ich von dir gehört habe: „Jetzt kann ich noch nichts sagen.", „Jetzt geht das noch nicht.", „Alles zu seiner Zeit.", „Erst wenn ich mir sicher bin!" Ich verfiel in ein Gefühlschaos, was ich vorher nie gekannt hatte. Dieses Hingehaltenwerden, diese Ungewissheit! Genau darauf hattest du abgezielt! Ich sollte einfach nur verwirrt werden! Meine gesunde Wahrnehmung verschob sich zusehends. An Weihnachten offenbartest du dich mir gegenüber in einem Brief und teiltest mir mit, dass dein Weg der Weg mit Gott ist. Ich stand erst einmal da und konnte nicht fassen, was ich da gelesen hatte. Dass dann ein unzähliges Hin und Her (On-/Off-Beziehung) anfing, brauche ich dir nicht zu erzählen. Fünf lange Jahre – hierzu nehme ich mich selbst in die Verantwortung – das hätte ich verkürzen können, wenn ich damals erkannt hätte, dass du mich schwer manipuliert und belogen hast, schlicht, dass du eine schwere Persönlichkeitsstörung hast!

Was mir hierzu einfällt, ist, dass du, nachdem ich völlig verstört den Brief von dir gelesen hatte, zu mir gesagt hast: „Simone, jetzt verlierst du ein zweites Mal einen Mann an Gott!" Da läuft mir heute noch ein Schauer über den Rücken! Das hast du punktgenau gesteuert!

Zu diesem Zeitpunkt hast du dich ständig wiederholt, indem du zu mir gesagt hast, man muss immer die Wahrheit sagen. Man darf nicht lügen! Wer in den ganzen Jahren nicht die Wahrheit gesagt und nur gelogen hat, warst einzig nur DU!

Du hattest ein neues „Spielfeld" für dich entdeckt! Du hast den Glauben als Tarnung angewandt. Du hast den Glauben als Alibi benutzt, damit du dich unter einem „Deckmantel" verstecken kannst und deine Schandtaten, die du innerhalb deiner schweren psychischen Erkrankung an anderen Menschen auslebst, damit scheinheilig vertuschst. Du hast nicht davor zurückgeschreckt, auch Gott und den Glauben zu missbrauchen! Du benutzt deinen übertriebenen Glaubenseifer für deine persönlichen Vorteile, in deinem Fall zur Tarnung deiner Schandtaten. Du lebst den bigotten Glauben mit sektenähnlichen Elementen! Du achtest exakt darauf, religiöse Gebräuche peinlich genau auszuüben.

Damit willst du dein Gegenüber überzeugen, dass du streng gläubig bist. Allerdings steckt kein ernsteres religiöses Leben und keine streng sittliche Haltung dahinter! Dieses Verhalten dient zur Irreführung und zum Schein für die Menschen aus deinem Umfeld. Deine Verhaltensweise ist weit weg von einem gesund gelebten Glauben!!! Ich selbst hatte dir das alles geglaubt – heute weiß ich, dass ich darauf reingefallen bin!

Die Jahre von 2010 bis 2015 waren geprägt von Schuld-zuweisungen und „Gotteswillen"! So etwas habe ich vorher noch nie erlebt! Ich war total irritiert, hilflos und auch schockiert!

Tatsächlich hast du mir äußerst logisch erklärt, dass dein Weg jetzt mit Gott ist. Du hast angefangen, jeden Sonntag in die Kirche zu gehen. Du hast mir mit voller Überzeugung erklärt, dass du nicht mehr mit mir zusammen sein kannst, da du vor Gott noch mit deiner Ex-Frau verheiratet bist. Da du das „Ewige Leben" anstrebst, kannst du nicht weiter mit mir zusammenbleiben, da du sonst in Sünde lebst! Ich war wie benommen, konnte das alles nicht glauben und nicht verstehen, was da mit mir passiert. Immer wieder hast du dich unter diesem Vorwand von mir getrennt. Um kurze Zeit später wieder vor mir zu stehen und auf Knien bettelnd von mir aufgenommen zu werden. Meist mit der Aussage, dass du ohne mich doch gar nicht leben kannst. Du würdest jetzt von Gott ablassen und ein neues Leben mit mir aufbauen. Das hast du unzählige Male praktiziert. Heute weiß ich, dass du mich mit diesem Gefühls-Wirrwarr brechen wolltest! Für mich hat sich das wie Folter angefühlt! Du hast keine Rücksicht genommen, sondern dieses „Schauspiel" immer wieder erneut ausgekostet. Mir ging es dabei jedes Mal schlechter!

Innerhalb dieser abgedrehten Glaubensangelegenheit hast du eine Frau kennengelernt, mit der du jahrelang ein Verhältnis hattest, obwohl wir zusammen waren. Ich wusste lange nichts davon, da du das sehr gut getarnt hast.

Weiter hast du für sehr viele skurrile Situationen gesorgt! Ich erinnere mich, dass wir eines Morgens zusammen aufgewacht sind. Das Erste, was du gesagt hast, war, dass heute Nacht ein Geist im Schlafzimmer war. Ich konnte meine Ironie leider nicht zügeln und habe zu dir gesagt: „Den habe ich bestellt!" Du hast mich angezischt, ich solle das lassen. Das wäre kein Spaß. Dann habe ich dich gefragt, ob der Geist noch da ist, weil ich ihn nicht sehen konnte. Da meintest du, du hättest ihn weggebetet und er wäre jetzt auch nicht mehr da. Das war eine sehr komische Situation!

Eine weitere regelmäßige Aussage von dir war, dass du Seelen sammeln würdest. Ich bekam Gänsehaut!

Genauso hast du auch immer wieder erwähnt, wenn das Kreuz am Himmel erscheint, soll ich sofort nach Hause gehen und die Haustür von innen abschließen. Es könnte sein, dass dann Männer an meiner Tür klingeln und einer davon wird mit deiner Stimme sprechen, so dass mir vermittelt werden sollte, dass du das bist. Allerdings hast du mich davor gewarnt, die Tür zu öffnen, denn du würdest nicht vor der Tür stehen, sondern das wären böse Mächte.

Also, das sind schon Dinge, die man als Mensch mit gesundem Menschenverstand nicht wirklich verstehen kann und will!

Ich war durch die jahrelange Manipulation und Suggestion durch dich bereits so menschlich zerstört, dass ich Richtig von Falsch nicht mehr unterscheiden konnte. Ich hatte keine Energie mehr, mich dagegen aufzubäumen, etwas zu hinterfragen!

Du hast tatsächlich nichts ausgelassen! So wolltest du sämtliche Produkte aus dem Handel nur noch als dunkle Zeichen gesehen und verstanden haben! Weiter hast du regelmäßig erzählt, dass aus deiner Tochter der „Heilige Geist" gesprochen habe. Außerdem hast du geäußert, dass Personen der Öffentlichkeit einen Pakt mit dem Bösen geschlossen haben, indem sie ihre Seele „verkauft" haben, damit sie im Beruf und im Leben erfolgreich sind. Weiter hast du mir suggeriert, dass Raben Böses bringen und man sich vor diesen Vögeln in Acht nehmen muss, weil sie Unheil über einen bringen. Bei einem geistesgesunden Menschen sollte jetzt der ALARM losgehen!!! Ich habe dir alles geglaubt, weil ich zu diesem Zeitpunkt bereits zerstört war!

Schlussendlich hast du dich meiner entledigt, wie man einen Müllsack entsorgt. Wieder einmal hast du zu mir gesagt, dass du vor Gott noch mit deiner Ex-Frau verheiratet bist. Dass du das „Ewige Leben" anstrebst und in Sünde lebst, wenn du weiter mit mir zusammenbleibst. Das wäre ich dir nicht wert. Und weg warst du!

Ich verspürte eine totale Leere, fühlte mich ausgesaugt, ohne Gefühl! Lachen und Fröhlichkeit waren verloren gegangen! Das Einzige, was ich sofort gespürt hatte, war, dass hier etwas ganz Schlimmes mit mir passiert war! Ich wusste nur nicht was und hatte keinen Begriff dafür! Mein Zustand nach der „Entsorgung" und nach dem Begreifen, was dieser toxische Mensch mir angetan hat!

Heilung nach einer Trennung von einem toxischen Menschen ist nur möglich, wenn man das Verborgene hinter dem Offensichtlichen erkennt! Dies bedeutete für mich, dass ich verstehen lernen musste, was mir da passiert war!

Nach der „Entsorgung" fiel ich anderthalb Jahre in eine Schockstarre. Ich habe auf Autopilot geschaltet und ging meiner Arbeit nach, führte den Haushalt und kümmerte mich um meine Kinder. Mehr konnte ich am Leben nicht teilnehmen.

Feste besuchen, fröhliche Menschen um mich erleben, war erst einmal nicht möglich. Ich bekam Panikattacken, hatte schlimmste Albträume, Herzrasen, extreme Schlafstörungen! All das kannte ich vorher nicht! Ich fühlte mich so, wie es letztendlich auch war, ich war zerstört!

Ich habe zweimal versucht, den toxischen Menschen bei der Polizei anzuzeigen in einem Abstand von anderthalb Jahren. Nachdem ich meinen psychischen Missbrauch geschildert hatte, wurde mir durch die Polizeibeamten bestätigt, dass es sich hierbei definitiv um eine Straftat handelt. Ich könne auch eine Anzeige aufgeben, die dann an den Staatsanwalt weitergeleitet wird. Der würde allerdings nach handfesten Beweisen fragen. Wenn ich die nicht habe, würde die Anzeige mangels Beweisen abgelehnt werden! Ich hatte keine wirklichen Beweise, somit habe ich von einer Anzeige abgesehen, da eine Ablehnung der Anzeige ein weiterer Schlag für mich gewesen wäre! So gar nichts gegen den Täter machen zu können, belastet zusätzlich!

Dieser schwere Missbrauch durch den toxischen Menschen belastet mich bis heute, da ich durch jahrelange Manipulation psychisch stark geschädigt bin.

Hierbei hat mir das Schreiben sehr geholfen! Ich habe mein Erlebtes detailliert aufgeschrieben, womit ich es besser verarbeiten konnte. Vor allem habe ich durch das Schreiben verstanden, was mir passiert war und wie verdreht meine gesunden Sinne durch den psychischen Missbrauch waren. Denn durch das Schreiben erlangte ich immer mehr Klarheit und spürte, wie sich meine verschobene Wahrnehmung wieder reguliert hat.

Manchmal denke ich, wie oft und vor allem wie schnell hatte sich damals bereits mein Bauchgefühl gemeldet! Und ich habe es einfach ignoriert! Ein fataler Fehler!

Schwer zu ertragen ist auch, dass die ganzen acht Jahre „Alles Lüge" war!

Heute kann ich an kleinen Events wieder teilnehmen und auch sonst spüre ich das Leben wieder mehr. Neue Freundschaften haben sich entwickelt. Es geht aber nur in ganz kleinen Schritten! Ich habe zwischenzeitlich die Meditation für mich entdeckt, die meinen Körper, Geist und Seele zunehmend in eine gute Balance bringt. Ich spüre mich dadurch immer mehr und fühle, dass ich meinem ursprünglichen „Ich" immer näher komme. Ein fantastisches Gefühl!

Ich wünsche mir sehr, dass durch meine Geschichte die Leser aufmerksam gemacht werden, erst gar nicht eine toxische Beziehung einzugehen, da die Auffälligkeiten einer solchen Beziehung von mir eindeutig beschrieben wurden.

Für Leser, die sich in einer toxischen Beziehung befinden, würde ich mich freuen, wenn sie dadurch die typischen Muster der toxischen Partner schneller erkennen und damit rascher die Beziehung beenden können.

Ich wünsche euch alles Liebe!

Eure Simone Neininger

2024 wurden wir zur großen Spendensammlung bei den Netto-Filialen Groß Umstadt und Otzberg auserwählt

ILLUSION DER LIEBE

von Amelie

Ich schaue in deine Augen,
ich kann es kaum glauben.
Kann das wirklich Liebe sein?
Mein Gefühl sagt mir, es ist so.
Schon lange nicht war ich so froh.
Zu lange war ich schon allein.
Ich habe Angst, es ist wahr,
deswegen ist es mir nicht klar.
Ich glaubte nicht an das Glück,
wünschte aber, es kommt zurück.
Ich nahm deine Hand und fühlte,
wie sehr mich das aufwühlte.
Ich scheine offen zu sein,
doch in Wahrheit bin ich allein.
Ich dachte nur an den alten Schmerz,
deswegen war verriegelt mein Herz.
Ich wünsche mir so sehr, es ist Liebe,
so wertlos dagegen sind Triebe.
Doch ich hatte Angst, ich irre mich.
Am Ende verletzte ich mich und dich.
Wenn man so viel Schmerzen spürte,
dass es einem die Kehle zuschnürte,
erkennt man das Glück nicht mehr,
denn das Herz ist einfach nur leer.

Doch ich fühle, es beginnt wieder zu leben,
und ich will ihm eine neue Chance geben.
Denn wenn man an das Gute nicht glaubt,
hat man sich seiner Träume beraubt.
Auch ich habe verdient, geliebt zu werden,
und glücklich und zu zweit zu sein auf Erden.
Ich hoffe so sehr, du kannst mir vergeben,
ich will ohne dich hier nicht mehr leben!

Ich war bereits ein Jahr Single nach einer sechsjährigen toxischen On-Off-Beziehungsaffäre. Ich war noch in einem vagen Zustand, einem etwas luftleeren Raum, aber irgendwie ging es aufwärts. Ich hatte nur mich, auch wenn das gewöhnungsbedürftig war, konnte mich dadurch aber besser auf das Ende meiner Ausbildung konzentrieren. Es war Sommer. Corona-Zeit. Anfang Juli. Und plötzlich erschien auf Facebook eine Nachricht von einer mir durchaus bekannten Person, mit der ich noch nie zuvor geschrieben hatte. Er war bekannt. Sehr bekannt. In ganz Österreich. Für seine Arbeit. Ich hatte einige gemeinsame Freunde mit ihm, da er aus der gleichen Branche, der Künstlerbranche, wie mein Vater kam, in die auch ich nun wollte. Er flirtete mich ziemlich präpotent und leichtgläubig an und glaubte durch die Tatsache „wer er war", schon bei mir gelandet zu sein. Doch da kannte er mich nicht. Ich hatte sofort im Bauchgefühl, was für eine Art Mann er war. Immer auf der Suche, ständig andere Frauen, ein selbst Zerstörter, der dringend Anerkennung brauchte. Ich dachte mir: „Nein, nicht schon wieder so einer!"

Doch er merkte schnell, dass er mit so einer Art nicht bei mir landen würde und ließ erst einmal Zeit vergehen. Dann meldete er sich wieder. Höflich und freundlich. Zuvorkommend. Ohne flirten. Er wünschte mir einen schönen Abend. Oder erzählte mir von einem Spaziergang in der Natur. Ich glaubte ihm natürlich anfangs nicht. Doch dann wurde ich neugierig. Wann hat man denn schon die Gelegenheit mit jemandem, der in seinem Beruf so erfolgreich ist, zu sprechen? Anfangs ging es nicht darum. Aber mit der Zeit. Ich hätte auf mein erstes Bauchgefühl hören und gleich reagieren sollen. An diesen Moment dachte ich öfter reuevoll zurück. Ich tat ihn als Schwerenöter, verzweifelt Suchenden ab. Nicht als berechnenden Psychopathen, der nur mit mir spielt. Das war mir nicht bewusst.

Denn er war nett. Einfach nur nett. Und ich neugierig. Das verschaffte ihm genügend Zeit, mich in unseren Gesprächen zu manipulieren. Ich weiß rückblickend nicht mehr genau, wie er es getan hat, aber er hat es geschafft, ein völlig anderes Bild von ihm zu erzeugen, das ich auch glaubte. Mit der Zeit immer mehr. Es war bis dato nur online, daher noch nicht so lebenseinschneidend, aber ich merkte, dass meine Gedanken langsam immer mehr an ihm hingen. Er war ein Gentleman. Und nun setzte er auch Komplimente ein, die ich noch nie zuvor bekam.

Er umgarnte mich mit Worten und Ausdrücken, die ich noch nie in meinem ganzen Leben gehört hatte. Und das, womit er mich wohl am meisten beeindruckte, waren unsere Gemeinsamkeiten. Er mochte alles, was ich mochte, er dachte wie ich, er fühlte wie ich, er lebte fast wie ich. Mir war nicht bewusst, dass er mich ausfragte und mich kopierte. Lovebombing vom Feinsten. Er war gefühlt immer da (online), schrieb stundenlang mit mir, antwortete sofort und erzählte mir alles. Mit der Zeit kam es mir völlig normal vor, dass es eben „nur online" war. Irgendwann machte es Klick und er hatte mich. Ich verliebte mich wirklich in ihn. Doch da war nur ein Problem. Es war nur online. Ich wollte ihn natürlich treffen. Immerhin war ich schwerstverliebt und hatte meinen Seelenverwandten gefunden. Und jedes Mal speiste er mich mit einer anderen Lüge ab, warum es nicht geht. Das alles tat extrem weh. Diese Lügen waren so perfide, dass ich ihm glaubte. Ich war sowieso schon komplett manipuliert. Und wartete und hoffte und hoffte und wartete. Das Schreiben mit ihm wurde immer intimer und er überschritt Grenzen, was ich in meinem Nebel nicht mehr bemerkte.

Auf der Suche nach Sinn und Glück
gingen wir unendlich, ein weites Stück.
Wir sind in unseren Träumen gereist,
haben von Spaß und Genuss gespeist.
Wir haben uns unsere Welt aufgebaut
und ganz tief in den anderen geschaut.
Reale Hindernisse haben nicht gezählt,
du hast mich eines Tages ausgewählt.
Es gibt viel zu vieles, das uns vereint,
kaum etwas, das den anderen verneint.
Unsere Anziehung ist groß und immens,
wir haben immer einen starken Konsens.
Wir haben uns geöffnet und geheilt,
das ist wohl etwas, das länger weilt.
Es brennt zwischen uns stark und heiß,
ein Geheimnis, keiner der davon weiß.
Leidenschaft ist uns ins Herz gebrannt
und Kreativität geht weit über Verstand.
Unsere Seelen haben sich verbunden
und alles, was uns trennt, überwunden.
Der Begriff dafür ist wohl „Künstlerliebe",
Austausch, Begehren, Drama und Triebe.
Ich halte mich an dir fest und du an mir,
doch sind wir zu verloren für ein Wir.
Was sind wir nur bloß im wahren Leben?
Was können wir uns je wirklich geben?
Bin ich doch von Illusionen und Träumen getrieben,
auf einer anderen Ebene werde ich dich immer lieben.

Er stellte sich sehr oft auch als Opfer dar und erzählte mir immer, wie arm er denn sei und wie schrecklich sein Leben doch ist. Ich kam mir mit der Zeit wie seine Therapeutin vor und dachte mir, dass ich es besser als er habe, obwohl ich schon sehr unter dem Nicht-Treffen litt. Ich konnte es mir zuvor nicht vorstellen, dass ich online so abhängig von jemandem wurde, der mir „NUR" schrieb. Ich dachte mir: Was ist los mit dir? Jeder normale Mensch würde einfach den Kontakt abbrechen. Aber das konnte ich nicht. Ich wollte ihn unbedingt treffen und dachte, es wird passieren, da er mich immer wieder mit Versprechungen an der Angel hielt. Ich war ohnmächtig. Ich konnte nichts tun, was ihn dazu brachte, mich endlich zu treffen. Mir diesen Respekt zu erweisen. Und hatte so eine Sehnsucht, ihn endlich zu sehen. Doch er tat es nicht. Die Macht hatte dadurch er und ich zitterte an seiner Angel.

Was das „Schöne" an der grauslichen Geschichte war, waren die Fantasiewelten, die Erlebnisse, die Figuren, zu denen wir wurden, während wir schrieben. Wenn zwei kreative Menschen zusammentreffen, die eine gute Vorstellungsgabe und viel Fantasie haben, kann das sehr beeindruckend werden. Die Intelligenz, Kreativität und den Einfallsreichtum kann ich ihm nicht absprechen. Das habe ich geliebt. Es waren wunderschöne Liebesgeschichten, in denen wir die Hauptrollen spielten. Stundenlang verbrachten wir dort. Ich lebte mehr dort als auf dieser Erde. Er war zart, vorsichtig, einfühlsam und liebevoll zu mir in diesen Welten. Alles, was er im wahren Leben höchstwahrscheinlich nicht ist. Er spielte mit meinen innersten Sehnsüchten und Wünschen.

Grünes Gras
Grünes Gras und dunkle Nacht,
keiner mehr, der hier wacht.
Ganz allein kommst du zu mir,
über das Treffen wissen nur wir.
Sehr leise und dann wieder laut,
hört man den Atem, bis es abflaut.
Was geschah, kann keiner sagen,
Erinnerungen werden wir in uns tragen.
Warme, laue Stöße des Windes,
im Herzen die Neugier eines Kindes.
Mein langes Haar wehte davon,
sehr dunkel und spät war es schon.
Starke Arme haben mich gehalten,
keine Vernunft konnte mehr walten.
Die Sterne glitzerten vom Firmament,
sie sahen, wie Leidenschaft brennt.
Sanft streichst du über meine Wange,
Zurückhaltung dauerte nicht lange.
Wir liebten uns sachte, dann intensiv,
bis ich in deinen Armen einschlief.

Ich lebte in einer Art Blase. Nicht in der echten Realität, sondern in einer von ihm erschaffenen. Ich war verliebt und in dieser Welt ging es mir gut, doch in der wahren Realität ging mein Leben den Bach herunter. Ich isolierte mich selbst immer mehr und mehr von der Außenwelt und gab mich dem stundenlangen Schreiben mit ihm hin. Die Corona-Zeit tat auch dazu ihr Übriges. Als Nebenwirkung bekam ich Panik-Attacken, die ich mir gar nicht erklären konnte, und ging für einige Monate zurück zu meiner Mutter, da ich in meiner Heimatstadt schon komplett isoliert war und die zwei Freunde, die ich noch hatte, mir auch nicht mehr zu helfen wussten. Eine Freundin hätte ich auch beinahe verloren, da sie mit mir nicht mehr umzugehen wusste. Ich hätte zum damaligen Zeitpunkt wahrscheinlich in eine Klinik gehört und von ausgebildeten Psychologen betreut werden müssen. Ich war auf der einen Seite voller Zweifel und Ängste (Verlustängste, Angst, dass er eine andere hat, Angst, dass er mich belügt) und auf der anderen gebrainwashed verliebt. Es fühlte sich so an, als ob ich die Scherben einer Vase zusammenzuhalten versuche, damit sie nicht auseinanderbricht, obwohl sie schon längst zerbrochen war. Doch das sah ich nicht. Ich sah nicht die toten Blumen in ihr und die Wasserlache am Boden, das Wasser, das schon längst ausgelaufen war. Ich konnte es nicht sehen. Ich WOLLTE es nicht sehen. Denn dann müsste ich eingestehen, dass er nicht mein Seelenverwandter war und meine Möglichkeit, meine Sehnsucht endlich zu stillen, wäre gestorben. Ich weiß, das ist alles schwer nachzuvollziehen, doch vielleicht hilft es zur Erklärung zu wissen, dass man in so einer Situation einen Tunnelblick hat. Man ist nur mehr auf das Schreiben mit ihm fixiert und den Wunsch, ihn endlich zu treffen, dass alles andere in den Hintergrund rückt. Immerhin ist es DER EINE. So dachte ich zumindest.

Ich war nun an einem anderen Ort und scheinbar waren alle Probleme stillgelegt, doch es passierte einfach nichts, außer dass wir weiterschrieben und uns weiterhin nicht trafen, ich meine Zweifel verdrängte und mein eigenes Leben auf Standby gestellt war. Bis kurz vor Ostern. Ich hörte in den Medien ein Statement von ihm und da bekam ich mit, wie er offensichtlich von einer anderen Frau sprach, die an seiner Seite lebte. Nicht von mir. Jetzt konnte ich die Vase nicht mehr zusammenhalten. Die Vase zerbrach vor meinen Augen und die Scherben fielen zu Boden. Ich sah die toten Blumen am Boden liegen und das ganze Wasser. Ich bekam einen Schock. Meine ganze Hoffnung auf einmal tot.

Meine Traumwelt in Luft aufgelöst. Er war nun offensichtlich nicht der, für den ich ihn hielt. Wer war er? Es war so, als hätte jemand all das Gute in mir hervorgebracht, um mir dann zu zeigen, dass das alles nur eine Illusion war und es doch nicht existiert. Ich landete mit einem harten Aufprall in der Realität. Und verstand nicht, was hier gerade passierte. Ich war ca. zwei Wochen intensiv in einem komischen, psychisch zittrigen Schwebezustand und danach noch ein bisschen länger in abgeschwächter Form. Ich funktionierte einfach nur in der Zeit darauf. Anfangen zu verarbeiten, konnte ich das Ganze erst ein halbes Jahr später, da der Schock so tief saß. Ich trauere heute noch manchmal um diesen perfekten Mann. Doch nicht mehr so häufig wie ein Jahr danach. Es ist so, als wäre eine mir nahestehende Person gestorben. Und nicht irgendjemand, sondern mein seelenverwandter Partner. Gefühlt ist es auch so und wenn es sich so anfühlt, dann ist das meine Wahrheit.

Ich denke, es war meine große Sehnsucht nach jemandem wie ihm, die mich so tief fallen ließ. Doch es war nur ein Traum von Anfang an. Es war meine Fantasiewelt und meine Vorstellungskraft, die mich in dieses Unglück gestürzt haben. Ich weiß jetzt, woran ich arbeiten muss, um zu heilen. Damit ich für so jemanden nie wieder angreifbar bin.

Ich möchte mit dieser Geschichte zeigen, dass man Online-Begegnungen mit gefährlichen, egoistischen und rücksichtslosen Menschen als keinesfalls harmlos oder weniger gefährlich einordnen sollte. Das Gefährliche an Cyberbullying ist, dass man noch tiefer in eine irrationale Welt fallen kann, da man das Gegenüber oft nicht sieht, Lügen noch schwerer erkennen kann und sich durch das Schreiben viel mehr im Kopf abspielt. Man wird in eine andere Welt mit hineingezogen. Die Täter haben dadurch leichtes Spiel.

Die Welt ist jetzt kalt und traurig,
düster, wild, einsam und schaurig.
Einst wurde dir alles geschenkt,
doch du wurdest nur gelenkt.
Dann wird dir alles genommen,
Wahrheit war verschwommen.
Du bist auf der Suche nach Liebe,
doch fandest du nur wilde Triebe.
Ein kleines Stückchen für dich,
wo große Angst der Ruhe wich.
Doch dann war es wieder weg,
gefühlt hast du dich wie Dreck.
Du hältst dich nun über Wasser,
dein Traum wird immer blasser.
Die Hoffnung scheint dein Glück,
es kommt nur nie wieder zurück.
Du musst dich von ihm trennen,
nicht mehr eifrig nachrennen.
Schneide ihn ewig von dir weg,
so wie jetzt hat es keinen Zweck.
Die große Wunde blutet erneut,
du hattest dich so sehr gefreut.
Zurück bleibt wieder dieses Loch,
der Schmerz ist groß, immer noch.
Damit musst du jetzt weiterleben,
Erlösung wird es später geben.
Selbstliebe heilt deine Wunden,
irgendwann wirst du gesunden.

Was ich abschließend sagen möchte, ist, dass ich nicht bereue, was ich getan habe und nicht mehr negativ darüber denke, was mir passiert ist. Ich habe immer schon gewusst, dass alles im Leben einen Sinn hat. Mein Glaube hat mir dabei stets geholfen. An eine höhere Macht außer mir und der Glaube an mich und meine innere Kraft. Das Wissen um meine emotionale Intelligenz und dass ich ihn durchschaut habe. Wir sind nicht machtlos. Menschen ohne Empathie suchen sich oft starke Persönlichkeiten aus. Sie beneiden uns um Empathie und wollen so „gut" sein wie wir. Sie können es aber nicht sein. Weil sie krank sind. Die Begegnung mit ihnen kann uns einiges lehren und wir können uns dadurch weiterentwickeln. Natürlich war vieles schrecklich und traumatisierend, aber genau das hat mich zu mir selbst geführt. Ich musste lernen, mich zu mögen, mich selbst zu lieben. Zu mir zu stehen, Nein zu sagen, Grenzen zu setzen. Es lag also auch an meiner Persönlichkeitsstruktur und an den Erfahrungen meiner Kindheit, dass ich immer wieder an solche Menschen geriet. Ich rede oder denke nicht mehr schlecht über traumatisierte, bösartige, empathielose und egoistische Menschen, denn sie sind verlorene Seelen. Es entschuldigt nichts, aber es hilft, sich von ihnen zu distanzieren. Ich beschäftige mich auch nicht weiterhin mit ihnen, denn der Fokus liegt jetzt bei mir. Das, was ich durch sie gelernt habe, ist bei mir zu bleiben, unter den härtesten Bedingungen. Danke dafür! Es ist wichtig, immer positiv zu denken, auch wenn noch so schlimme Dinge passieren. Und außerdem: „Karma rules!" Ich lehne mich dabei entspannt zurück. Wichtig ist auch zu wissen: „Du bist nicht, was dir widerfahren ist." Das macht dich nicht aus. Du bist so viel mehr. Es ist nicht so, dass lebenslang ein Stempel auf deiner Stirn steht: „Du hattest eine schlechte Kindheit und nun bist du ein Leben lang verflucht, Menschen zu treffen, die ihre schlechten Taten an dir wiederholen." Nein. Wir haben selbst die Macht, es nie mehr dazu kommen zu lassen. Jeder Mensch hat ungeahnte Kräfte, kann sich weiterentwickeln und sein ungeahntes Potential entfalten. Die Gedanken sind immer frei. Meinen Glauben an das Gute kann mir niemand nehmen.

Du kamst zu mir ganz selbstbewusst,
du hättest das alles nicht gemusst.
Dein Ziel war für mich klar,
du warst noch durchschaubar.
Du wolltest wirklich mich,
aber wollte ich auch dich?
Nein, ich wollte allein sein,
mein Herz war frei und rein.
Ich habe dir sehr vieles gesagt,
doch du hast mich nie gefragt.
Hast meine Aussagen ignoriert,
warst von mir nur fasziniert.
Du wolltest mich nur besitzen,
mich verfolgen und bespitzeln.
Du wolltest, ich wäre Dein,
deine Macht sollte über mir sein.
Ich wusste nicht, ob ich dir vertrauen soll,
doch irgendwann fand ich dich viel zu toll.
Irgendwann habe ich dir vertraut
und mir viele Fantasien gebaut.
Ich war verliebt und glücklich,
gleichzeitig allein und süchtig.
Ich dachte, es ist wirklich wahr,
mein Seelenverwandter ist jetzt da.
Es war doch alles nur Schein,
jetzt lässt du mich allein.
Ich muss mit dem Schmerz leben,
doch so viel hab ich dir gegeben.
Es kommt nie mehr zu mir zurück,
doch irgendwann habe ich wieder Glück.
Du wirst immer im Dunklen bleiben
und dich wird deine Gier ewig treiben.

Deine Amelie

Aufklärungsarbeit bei der Polizei und in Kommunen,
damit Menschen verstehen können, was in diesen
Beziehungen passiert

GEDÄCHTNIS-PROTOKOLL

von Emma B.

Es ist keine Schande, nichts zu wissen, wohl aber, nichts lernen zu wollen. (Platon)

Ich bin Emma, 40 Jahre jung. Alleinerziehende Mutter von zwei wunderbaren Kindern. In meinem Gedächtnisprotokoll geht es vor allem um den emotionalen Missbrauch, unter dem die Kinder und ich gelitten haben.

Ich stehe in meinem Leben meine Frau. Mit einem sicheren Job im sozialen Bereich. In meinem eigenen Haus auf dem Land, in dem wir uns wieder wirklich zu Hause fühlen. In dem wir uns wieder sicher fühlen. Mit normalen Regeln, normalem Alltag, normalen Problemen.

Wenn man einmal raus ist, ist es schwer zu verstehen, wieso man so lange geblieben ist.

Wenn man drinsteckt, findet man den Weg raus nicht.

Es ist, als wäre Nebel im Kopf, diese ganze Schuldumkehr, die Manipulation, die Isolation. Die Loyalität gegenüber dem Menschen, mit dem man sein ganzes Leben verbringen wollte. Die Mühe, die man sich gibt, damit man endlich gut genug ist. Die Verzweiflung, weil dieser Zustand einfach nicht erreicht wird. Ein Hamsterrad.

Ich habe nach dieser Beziehung sehr viel über mich und meine Glaubenssätze gelernt. Diese Glaubenssätze stammen aus meiner Kindheit.

Ich bin aber kein Kind mehr. Ich habe gelernt, selbstwirksam zu sein. Es ist ein langer Weg mit Versuch und Irrtum. Aber es lohnt sich. Ich arbeite an mir! Für mich und für meine Kinder.

Ich bin in einer gutbürgerlich-christlichen Familie groß geworden. Meinem Vater war es immer besonders wichtig, welchen Eindruck man nach außen macht. Meine Mutter hatte in ihrem Leben immer wieder depressive Phasen, in denen sie oft geschrien hat. Oder einfach nicht aufstehen konnte.

Ich wurde von meiner Mutter geschlagen, wenn sie nicht mehr konnte. Sie hatte dann einen bestimmten Gesichtsausdruck. Dann wusste ich, dass es jetzt unschön wird. Und von meinem Vater, wenn er meiner Mutter zeigen wollte, dass er sich kümmert oder wenn er sich gekränkt fühlte. Danach waren sie so traurig, dass ich sie trösten musste. Jeder Schlag hat in mir etwas zerstört. Ich habe nichts Nützliches daraus gelernt.

Ich habe mich nie wirklich sicher oder geliebt gefühlt. Jedes Lob hatte einen Preis, jeder Tag war eine Wundertüte.

Das letzte Mal wurde ich von meinem Vater geschlagen, da war ich 17 Jahre alt. So heftig ins Gesicht, dass mir mein Trommelfell geplatzt ist.

Ich habe mir schon mit 17 eine eigene Wohnung gesucht. Als ich 18 wurde, bin ich sofort ausgezogen. Ich habe bis zur Geburt meiner Tochter für meinen Beruf gelebt. Darin war ich gut. Darin fand ich Bestätigung. Hilfreich sein habe ich gelernt. Nicht jammern, sondern machen.

Ich möchte deutlich machen, dass meine Eltern nicht schuld an meinem Leben oder meinen Entscheidungen sind. Ich bin erwachsen und habe alle Möglichkeiten, mein Leben so zu gestalten, wie ich es gut finde. Sie haben mir einen Koffer mit Werkzeug mitgegeben, aber packen kann ich diesen Koffer heute selbst.

2008 lernte ich den Vater meiner Tochter kennen. Die Beziehung war von Anfang an schwierig. Als ich von der Schwangerschaft erfahren habe, war ich erstmal recht erschrocken. Ihr Vater äußerte deutlich, dass er sich dafür nicht bereit fühlte. Aber ich wollte mein Kind nicht aufgeben. Ich wusste, dass ich genug Liebe für sie habe.

Im Juni 2009 wurde dann meine wunderbare Lena geboren. Sie war perfekt. Von ihrem Vater war ich zu diesem Zeitpunkt schon getrennt. Er war zwar bei der Geburt dabei, aber er ist sich in seinem Leben selbst genug. Ein zuverlässiger Vater für Lena war er nie.

Ich war in meiner Familie die Erste, die unverheiratet ein Kind bekommen hat. Und dann auch noch alleinerziehend. Mein Vater hat in verschiedenen Situationen deutlich gemacht, wie sehr er sich für uns schämt.

Ich und meine Tochter, die Schande der Familie.

Umso mehr habe ich versucht, alles perfekt zu machen. Nicht nervig oder bedürftig zu sein.

Ich ging nach kurzer Zeit schon wieder arbeiten. Es war eine schöne Zeit. Ich und Lena. Ich wollte ihr alle Liebe der Welt geben. Niemals sollte sie sich alleine oder ungeliebt fühlen müssen. Wir lebten in einer schönen, ordentlichen Wohnung. Ich verdiente genug Geld, so dass es uns an nichts fehlte. Wenn ich freihatte, machten wir Ausflüge mit Freunden. Eine Beziehung fehlte mir nicht. Ich wollte auch gar keine. Mein Leben war gut so, wie es war.

Wir lebten damals in einer netten Nachbarschaft. Jeder kannte jeden. Man half sich untereinander. So lernte ich 2013 Billa kennen. Billa war schon 55 Jahre alt und in ihrem Leben mehrfach unglücklich verheiratet. Sie wohnte mit ihrer 16-jährigen Tochter Iris in der Wohnung über uns. Die beiden hatten große Probleme miteinander. Ständig eskalierte es dermaßen, dass die halbe Wohnung zu Bruch ging. Iris ging schon lange nicht mehr zur Schule und hatte Drogenprobleme. Ich verstand mich gut mit Billa und hatte einen guten Draht zu Iris. Ich konnte sie auch oft beruhigen, wenn die beiden mal wieder Probleme hatten. So lernte ich dann auch Hans, Billas 34-jährigen Sohn, kennen.

Er war mir von Anfang an irgendwie unheimlich. Irgendwas in seinem Blick hat mich immer verunsichert. Ich weiß noch, dass ich einer Freundin gesagt habe, dass ich dem nicht im Dunkeln begegnen möchte.

Das erste Gefühl ist doch oft das beste.

Er war damals in einer schwierigen Lebenssituation. Er war wenig erfolgreich selbstständig. Deswegen wurde er aus seiner Wohnung geklagt und zog bei seiner Mutter ein. Er hatte kein Bankkonto, keine Krankenversicherung, kein Geld.

Bei all den Problemen, die diese Familie hatte, fand ich es schön zu sehen, wie sie zusammenhielten. Zumindest wirkte es damals so auf mich. Ständig wurde zusammen gegrillt oder gefeiert. Und Lena und ich wurden regelmäßig dazu eingeladen. So lernte ich auch Hans besser kennen. Am Anfang war er sehr hilfsbereit und aufmerksam. Er machte mir viele Komplimente.

Wobei da schon die ersten Red Flags (Warnzeichen in zwischenmenschlichen Beziehungen) deutlich sichtbar waren. Nur kannte ich diese damals noch gar nicht. Komplimente waren häufig so gestaltet, dass er dabei eine andere Person abgewertet hat. Zum Beispiel: Du bist so viel besser als die anderen verrückten Weiber, die ich kenne. Ich habe häufig nette Nachrichten bekommen und er wollte immer wissen, was ich mache oder wo ich gerade bin. Sein Social Media-Profil war voll von Liebessprüchen und Bildern von glücklichen Familien im klassischen Rollenbild.

Ich hatte kleine Liebesbriefe an meinem Auto oder Blumen vor der Tür. Auch wenn ich auf der Arbeit war, fand ich später Liebesbriefe an meinem Auto. In meinem ganzen Leben hatte sich noch nie jemand so um mich bemüht.

Mit Lena ging er sehr lieb und aufmerksam um. Ich war wie erschlagen von dieser ganzen Aufmerksamkeit und wir gingen dann auch miteinander aus. Immer häufiger machte er anzügliche Witze. Er machte deutlich, welch hohen Stellenwert Sex in seinem Leben hat. Ich habe das tatsächlich nicht so ernst genommen. Männer halt.

Wir wurden schnell ein Paar. Es hat sich angefühlt, als ob wir wirklich eine tiefe Bindung zueinander hätten. Etwas Einzigartiges. Als ob ich mit ihm etwas Besonderes wäre. Die wahre Liebe, zu schön, um wahr zu sein.

Seine Mutter war absolut begeistert! Endlich eine vernünftige Frau für ihren Sohn. Mein Vater war auch sehr zufrieden. Endlich ein Mann an meiner Seite.

Ich war auch glücklich. Ich hätte keinen Mann gebraucht, weil ich uns auch ohne gut versorgen konnte. Aber es war schön, nicht mehr mit allem alleine zu sein. Es war für mich eine Erleichterung, nicht mehr sagen zu müssen, dass ich eine alleinerziehende Mutter bin.

Da er ja keine eigene Wohnung hatte, zog er wenige Wochen später bei mir und Lena ein. Mit seinen ganzen Problemen. Aber zusammen schaffen wir das, dachte ich. Mit Liebe schafft man alles, dachte ich.

Für alles hatte er eine Erklärung, irgendwie war er wie vom Pech verfolgt. Er war quasi völlig unschuldig in diese Probleme geraten. Ich hatte damals großes Mitleid mit ihm. Wie kann eine Person auf so viele schlechte Menschen und verrückte Frauen treffen. Ich fühlte mich für ihn verantwortlich. Ich hatte ihm versprochen, für ihn da zu sein. Auf mich hat er oft den Eindruck eines kleinen, hilflosen Jungen gemacht. Ich wollte seine Liebe verdienen.

Heute weiß ich, dass er natürlich nicht unschuldig in diese Situationen geraten ist. Er übernimmt einfach nur keine Verantwortung für gar nichts. Er hat immer eine Geschichte parat. Keine Person in seinem Umfeld ist davor sicher, der Hauptschuldige zu werden.

Schnell machte er deutlich, dass er seine Mutter für eine furchtbare Frau hielt. Insgesamt wurde offenkundig, dass er eher eine abwertende Haltung gegenüber Frauen hat. Alle verrückt. Ohne Männer sind Frauen nichts. Frauen müssen brav und ruhig sein. Frauen müssen den Haushalt machen und Kinder versorgen. Frauen müssen jederzeit bereitwillig und motiviert zur Verfügung stehen. Eigentlich hat er das tatsächlich immer wieder in Form von Witzen kommuniziert. Ich habe es aber nicht ernst genommen.

Die ersten Monate waren auch wunderschön. Er war zwar viel arbeiten, aber er hatte ja auch eine Firma, die laufen sollte. Ich unterstützte ihn, wo ich konnte und er trug mich und Lena auf Händen. Ich hatte das Gefühl, ihm alles erzählen zu können. Alle meine Ängste, Träume, alles was mir wichtig war. Wir haben oft stundenlang gesprochen. Und auch viel gelacht. Aber es kamen auch immer mehr komische Situationen dazu.

Er sagte mir immer wieder, in welcher Kleidung er mich sehen möchte. Ich wollte ihm gefallen. Aber dabei kam ich mir auch vor wie eine Puppe, die präsentiert wurde. Ich sagte ihm, dass ich ihm gerne gefalle, aber mich nicht verkleiden werde. Auch in intimen Situationen wurde es anders. Einmal wurde er sehr übergriffig. Ich konnte aus der Situation nicht raus, habe aber deutlich signalisiert, dass ich es nicht möchte. Er war stärker als ich. Danach hat er mir gesagt, dass er dachte, ich wäre einfach besonders leidenschaftlich gewesen, meine Tränen hätten ihn nicht gestört. Ich war geschockt und sagte es auch deutlich. Er war schwer beleidigt und sehr verletzt. Am besten wollte er mich gar nicht mehr anfassen. Letztendlich ging es so aus, dass ich mich bei ihm entschuldigt habe.

Er wurde in seiner Kommunikation immer zynischer. Auch Lena gegenüber. Immer wieder kamen subtile Abwertungen und Schuldumkehr. Und plötzlich waren wir wieder das Tollste und Beste, was ihm je passiert ist. Wie bei einem Jo-Jo.

Unser Alltag sah so aus, dass ich fast alles bezahlte. Ich ging zur Arbeit, kümmerte mich um den Haushalt, machte mein Ding mit Lena. Er ging arbeiten und wenn er nach Hause kam, stand das Essen auf dem Tisch. Danach ging er stundenlang baden oder nach draußen und saß dort mit seinem Handy. Er hatte schließlich den ganzen Tag hart gearbeitet. Er hatte sich diese Ruhe verdient. Immer häufiger brauchte er Geld von mir. Auch Billa und Iris benötigten ständig Geld. Ich bekam es zwar meistens irgendwann zurück, aber mich nervte es langsam. Aber Billa machte auch oft Ausflüge mit Lena. Sie wollte, dass sie von ihr Oma genannt wurde und zeigte Interesse an ihr. Nach diesen Ausflügen wurde mir immer häufiger gesagt, dass ich meine Tochter zu sehr verwöhne und sie mehr Strenge und Konsequenzen brauchen würde.

Meine Freunde sah ich immer seltener. Er mochte auch keinen davon. Also trafen wir die wenigen Freunde, die er hatte. Dort wurde immer viel getrunken. Ich betrinke mich nicht gerne. Also war ich schnell die Spaßbremse.

Irgendwann suchte ich das Gespräch mit ihm, weil mir nicht gefiel, in welche Richtung sich unsere Beziehung entwickelte. Besonders der Umgang mit Lena war für mich ein No-Go. Wir kamen auf keinen gemeinsamen Nenner. Also trennten wir uns das erste Mal.

Damit hätte die Geschichte enden sollen. Vielleicht wäre das auch so gewesen, wenn ich mehr über toxische Beziehungen und emotionale Abhängigkeit gewusst hätte.

Wenn ich gewusst hätte, was ein „no contact" (jeglichen Kontakt mit dem Ex vermeiden) ist. Wie wichtig es ist, von dem Ganzen Abstand zu nehmen. Wenn ich mich selber besser gekannt hätte. Wenn ich meinen Selbstwert nicht von meiner Leistung abhängig machen würde.

Er zog also wieder zu seiner Mutter in die Wohnung über uns. Wir sahen uns täglich. Und er sah schrecklich aus. Wie ein geprügelter Hund. Er sprach kein Wort mit mir. Sein Social Media-Profil war dafür voll mit seinem Seelenleid. Traurige Sprüche, traurige Lieder, traurige Selfies.

Seine Mutter brach jedes Mal in Tränen aus, wenn sie mich sah. Sie erzählte mir, wie schlecht es ihm geht. Wie sehr er mich liebt und vermisst. Wie leid ihm alles tut. Dass ich ihn falsch verstanden habe. Er würde sich ja nur Sorgen um meine Tochter machen. Er kann das nur nicht so gut ausdrücken.

Und ich vermisste ihn auch. Seine lieben Worte, seine Aufmerksamkeiten. Lena war ebenfalls traurig. Also suchte ich das Gespräch mit ihm. Wir sprachen lange über viele Dinge und kamen uns wieder näher. Er zog erneut bei uns ein. Und wieder war es eine Zeit lang schön.

Wir machten einen gemeinsamen Urlaub im Osten bei seiner restlichen Familie. Lena ließ er meist in Ruhe. Zu dem Kind darf er ja nichts sagen, sonst fliegt er wieder raus, hat er mal gegenüber seiner Mutter geäußert. Er sagte, dass Kinder ihre Eltern hassen müssen. Dass ihm die Schläge seiner Mutter mit dem Kochlöffel nicht geschadet haben (ich glaube doch). Über diese Themen diskutierten wir ewig. Am Ende fühlte ich mich immer irgendwie fix und fertig. Alles was ich sagte, wurde gedreht und gewendet, bis nichts mehr einen Sinn ergab.

Ich stürzte mich wieder in meine versorgende Rolle. Arbeiten, Haushalt, Lena, seine Familie. Immer gab es irgendein Drama, das abgearbeitet werden musste.

Ich konnte ganz schlecht „Nein" sagen. Dafür kann keiner etwas außer mir. Aber wenn ich um Hilfe gebeten habe, gesagt habe, dass ich nicht mehr kann, konnte mich keiner verstehen. Tatsächlich reagierte ich darauf dann sehr emotional. Ich wurde laut und anklagend. Hans meinte, wenn ich meinen Haushalt als Arbeit empfinde, habe ich ein „Einstellungsproblem".

2015 wurde bei mir ein „Burnout" diagnostiziert. Ich konnte nicht mehr arbeiten gehen. Ich war einfach nur noch müde und leer. Alles Positive war verschwunden. Hans beschwerte sich darüber, dass ich ständig nur noch über alles jammerte und so bedürftig war. Als ich ihn fragte, welche Ressourcen er nutzt, um positiv und leistungsfähig zu bleiben, sagte er mit einem Lächeln im Gesicht: „Du bist meine Ressource." Es war nichts Liebevolles in diesem Satz. Ich war sprachlos.

Ich wurde mit Medikamenten behandelt und konnte nach einigen Monaten wieder arbeiten gehen. Eine Therapie habe ich nicht gemacht. Zu diesem Zeitpunkt war ich emotional schon sehr abhängig. Ich bemühte mich, wieder die tolle, wunderbare Frau zu sein. Ich zog an, was er mochte, tat Dinge, die er mochte, kochte Essen, das er mochte.

Er nutzte bei seinen Abwertungen jetzt immer häufiger Dinge, von denen er wusste, dass sie mir wichtig waren. Zum Beispiel, dass meine Tochter sich geliebt und sicher fühlt. Ich war immer öfter erziehungsunfähig, eine schlechte Hausfrau und Köchin, verrückt, einfach ein Psycho und dumm. Oft wurden diese Dinge als Witz formuliert. Ständig beschwerte er sich darüber, dass ich ihn sexuell nicht ausreichend versorgte.

Seine Weltanschauung war immer gegensätzlicher zu meiner. Wo wir früher irgendwie auf einer Wellenlänge waren, gab es plötzlich nichts Gemeinsames mehr. Er leugnete unter anderem den Holocaust oder äußerte, dass der Holocaust ja noch recht human war. Schließlich sind die Menschen in den Gaskammern schnell gestorben. Ich war fassungslos.

Solche Erzählungen fanden häufig bei den gemeinsamen Mahlzeiten mit meiner Tochter statt. Ich habe ihr dann immer noch lange erklärt, dass die Dinge nicht stimmen, die er sagt. Insgesamt wurden seine Erzählungen immer beängstigender. Die richtig beängstigenden Dinge hat er Gott sei Dank nur erzählt, wenn wir alleine waren.

Er erzählte mir, dass er als Jugendlicher Katzen aus der Nachbarschaft gefangen hat. Diese hätte er dann in Stoffsäcke gepackt und angezündet. Er war bei der Beschreibung völlig gefühllos. Ich war davon geschockt. Dann lächelte er, konnte mein Entsetzen nicht verstehen. Schließlich macht das doch jeder normale Jugendliche mal. An einem anderen Tag erzählte er mir, dass er als 12-jähriger mit den „Glatzen" zusammen Molotowcocktails auf Flüchtlingsheime geworfen hat. Dass dabei „Bullen-Taxen" umgeworfen wurden. Dass er Menschen zu „Brei" geschlagen hat. Er fing an, mir Angst zu machen. Allerdings war er im Umgang mit seinen Mitmenschen in der Öffentlichkeit immer freundlich, offen und extrem höflich.

Der eine Mensch passte nicht zu dem anderen. Ich fing an mir einzureden, dass es alles nicht so schlimm sein kann. Dass er einfach Pech in seiner Jugend hatte. Dass er ein guter Mensch ist. Dass er sich nicht verhält wie ein Krimineller.

Er mochte es, in intimen Situationen seine Hände um meinen Hals zu legen und leicht zuzudrücken. Ich habe es einfach still und starr ausgehalten. Dabei habe ich immer gedacht: „Lass los, lass bitte wieder los."

Einmal habe ich mir zwischen schweren Steinplatten die Hand eingeklemmt. Ich hatte große Schmerzen und konnte alleine nicht mehr raus. Ich rief nach Hans. Ich brauchte Hilfe. Er kam ganz langsam angeschlendert. Dabei hatte er ein Lächeln auf den Lippen. Ich kann heute noch seine Freude in den Augen sehen.

Es entstand bei mir ein Zustand der kognitiven Dissonanz. Nichts passte mehr zusammen. Ich sagte mir immer wieder, dass er so ein Mensch nicht sein kann. Ich fühlte mich schuldig, weil er mir Angst machte. Unser Leben bestand aus verhältnismäßig normalen Situationen, liebevollen Momenten im Wechsel mit heftiger verbaler Abwertung und Angst.

Und meine kleine Tochter war in diesem Spannungsfeld gefangen. Solch dysfunktionale Strukturen wirken auf die Kinder. Auch wenn ich versucht habe, möglichst alles Böse von ihr fernzuhalten.

Ich litt fast täglich unter heftigem Schwindel und Atemnot. Fühlte mich oft völlig erschöpft und rastlos. Ich wurde ständig krank. Er war keine Hilfe. Er nutzte meine schwächsten Momente, um mich noch mehr abzuwerten. Er wusste ja schon immer, dass ich verrückt bin. Alle Frauen sind verrückt. Frauen sind ohne ihre Männer wertlos. Frauen müssen brav sein. Frauen dürfen nicht nervig sein. Er geht doch arbeiten. Er konnte uns damit zwar nicht versorgen, aber das war ja meine Schuld.

Schließlich ist seine Firma nur den Bach runtergegangen, weil ich seine Büroarbeit nicht gemacht habe. Weil ich nicht loyal genug gewesen bin. Weil es mir an Respekt fehlt. Weil ich ihn mit meiner Hilflosigkeit belaste.

Wenn ich versucht habe, mit seiner Mutter über unsere Probleme zu sprechen, kam von ihr immer nur: „Da kann ich nichts machen, du weißt ja, wie er ist.", „Da musst du durch, so ist das mit den Männern.", „Ich nehme ihn nicht zurück."

Freunde und Bekannte fragten, was mit mir los wäre. Sie meinten, dass ich mich sehr verändert habe. Wenn ich mal schlecht von ihm gesprochen habe, fühlte ich mich schuldig. Meine Familie fand ihn furchtbar. Außer mein Vater. Der hatte viel Verständnis für diesen armen, hart arbeitenden Mann. Meine Mutter hatte ihn ja auch nie ausreichend gewürdigt.

2016 trennten wir uns ein zweites Mal. Ich konnte nicht mehr. Er zog wieder zu seiner Mutter in die Wohnung über uns. Wieder würdigte er mich keines Blickes. Wieder war sein Social Media-Profil voll von seinem grenzenlosen Seelenleid. Wieder weinte seine Mutter stundenlang. Ich habe ihn nur falsch verstanden. Er meint es ja nur gut mit uns. Er liebt mich so unendlich. Mich und Lena.

Und ich hatte Angst. Manche seiner Sprüche im Netz machten mir Angst. Als ob er mich daran erinnern wollte, dass ich brav sein muss. Aber hauptsächlich fühlte ich mich schuldig und egoistisch.

Also suchte ich das Gespräch und wir versöhnten uns. Es klappte erstmal alles wieder sehr gut. Ich wusste ja jetzt auch besser, wie ich ihn zufriedenstellen konnte. Es war schnell alles wie immer. Ein Wechsel aus Hoch und Tief. Zwischen er ist ein guter Mensch und blanker Panik vor ihm.

Ein Blick, eine Bewegung hat gereicht, um mich in puren Stress zu versetzen. Aber außer dieser ständigen Abwertung und Schuldumkehr passierte ja eigentlich auch nichts Schlimmes.

Lena und ich wurden nicht geschlagen. Er betonte zwar immer, dass wir das nur seiner übergroßen Selbstbeherrschung verdanken. Weil verdient hätten wir es. Nur wenn er Spaß gemacht hat beim Toben, musste man sehr aufpassen. Einmal spritzte er mir Zitronenkonzentrat in die Augen. Oder man bekam Tritte mit den Stahlkappenschuhen. Oder er schlug mit der Faust so lange auf eine Stelle am Oberarm, bis man es nicht mehr aushalten konnte. Lena hat er einmal geschubst. Am Treppenabsatz. Sie fiel die Treppe runter. Gott sei Dank blieb sie unverletzt. Wenn man ihm sagte, dass es zu dolle ist, war man ein Weichei. Selbst schuld. Hysterisch. Ich fing an, ihm zu glauben, dass ich verrückt bin.

Wenn ich jetzt diese Dinge aufschreibe, mache ich das aus einem völlig anderen Blickwinkel. Heute sehe ich eine Situation klar und kann sagen, das war nicht in Ordnung. Aber als ich in der Situation war, konnte ich keinen klaren Gedanken fassen. Alles war wie Sand in den Händen. Man versucht verzweifelt, alles zu sortieren und der Sand fließt einfach zwischen den Fingern weg.

Ende 2016 wurde ich schwanger und wir bekamen unseren Sohn Henry. Die Schwangerschaft war etwas heikel. Aufgrund einer Plazenta Fehllage hatte ich ab der 27. Schwangerschaftswoche immer wieder mal starke vaginale Blutungen. Mir wurde empfohlen, nicht mehr so viel zu machen. Nicht schwer zu heben. Nicht viel zu laufen. Ich bat Hans um Unterstützung. Ich fragte ihn, ob er vielleicht den Einkauf erledigen könnte. Er verstand das Problem nicht. Ich muss ja nicht alles auf einmal reinholen. Dann muss ich halt öfter laufen. Er war ja schließlich arbeiten.

Einmal mussten alte Möbel in den Keller, damit die Babysachen aufgestellt werden konnten. Er legte sich aufs Sofa, ich baute die Möbel ab. Als ich ihn bat, diese doch in den Keller zu bringen, meinte er nur, dass ich die paar Teile jetzt auch selber runterbekomme.

Ich hatte keine Lust mehr, um Hilfe zu betteln. Also machte ich, was gemacht werden musste. Aber ich empfand ein tiefes Gefühl von Hilflosigkeit. Daran war ich seiner Meinung nach auch selber schuld. Ich war nicht geduldig genug oder habe nicht nett genug gefragt.

Mit dem Baby war die Wohnung zu klein für uns. Ich schob meine starken Belastungssymptome auf die zu enge Wohnung und auf die Situation mit seiner Mutter, die ich auch noch emotional und finanziell mit versorgen musste. Wegen seiner wirklich hohen Schulden fanden wir aber keine Wohnung. Also kaufte ich uns ein Haus. Ein kleines, altes, gemütliches Häuschen im Grünen. Ihm war es nicht gut genug. Zu klein, zu alt, zu billig.

Aber auch dort wurde es nicht besser. Ich versuchte meine Arbeit zu machen. Versorgte die Kinder und den Haushalt. Bezahlte die Rechnungen. Endlich beteiligte sich Hans ebenfalls regelmäßig an unseren Kosten. Jedoch war es weiterhin so, sein Geld geht mich nichts an, mein Geld war für uns alle da. Er kümmerte sich nicht um seine Mahnungen. Oft las ich heimlich seine Post und bezahlte die Rechnungen einfach. Ich wollte nicht, dass ständig der Gerichtsvollzieher vor der Tür steht. Ich bemühte mich, ihn nicht mit den Kindern alleine zu lassen. Versuchte so zu sein, wie er es mochte. Eine gute Mutter zu sein.

Aber immer häufiger war ich einfach nur noch extrem erschöpft und verzweifelt. Meine Belastungsgrenze sank immer weiter. Es gab Tage, an denen ich einfach nicht mehr aufstehen konnte. Das waren immer die Momente, in denen er gerne jemanden eingeladen hat. Damit die anderen sehen können, wie verrückt ich bin. Was er mit mir durchmachen muss. Wie anstrengend ich bin.

Ich dachte auch immer wieder darüber nach, mir das Leben zu nehmen. Ich wollte keine Belastung für meine Familie sein. Ich wollte nicht, dass meine Kinder ihre Mutter so sehen. Ich wollte nicht, dass sie das Gefühl hatten, sich um mich kümmern zu müssen.

Als Corona kam, änderten sich meine Arbeitszeiten. Ich musste wieder am Wochenende und an Feiertagen arbeiten. Also war Hans mit den Kindern alleine. Seine Launen wurden immer schlimmer. Die Abwertungen heftiger. Oft fing er an, mich ganz intensiv zu beobachten. Schweigend. Mit diesem Blick, mit dem die Luft einfrieren kann. Es machte mich immer furchtbar nervös. Ich fragte ihn dann, was los ist. Das muss ich schon selber rausfinden, sagte er dann. Oder er sagte einfach gar nichts. Ich ging im Kopf dann alles durch. Wäsche ist gemacht, Essen ist gekocht, die Kinder sind brav. Was, WAS zur Hölle ist jetzt schon wieder?

Wenn ich einkaufen oder auf der Arbeit war, bekam ich Anrufe von ihm. Er war wütend und fragte mich, ob mein „Ficker einen guten Job macht". Als ob ich noch die Energie für eine weitere Person gehabt hätte.

Zu Hause schmiss er seine Werkzeuge durch den Raum, weil Lena das Essen von der Gabel gefallen war. Er beschimpfte mich bei einem Ausflug in den Zoo vor den Kindern als dumme Fotze und ich sollte mein dummes Maul halten. Er hat Henry eine kleine Arschkrampe genannt. Ich habe ihm gesagt, dass ich das nicht möchte. Unser Sohn hat einen Namen.

Seine Ideen bezüglich einer großen Weltverschwörung wurden immer heftiger. Er verbrachte seine gesamte Freizeit damit, sich in „alternativen Medien" über die Welt zu informieren. Wenn ich seinen Theorien nicht folgen wollte oder anderer Meinung war, beschimpfte er mich laut und heftig. Immer häufiger konsumierte er Pornos, oft im Bad, ohne die Tür abzuschließen. Dort erwischte ich ihn etliche Male. Er machte mir Vorwürfe, dass ich ihn nicht zufriedenstellen konnte.

Lena erzählte mir, dass er sie eines Nachts geweckt hat. Er wollte ihr jetzt sofort Selbstverteidigung beibringen. Er holte sie aus dem Bett und zeigte ihr Kampfübungen. Lena hat sich dabei die ganze Zeit vor ihm gefürchtet. Letztendlich lag sie auf dem Rücken und er kniete auf ihr drauf. So blieb es eine ganze Weile und er erklärte ihr noch verschiedene Dinge. Ich war nicht dabei. Sie erzählte mir viel später davon.

An einem heißen Sommertag waren wir zusammen im Pool. Es waren 41 Grad. Ich hatte Henry im Schwimmring. Hans fing an, mit Lena zu toben. Er drückte sie immer wieder unter Wasser. Lange und heftig. Viel zu grob. Wenn sie über Wasser kam, waren ihre Schreie voller Panik. Ich versuchte, näher an beide ranzukommen. Ich schrie ihn an, dass er aufhören muss. Ich konnte aber Henry nicht loslassen. Also bekam ich Lena nicht richtig zu fassen. Irgendwann ließ Hans von Lena ab. Er lachte immer noch. Lena sprang sofort aus dem Pool und lief weg.

Ich fragte ihn, ob er noch alle Tassen im Schrank hat. Was das sollte? Er war sich keiner Schuld bewusst. Dass Lena jetzt heult, war meine Schuld. Weil ich so ein Theater machte. Ich tröstete Lena. Sie sagte mir, dass sie sich sicher war, jetzt sterben zu müssen. Wir gingen ihm erstmal wieder aus dem Weg.

Ich fand den Weg raus aus dieser Beziehung einfach nicht mehr. Mir fehlten die Kraft und auch das Vertrauen in mich selbst. Es war wie Nebel oder Watte im Kopf. Ich war meinen Kindern keine Hilfe mehr.

Anfang 2021 fing Lena an, sich selbst zu verletzen. Sie hatte Angst im Dunkeln und das Gefühl, Stimmen zu hören. Ich ging mit ihr zum Kinderarzt. Wir bekamen eine Überweisung zur Kinder- und Jugendpsychiatrie. Alles lief sehr langsam und schleppend an.

Hans war nicht überrascht. Er war sich ja immer sicher, dass ich dieses Kind versaut habe. Dass ich sie verhätschelt habe. Dass sie verrückt ist, weil ich verrückt bin. Wir hatten regelmäßige Termine. Uns wurde ein Erziehungsbeistand empfohlen. Ich kümmerte mich um alles und versuchte so gut wie möglich für mein Kind da zu sein. Bei den Terminen sprachen wir eigentlich nie über Hans. Bis zu einem Termin im November 2021.

Lena weinte furchtbar, erzählte, wie wertlos sie sich fühlt. Sie redete von Hans. Wie er mit ihr umgeht. Welche Späße er macht. Wie es sich anfühlt, mit ihm zu leben. Die Psychologin reagierte zutiefst entsetzt. Sie fragte mich, ob es stimmt, was meine Tochter sagt. Ja, es stimmte. Sie fing an, mich anzuschreien. Ob ich überhaupt kapiere, dass das emotionaler Missbrauch ist. Dass er mindestens ein Narzisst ist, wenn nicht noch schlimmer. Dass ich nichts, gar nichts tun kann, um ihn besser zu machen. Dass es mein Job ist, meine Kinder zu schützen.

Diese Situation war wie ein Erwachen. Es war nicht okay, was er machte. Ich war nicht an allem schuld. Ich habe meine Kinder nicht beschützt. Mich ergriff eine unfassbare Panik. Diese Sätze haben mich gleichermaßen befreit wie zerstört. Ich habe zwischen dieser ganzen falschen Liebe, Schuldumkehr, Manipulation und blanker Angst das Wichtigste auf der Welt im Stich gelassen. Meine unschuldige, wunderbare Tochter. Das werde ich mir nie verzeihen.

Ich bekam Auflagen vom Jugendamt. Sie durfte nicht mehr mit Hans alleine bleiben. Ich habe vier Tage gebraucht, um mich zu sammeln. Ich hatte eine Panikattacke auf der Arbeit. Meine Kollegen waren mir in dieser Zeit die größte Stütze. Sie hörten sich alles an. Sie waren da. Sie gaben mir nicht das Gefühl, verrückt zu sein. Sie sagten mir, dass sie es zwar nicht verstehen, dass sie mich aber kennen. Ich bin weder unfähig noch verrückt und auch nicht dumm.

Ich musste mich aber trotzdem krankschreiben lassen. Am Abend sagte ich ihm, dass er gehen muss. Dass es vorbei ist. Ich habe ihm nicht gesagt, was bei der Psychologin passiert ist. Ich habe nicht gesagt, dass Lena etwas über ihn erzählt hat. Ich wollte nicht, dass er diese Dinge weiß. Ich wollte sie vor seiner Wut und seiner Schuldumkehr, seiner Manipulation schützen. Und endlich das Richtige tun.

Er wollte nicht ausziehen. Das Haus gehöre genauso ihm wie mir. Und ganz sicher würde er seinen Sohn nicht bei mir lassen. Wenn ich versuche, ihm Henry wegzunehmen, wird er mich umbringen. Es dauerte vier Wochen, bis er endlich auszog. Ständig drohte er mir damit, dass er dafür sorgt, dass ich die Kinder verliere, weil ich verrückt bin. Oder er drohte mir mit dem Tod.

Er versuchte seine üblichen Manipulationen. Seine Mutter kam und weinte. Sein Social Media-Profil war voll mit traurigen Liedern usw. Aber seine Manipulationen funktionierten nicht mehr. Das Hamsterrad blieb stehen. Nur die Panik begleitete mich bei jedem Schritt. Ich fühle sie heute noch, während ich das hier schreibe.

Nachts habe ich uns eingeschlossen und hatte ein Messer unter dem Kissen. Aber wirklich geschlafen habe ich erst wieder, als er weg war.

Ohne meine Kollegen, Freunde, Familie und Lenas Erziehungs- beistand oder dem Jugendamt hätte ich es nicht geschafft. Ein Freund half mir, eine Wohnung für Hans zu finden. Natürlich ohne dass er wusste, dass ich ihn darum gebeten habe. Henry durfte weiterhin regelmäßigen Kontakt mit seinem Vater haben. Mit ihm war er ja anders umgegangen.

Er fuhr ständig an unserem Haus vorbei. Kontrollierte, ob ich zu Hause war oder nicht, guckte sich jedes Auto an, das in der Straße stand. Er erzählte furchtbare Lügen über mich. Und das macht er bis heute.

An Weihnachten wurden Lena und Henry von Billa zum Weihnachtsessen eingeladen. Lena wollte gerne hin. Also erlaubte ich es. Abgemacht war, dass ich sie direkt nach dem Essen abhole. Ich saß mit Jacke zu Hause auf dem Sofa und wartete auf eine Nachricht von ihr. Es dauerte ewig.

Hans hatte Lena mit in seine neue Wohnung genommen und sie ihr gezeigt. Dann fragte er sie, ob ihre Brüste echt wären. Er hat ihr Pornos vorgeführt, verschiedene Stellungen erklärt und was sie unbedingt mal machen muss, weil Männer es so toll finden. Er sagte ihr, dass der Lipgloss auf ihren Lippen aussieht, als ob sie jemandem einen Blowjob verpasst hätte.

Dafür musste er zum Jugendamt zu einem Präventionsgespräch. Er hat es da auch zugegeben, verstand aber das Problem nicht. Er ist halt nicht so verklemmt wie andere. Er wollte das Kind nur aufklären.

Heute hat Lena keinen Kontakt mehr zu Billa oder Hans. Noch immer kämpfe ich für meinen Sohn Henry, der seinen Vater regelmäßig besucht.

Ohne Hilfe, ohne Menschen, die mir geglaubt haben, wäre ich da nie rausgekommen. Ohne Hilfe hätte ich meinen Kindern keine helfende Mutter sein können.

Heute leben wir wieder ein Leben, das sich zu leben lohnt. In einem sicheren, liebevollen Zuhause. Es war ein harter Weg. Und manchmal ist er es noch immer. So etwas bringt man nicht an einem Tag in Ordnung. Aber jeden Tag ein bisschen mehr. Meine Tochter und ich haben eine Therapie gemacht.

Ich habe versucht, meine Anteile an dieser furchtbaren Beziehung zu verstehen. Ich muss es alles verstehen, um es besser zu machen. Mir und meinen Kindern soll so etwas nie mehr passieren. Ich lerne viel über mich selbst. Ich lerne meine Grenzen zu schützen. Ich lerne, dass ich wertvoll bin. Auch ohne ständig etwas zu leisten. Nur so kann ich meine Kinder schützen. Jeden Tag lerne ich ein bisschen dazu. Lena geht es gut. Ich bin unglaublich stolz auf meine Tochter.

Ich hatte Menschen in meinem Leben, die mir geholfen haben, mich wie ein Puzzle wieder zusammenzusetzen. Die mich gehalten und gestützt haben.

Die Arbeit und Aufklärung von Svenja Beck und dem Verein T.o.B.e. ist so wichtig.

Für Betroffene, aber auch für Behörden. Ich bin darauf angewiesen, dass man mir und meiner Tochter glaubt. Dass Menschen die Manipulation und Schuldumkehr erkennen. Sonst kann ich meinen Kindern nicht helfen.

Der Grund, warum ich das schreibe, sind die Personen, die diesen Weg noch gehen müssen. Ich möchte dir sagen, dass es sich lohnt! Ich kenne die Verzweiflung und die Hoffnungslosigkeit. Die Abhängigkeit. Deine Geschichte ist nicht genau wie meine. Die Gefühle und das Leid sind es aber.

Ich möchte heute die Person sein, die dich fragt:

Verstehst du überhaupt, dass es emotionaler Missbrauch ist? Dass es nicht OKAY ist? Dass du nicht schuld bist? Und du kannst nichts tun, um diese Person zufriedenzustellen.

Dein Job ist es, dich und deine Kinder zu retten. Du kannst dir Hilfe suchen! Es gibt Menschen, die sich für dich einsetzen werden! Die an dich glauben! So lange, bis du es selber wieder kannst!

Deine Emma

Uns ist es wichtig, im direkten Kontakt mit Betroffenen zu sein, deswegen veranstalten wir jährlich unser Sommerfest.

WAS BEDEUTET „LIEBE" ?

von Lisa M.

Das Leben nimmt seinen Lauf. Du kannst nicht wissen, was hinter der nächsten Ecke auf dich wartet. Dass ich einmal diese Zeilen schreiben werde, stand definitiv nicht auf meinem Plan. Doch du kannst es nicht vorhersagen. So auch an diesem Abend nicht.

Ich ging mit einer sehr guten Freundin schwofen, wie wir es nannten. Uns zog es in einen Szeneclub, der am Donnerstag immer unsere Musik auflegte. Wir tanzten, waren in unserem Element und dann sah ich ihn. Groß, schlank, gutaussehend und sein Blick traf mitten in meinen. Ich war gefühlte tausend Mal nachts unterwegs gewesen, doch so gepackt hatte es mich nie.

Es folgte die Annäherung, dann die ersten Worte und dann ein Gespräch. Als es hell draußen wurde, verabschiedete ich meine Freundin und ging mit A. erst spazieren, dann Kaffee trinken, dann frühstücken. Hierbei erzählte er mir sehr detailliert, was ihm als Kind angetan wurde. Er wurde missbraucht, seine Beziehung zu seiner Mutter war krank und zwischen Therapien mischten sich Medikamente, damit das Trauma ruhiggestellt wurde.

Wo war ich gelandet? Ich hatte bis dato ein „normales" Leben und da saß ich nun mit einem Mann, der mich anzog wie kein zweiter Mann und zugleich abstieß, weil sein Leben so vollkommen anders verlief als alles, was ich bis dahin kannte.

Er folgte mir und wir versuchten, eine normale Beziehung anzufangen, doch alles war anders. Seine Mutter rief gefühlt siebzehnmal am Tag an und er war mit seinem neuen Leben überfordert. Alles war zum einen wunderschön und zugleich Chaos pur.

Seine Mutter starb zwei, drei Monate später und die folgende Zeit wurde noch verwirrender. Er fiel in ein Loch. Zwischen der Freude, dass er nun endlich frei war, flogen ihm sein Leben, sein Trauma und sein Beruf um die Ohren.

Dazwischen stand ich, zusammen mit meiner Tochter und einem neuen Leben in meinem Bauch. Seine Überforderung wurde immer spürbarer und die Auseinandersetzungen immer aggressiver. Nichts machte mehr den Anschein, auch nur im Ansatz normal zu sein. Eines Nachts zog er mich aus dem Bett, warf mich auf den Boden und trat mir in den Bauch, so dass ich glaubte, das war's fürs Baby. Ich ging zu meiner Tochter ins Zimmer. Er drückte mich an die Wand, spuckte mir ins Gesicht und ich versuchte nur, meiner Tochter zu signalisieren, halte durch, es wird dir nichts passieren. Er ging dann.

Ich warf ihn ein paar Tage später aus der Wohnung, doch zu Ende war es damit nicht. Es folgten nächtliche Besuche, erst von ihm, dann von der Polizei. Alles war so irreal. Ein paar Monate zuvor war noch alles normal und nun telefonierte ich mit dem „Krisentelefon" der Stadt.

An meinem Geburtstag lieferte ich ihn dann in die Klinik ein. Es war wie verhext. Mittlerweile führte auch ich ein Doppelleben. Ich kümmerte mich um meine Tochter, ging arbeiten und wenn meine Tochter bei ihrem Vater war, trat ich ein in die Klinikwelt.

Ein Patient stellte mir mal die Frage, welche Welt denn die normale sei, die da draußen oder die hier drinnen. Ich tauchte ein in die Therapie, in der A. nach ein paar Minuten eher die Psychologen therapierte als umgekehrt. Genie und Wahnsinn waren in ihm vereint. Er war intelligent, kannte sich durch die jahrelange Therapie aus und war den Psychologen überlegen, wenn er es wollte. Was für eine Welt.

Dazwischen manipulierte er mich oder ich ließ mich aufgrund der Liebe zu ihm manipulieren. Ich ließ mein Leben noch ein zweites Mal auf eine harte Probe stellen. Er gab mir seine Klinikdiagnose zu lesen und auch wenn ich mich nicht auskannte, alles was es zu geben schien, war hier enthalten. Von Narzissmus über Bipolarität, Schizophrenie, Borderline etc. Was ich irgendwann begriff, Hilfe gibt es nicht. Unsere Liebe war krass, sie war stark, sie war perfekt, doch geholfen hat es uns nicht. Es hat den Prozess nur verlängert.

Ich holte ihn zu mir, da man niemanden nach einer Klinik in die Freiheit entlassen kann. So begann Runde 2. Während seines Klinikaufenthaltes ließ ich das Kind abtreiben und fügte mir damit selbst mein eigenes Trauma zu. Er hingegen hatte die Abtreibung verdrängt und tief in sich eingeschlossen. Er hätte endlich seine eigene Familie haben können, doch sein System ließ es nicht zu. Der zweite Rauswurf verlief weniger explosiv, doch ließ er nicht lange auf sich warten. Dazwischen lagen unzählige unglaubliche Ereignisse, die jedes für sich eine absolute Abnormalität darstellen. Es war immer das Gleiche. Ich erlebte meine schönsten Momente in meinem Leben und gleich darauf folgten die schlimmsten und die dunkelsten.

Ich ging ihm ein Jahr lang aus dem Weg, meldete mich nicht, doch als ich beschloss, die Stadt zu verlassen, um mit meiner Tochter wegzuziehen, kontaktierte ich ihn. Es war wie früher. Wir redeten und spazierten stundenlang. Wir wussten, wir sind füreinander bestimmt. Ich ließ mich wieder auf ihn ein, auch weil ich keinen anderen Mann haben wollte. Seine Therapie verlief gut, seine Medikamentendosis ging immer weiter runter und selbst seine Therapeutin war sehr optimistisch.

So zog ich weg und er suchte sich einen Job in der Kirche. Genie, Religion, Gott und sein Wahnsinn waren eng verbunden. Er bekam eine Stelle in Bayern und ich beschloss, zu ihm zu ziehen. Als ich zurückkam, war der Stress spürbar. Vieles war zu erledigen, unter anderem eine Express-Hochzeit. Eigentlich eine nette Art zu heiraten, fernab von allem, doch die Umstände zeigten, es war ein Pulverfass, auf dem ich saß und es brauchte nur noch etwas Zeit, bis es explodierte.

Später sammelten wir alle Sachen zusammen. Dazwischen verschlimmerte sich sein Zustand wieder. Es ging bergab. Es ging diesmal richtig tief. So tief, bis er seinen Körper kaum noch im Griff hatte und das vor den Augen der zukünftigen Gemeinde. Ich sah mein Leben den Bach runtergehen.

Meine Tochter hatte schon ihre neue Schule besichtigt und wir lernten nach und nach die Menschen dort kennen. Es kam am Tag der Einführung in den neuen Job zur Katastrophe und wäre nicht ein menschlicher „Schutzengel" dagewesen, weiß ich nicht, was er mit mir gemacht hätte. Ich hatte einen Engel, der sich die ganze Zeit zwischen mich und ihn stellte. Irgendwann kam die Polizei und sie willigten ein, ihn mitzunehmen. Ich sah ihn ziehen, in Handschellen, einem weißen Hemd und seiner schwarzen Anzughose.

Mein Leben glich einer Ruine. Wohin? Sein Chef empfahl mir, ich sollte über ein Frauenhaus nachdenken. Genau der Ort, wo ich nie landen wollte. Der Ort, vor dem ich immer Angst hatte. Doch ein paar Tage später spürte ich nach sehr langer Zeit wieder Frieden und Ruhe in mir. Ich saß in meinem Zimmer im Frauenhaus und begriff, dass ich am Leben war und dass ich alles wieder hinbekommen konnte. Was ich nicht begriff, dass ich mein Herz aufgegeben hatte. Ich hatte weitergelebt, doch die Liebe in mir war versiegt.

Ich reichte die Scheidung ein und dachte mir, damit ist alles erledigt. Doch so war es nicht. Das habe ich aber erst vor kurzem verstanden. Nach so einer Beziehung ist es sehr wichtig, dass du all diese Erfahrungen wieder, so nenne ich es, aus deinem System herausbekommst. Es ist wichtig, dass du wieder deinen Wert erkennst und daran glaubst, einen wunderbaren Menschen in deinem Leben haben zu dürfen. Das ist sehr wichtig, denn wenn du dich tief in deinem Herzen aufgegeben hast, auch gerade weil die Liebe so stark war, dann kann es sein, dass du erneut auf so einen oder einen ähnlichen Menschen triffst. So war es nämlich bei mir. Gerade weil noch so viele Verletzungen, so viele Ängste in mir waren, konnte ein neuer Mensch da wieder anknüpfen und weitermachen, wo der andere aufgehört hatte.

Ein paar Monate später beschloss ich, mich wieder auf einen neuen Mann einzulassen und dann geschahen merkwürdige Dinge. Ich war auf zwei Singleplattformen unterwegs. Auf der einen kontaktierte ich bewusst einen Mann nicht, weil er mich an jemanden erinnerte. Dann ging ich auf die zweite Plattform, wo man das Gesicht nicht sah, und stieß unbewusst auf die gleiche Person. Ich weiß nicht, mit welchem Wahrscheinlichkeitsfaktor das überhaupt möglich wurde, aber bestimmt war er hoch. Als ich die Fotos dann sah, dämmerte es mir.

Wir fingen an zu schreiben. Es begann dieses Ping-Pong-Ding. Schon hier wurde ich gefragt, was ich von Handschellen hielt. Handschellen? Was soll das werden? Ich überging es, denn ich war ja innerlich leer. Nach ein paar Tagen kam es zum ersten Treffen. Ich sah ihn und wollte wieder gehen. Später in seiner Küche legte er mir die Handschellen in die Hand. Ich schrie mich innerlich selbst an: Geh! Doch dann passierte etwas, was mich bis heute in einen starken Konflikt mit mir gebracht hat.

Etwas rief mir zu: Bleib! Bleib! Und ich legte einen Schalter in mir um und blieb. Alles, was ich vorgefunden hatte, entsprach nicht meinem Wesen. Weder die Handschellen noch das ganze andere Zeug, was dazugehörte, noch sein Beruf und seine grüne Uniform. Ich halte weder was von Krieg noch von Waffen und dergleichen.

Mein Schalter blieb auf seiner Position. In den folgenden Wochen glitt ich immer weiter in eine komische Abhängigkeit, die ich von mir nicht kannte. Er machte viele Dinge, die ich nicht mochte. Die wider meine Natur waren. Ein richtiges Gespräch gab es nicht, gab es nie, alles was er war, war das Gegenteil von dem, was ich bin. Und mein Schalter blieb umgelegt.

Ich begriff nicht, in was ich gefangen war. Ich wollte es nicht sehen, ich wollte nicht für mich einstehen, ich wollte gehen, doch tat es nicht. Und dann tat ich etwas, was für ihn alles drehte. Erfahren habe ich das erst Jahre später, doch da begriff ich, warum er mich die ganze Zeit nur bekämpfte. In einem gemeinsamen Urlaub mit seinen Freunden stellte ich ihn bloß und beschimpfte ihn laut, er könne noch nicht einmal „Bitte" und „Danke" sagen, geschweige denn „Entschuldigung". Das wars. Ohne es zu wissen, war ich von der guten Seite auf die gegnerische Seite gewechselt und der Krieg war eröffnet. Ja, es war Krieg. Die ganze Beziehung war ein Kampf.

Ein liebloser, beleidigender, erniedrigender Kampf, in dem es keine Sieger geben kann.

Ich verstand es nicht, ich fühlte, da ist nichts, da ist keine Liebe, da wird nur alles gemacht, was mich auf die Palme bringt, da wird bei allem, was ich sage, immer genau das Gegenteil gesagt. Hauptsache dagegen. Dagegen, immer dagegen. Trotzdem kam es vor, dass ich sagte: „Ich liebe dich!" Womit wir wieder bei der Frage sind: „Was bedeutet Liebe?!"

Es gab kein Wir, es gab kein Sichfallenlassen, es gab keine Beziehung, es gab nur eine WG. Das Ganze dauerte drei Jahre, bis ich endlich wirklich sagen konnte, ich trenne mich. Es dauerte so lange, weil ich von ihm schwanger wurde und ich dieses Kind nicht abtreiben wollte. Ich konnte nicht.

Somit flickte dieses Kind zeitweise etwas zusammen, was nicht zusammenpasste. Nach etwas mehr als drei Jahren war dies auch mein Ausstieg. Ich konnte nicht mehr nur wegen meinem Sohn dieses Leben führen. Mittlerweile war ich voll in der Abhängigkeit gefangen. Ich verdiente kaum Geld, wusste nicht wohin, doch eines sagte mir mein System diesmal ganz klar. Nicht einen Tag länger. Alles in mir schrie diesmal: STOPP. NEIN. Nicht einen Tag länger.

Egal wie, egal ob es hieß, dass ich mit meinen Kindern auf der Straße lande, ich musste mich trennen. Warum ich es so lange hinausgezögert hatte? Weil ich unbewusst ahnte, was kommen wird. Das mit A. war schlimm, doch ich verstand es. Er konnte nicht anders. Doch B. war sich seiner Handlungen immer vollends bewusst. Mittlerweile hatte er die Uniform gewechselt, jetzt war sie blau und daher wusste er genau, wie weit er gehen konnte. Er ging immer genau bis zur Grenze. Subtil, immer schön subtil. Es ging jetzt gegen mich, gegen meine Tochter, gegen meine Familie, gegen meine Kollegen und sogar gegen seinen Sohn.

Das Schlachtfeld war eröffnet. Beleidigungen waren an der Tagesordnung. Nicht ein Wortwechsel, in dem nicht spätestens nach dem dritten Satz sein Wahn losging. Dazu gesellten sich seine Perversionen, seine Vorlieben. Was ich bis dahin kannte, war ein Witz. Alles ein Geplänkel.

Was ich die letzten Jahre erlebt habe, war eine Theatervorstellung, um die Fassade irgendwie aufrechtzuerhalten. Ich bekam Einblicke in eine Welt, vor der ich meine Augen die letzten drei Jahre brav verschlossen hielt. Ich war die Statistin, die versuchte, immer alle Utensilien versteckt zu halten. Jetzt öffnete sich B. seinem wahren Wesen und begann sein eigentliches Spiel. Mir wurde dabei nur immer schlechter, mir war zum Kotzen zumute. Was für einen Mann hatte ich in mein Leben gelassen, in das Leben meiner Tochter? Was für einen Vater habe ich meinem Sohn für sein Leben mitgegeben?

Der Schmerz darüber und auch die Wunde, dass ich mir das alles selbst verzeihen muss, haben mich viele Tränen gekostet. Ich habe es zugelassen, dass man mich schlecht behandelt. Ich habe es zugelassen, dass man meine Tochter schlecht behandelt, dass man uns beleidigt, kleinmacht und uns immer schön und ganz subtil verletzt. Sich das einzugestehen, ist meine schwerste Herausforderung. Wie oft habe ich mir die Frage gestellt: Warum? Warum dieses „Bleib"! Warum konnte ich als starke und unabhängige Frau nicht gehen? Ich wollte ihn nicht. Wir passten überhaupt nicht zusammen. Wir waren so weit auseinander wie der Nord- und der Südpol. Was sollte das?

Ich habe keine Antworten darauf bzw. alles, was ich habe, sind Vermutungen, die auf sehr wackeligen Beinen stehen. Den ganzen Sinn dahinter werde ich wohl erst Jahre später begreifen, so hoffe ich.

Das Ganze hat mir aber auch gezeigt, bei mir hinzuschauen. Denn in der Beziehung bin ich zu einer Frau geworden, die ich nie sein wollte. Das habe ich B. sogar gesagt, ob er es verstanden hat, weiß ich nicht. Doch es gibt Beziehungen, in denen du selbst zu deinem Schatten wirst, indem du die Züge von deinem Gegenüber übernimmst. Du hörst auf zu reden, hörst auf, lustig zu sein, hörst auf, deine Träume zu verwirklichen, hörst auf, wirklich zu leben.

Du lässt die Zeit verstreichen und wartest, bis dein System den nächsten Wutanfall bekommt, weil es nicht mehr kann. Du siehst zu, wie es unter deiner Haut anfängt zu faulen. Du siehst zu, wie all das, was du dir die letzten Jahre aufgebaut hast, zerstört wird. Du siehst zu, wie deine Werte mit Füßen getreten werden und du siehst zu, wie dein Leben immer liebloser wird.

Ein paar Monate nach dem Auszug von B. bekam ich von einer Behörde einen Brief. Ich war sofort aufgelöst. Zu tief saßen noch all die Verletzungen. Da ich mit dem Schreiben nichts anfangen konnte, rief ich bei der Behörde an (aus Schutzgründen gibt es hier keine weiteren Details). Die zuständige Person war nicht erreichbar und so geschah es, dass ich mit C. telefonierte. Wir wechselten die ersten Worte.

Mein System war noch immer aufgewühlt und so bot er mir ein erneutes Gespräch, zu einem späteren Zeitpunkt, an. Wir legten auf. Ich ging anschließend zur Kita, um meinen Sohn abzuholen. Auf dem Weg dorthin kamen mir die Worte „Alles wird gut" in den Sinn. Ich war auf einmal beruhigt. Einfach so. Alles wird gut, dachte ich mir immer und immer wieder. Zugleich fühlte ich es tief in mir.

Als mein Sohn dann zu Hause seinen Mittagsschlaf hielt, rief ich noch einmal an. Wir sprachen eine ganze Weile und auf einmal veränderte sich etwas in unserem Gespräch. C. fing an, mit mir zu flirten. Wir beendeten das Gespräch und ich war sprachlos.

Ich schaute erneut auf den Brief, der von der Behörde kam, und versuchte, das gerade geführte Gespräch irgendwie dort einzuordnen. Was war hier gerade passiert? Was wollte das Leben von mir? Der „Zufall" wollte es, dass wir ein paar Tage später erneut telefonierten und dann war klar, ich gebe ihm ganz offiziell meine Telefonnummer.

Wir schrieben, wir näherten uns an, wir waren aufgeregt und dann trafen wir uns. Als er vor mir stand, übernahm mein Körper die Kontrolle und ich umarmte ihn, tief und innig. So als wenn ich ihn schon länger kennen würde. Wir gingen spazieren und ein paar „Kilometer" weiter ließ er es sich nicht nehmen, mich zu küssen. Da stand ich nun. Irgendwie noch stark lädiert und nicht wissend, was das alles bedeuten soll. Es lief nicht gleich alles reibungslos ab, doch wir ließen uns aufeinander ein.

Wir schrieben viel, wir telefonierten viel, wir sendeten uns endlos lange Sprachnachrichten, doch irgendwann fing er an, meine erlebten Muster zu aktivieren. Er sagte etwas und sofort wurde ich wieder in die Vergangenheit katapultiert. Ich fühlte mich klein, nicht verstanden und dumm.

Ich fing langsam an zu begreifen, wie tief mich die letzten Jahre mit B. geschädigt hatten. Ich zog mich daher zurück, sagte, ich bin noch nicht so weit und er solle sich jemand suchen, der besser zu ihm passte. Wir entfernten uns voneinander, weil ich merkte, „beziehungsfähig" sieht anders aus.

Ich konnte ihn nicht getrennt betrachten und alles, was mich auch nur im Geringsten an meine Vergangenheit erinnerte, ließ mich dichtmachen. Krass. Da stand ich nun. Nicht beziehungsfähig. Zugleich fühlte ich, wie viel Chaos in mir drin herrschte.

Zum Glück ließ er hier nicht locker. Er unternahm einen letzten Versuch und während des Telefonates konnte ich mich öffnen. Ich konnte weicher werden, meine Wunden offenlegen und mich so zeigen, wie ich war.

Es ging weiter mit uns. Es wurde tiefer und er bot mir seine Hilfe an. Wann immer ich etwas brauchte, um meine Wunden zu heilen, würden wir einen Weg finden. Das beruhigte mich und ließ mich auch erkennen, allein kann ich diesen Weg nicht gehen.

Wir surften durch die Wochen und es ging mir immer besser. Ich lag in seinen Armen. Hier konnte ich mich fallenlassen und ich konnte mich in dieser Wärme heilen. Er gab mir Halt, Nähe und vor allem zeigte er mir, es gibt sie, die „guten" Männer.

Klar, ich hatte auch schon andere Männer kennengelernt und auch gute Beziehungen geführt, doch ich hatte im Herzen vergessen, dass es sie gibt. Durch diese Nähe und auch durch unseren Austausch war es mir möglich, immer mehr und mehr in meine Wunden einzutauchen und sie, so gut es ging, von innen zu heilen. Ich bin sehr dankbar, dass ich sie nicht verstecken musste, sondern dass ich sie zulassen durfte.

In dieser Zeit habe ich mich, wie ich finde, wieder sehr gewandelt. Ich habe zu mir zurückgefunden. Auch die Tatsache, dass jetzt immer mehr Zeit zwischen der Trennung zu B. lag, hat sich sehr positiv auf mich ausgewirkt. Der Höhepunkt und zugleich Wendepunkt war deutlich spürbar.

Denn als die Trennung genau ein Jahr her war, da merkte ich, ja, ich bin wieder frei und ich werde noch freier, von Tag zu Tag. Ich weiß nicht, wie lange die Heilung braucht, doch bei mir war dieses eine vergangene Jahr sehr bedeutsam für meine Heilung.

Heute würde ich sagen, gerade weil ich mich nach doch recht kurzer Zeit wieder auf einen neuen Mann eingelassen habe, gerade deswegen ging mein Weg „zurück zu mir" sehr schnell voran. Und das finde ich sehr spannend. Denn nach der Trennung von A. war das alles andere als gut. Damals bin ich von der einen toxischen Beziehung in die nächste gerutscht. Doch hier wusste ich um diese Gefahr und somit konnte ich einen anderen Mann in mein Leben lassen.

Was ich damit sagen will, es gibt nie eine Garantie, aber umso mehr uns bewusst ist, desto mehr können wir wählen. Wir können so wieder das Gute für uns wählen. Und das beruhigt mich sehr. Denn egal, was wir erlebt haben, wir können neu wählen.

Denn aus Gewalt kann wieder Liebe werden. Ich habe es erlebt und ich weiß, jeder von uns kann dies auch erleben.

Ich möchte hier auch noch meine Gedanken zum Thema gemeinsames Kind mit dir teilen. Wie verhält man sich dem Vater gegenüber? Was ist im Interesse des Kindes wichtig oder zu beachten?

Für meinen Teil gibt es hier keine globale Wahrheit und es kommt immer auf dich an. Denn wenn du den Schein deinem Kind gegenüber wahrst, zugleich dabei aber deine inneren Werte übergehst, dann spürt dies dein Kind.

Für mich war es wichtig, immer mehr daran zu arbeiten, dass jegliche Reaktion des Vaters bei mir eine neutrale Reaktion auslöst. Das gelingt mir noch nicht immer, aber es wird immer besser. Zugleich war es mir wichtig, mich von seinem Handeln, seinen Worten etc. abzugrenzen und dies meinem Sohn gegenüber auch klar zu kommunizieren. Denn auch in meinem normalen Leben distanziere ich mich von bestimmtem Verhalten bzw. distanziere mich von der Person. Klar, jeder macht das, was er für richtig hält, doch ich entscheide für mich, ob ich da mitgehe oder eben nicht.

Das heißt, ich fahre die No-Contact-Variante. Ich kommuniziert nur das Nötigste und das nur schriftlich in Form eines Zettels. Es gibt keine Kommunikation außerhalb dieser Zettel, die mein Sohn beim Umgang mit in seinem Rucksack trägt. B. ist auf allen Social-Media-Portalen geblockt.

Mein Sohn weiß, dass ich mit seinem Vater nicht spreche und dies auch in Zukunft nicht tun werde. So lernt er, dass wir unsere Grenzen wahren dürfen. Gerade bei narzisstisch geprägten Eltern, so habe ich es auch immer wieder gehört, ist es enorm wichtig, dass wir auf uns schauen bzw. dass die Kinder auf sich schauen.

Daher habe ich ihm auch schon jetzt beigebracht, „Stopp" zu sagen, wann immer er etwas nicht will. Auch mir gegenüber. So, wie ich hoffe, erkennt er früh, „etwas" tut mir nicht gut und ich kann aus dieser Begegnung wieder heraustreten. Zugleich rede ich immer wieder mit meinem Sohn über das, was passiert. Er ist zwar noch sehr jung, versteht aber schon sehr viel. Und vor allem, er fühlt sehr viel, auch die negativen Energien seines Vaters.

Was einfach enorm wichtig ist, bei allem was wir entscheiden, wir müssen uns gut dabei fühlen. Es muss uns einfach gut gehen als Mutter oder Vater. Denn nur so können wir davon ausgehen, dass es unserem Kind auch gut geht.

Zugleich ist es an uns, bei uns hinzuschauen und immer wieder zu prüfen, wie können wir immer mehr und mehr in Heilung gehen. Denn alles, was wir in uns heilen, für uns heilen, das übertragen wir nicht auf unsere Kinder.

Daher mein Appell: „Lass nicht zu, dass man dich schlecht behandelt oder dir Gewalt antut. Geh und lebe ein Leben, so wie du es dir wünschst."

Der Weg nach der Trennung war nicht leicht. Es folgten, wie so oft, Termine beim Jugendamt und vor Gericht. Immer wieder musste ich für meinen Sohn kämpfen. Doch eines habe ich gelernt. Das Gute siegt. Wenn wir es schaffen, auf der guten Seite zu bleiben, dann mag es auch anstrengend sein, doch das Gute setzt sich durch. Vielleicht nicht gleich, doch Schritt für Schritt wird es sich durchsetzen. Lass dich durch keine Sache der Welt davon abbringen.

Es ist auch sehr wichtig, an das Gute zu glauben. An sich zu glauben und daran, dass man wieder ein gutes Leben führen wird. Das kostet Kraft, doch es lohnt sich!

Ich wünsche dir alles Gute für deinen Weg und ein wundervolles und zugleich liebevolles Leben.

Von Herz zu Herz!

Nancy Faeser traf ich auf dem SPD-Parteitag im hessischen Landtag wieder, nachdem ich bereits 2021 von ihr eingeladen wurde, um bei ihr vorzusprechen.

„WAHRE"
BESTE FREUNDE

von Theresia Aiger

Meine Erfahrung, Leidensgeschichte, Entwicklung und Erkenntnis bezieht sich auf den Zeitraum von 2016 – 2022. Detailliertere Zeitangaben fallen mir aufgrund diverser Traumata, die diese Beziehung mit sich gebracht hat, heute noch schwer und würden nur unnötig verwirren.

Wichtig ist noch zu wissen, ich lebte nie mit ihm zusammen, wir leben nur ein paar Kilometer voneinander entfernt.

Ich war seit 2001 in einer Beziehung mit meinem Ex-Mann. Wir haben 2003 geheiratet und fünf gemeinsame Kinder bekommen. Aufgrund diverser Vorkommnisse (körperlicher und psychischer Art) und der (meiner) Erkenntnis, dass wir uns zu unterschiedlich entwickelt haben, beschloss ich durch einen langen Weg der Entscheidung, mich letztendlich zu trennen und mit den Kindern auszuziehen. Die Trennung zog sich länger hin, da ich etwas Geeignetes finden musste und nichts überstürzen wollte/konnte.

Wie alles begann:

Er war eine sehr unnahbar wirkende, arrogante, dominante, stark auftretende Person im sportlichen Bereich eines Kindes von mir. Äußerlich überhaupt nicht mein Typ Mann, viel älter (12 Jahre) als ich. Verheiratet. Er hatte Kinder, war somit also nur als Ansprechpartner präsent. Ich fand ihn laut und überheblich.

Doch dann bemerkte er mich und ich fühlte mich geschmeichelt, verunsichert, dass er mir seine Aufmerksamkeit schenkte, mich sah, so durchdringlich ansah. Irgendwann schrieben wir Belangloses über den Sport. Es war ein bedeutungsloser Austausch, einfach nur, um in Kontakt zu treten. Wir suchten die Nähe zueinander.

Es begann mit einer enorm aufregenden Phase des Love-Bombings (freundschaftlich) und einem Interesse an mir, das nie ein Mensch vorher gezeigt hat. Wir redeten nächtelang über *meine* Vergangenheit. Von seiner Seite her gab es von Anfang an nicht viel zu erzählen und er wollte nicht über sich reden. Er wollte alles ganz detailliert wissen und alles über mich erfahren.

Mir war es unangenehm, er beteuerte immer wieder, dass es so spannend sei, da er so dankbar war, dass ich mich mit ihm abgebe und ihm alles anvertraute. Es nahm seinen Lauf in unzähligen Nächten, die wir durchgeredet haben, durch Nachrichten, mit denen wir permanent in Verbindung standen. So bekam er natürlich auch meine Ehe mit, in der ich nie so kommunizieren konnte, all die Probleme interessierten ihn total. Er beteuerte immer, wie schlimm alles sei, dass er dieses Verhalten nicht verstehen konnte, er froh wäre, wenn er so eine hübsche, tolle Frau haben könnte, meine Schönheit, Art würde ihn überfordern.

Wagte ich es, auch mal seine Ehe zu hinterfragen, wurde ich sofort gemaßregelt, im Gegensatz zu uns lebte er sich mit seiner Frau mit den Jahren nur auseinander, es gab keine Probleme, der negative Kontrast war meine Familie, Ehe, Kinder (Anzahl), dass sie mich brauchten, ich gar keine Zeit für mich hätte (um ihm als Freundin zur Verfügung zu stehen). Er zeigte mir immer wieder auf, wie sehr ich ihn und seine Meinung brauchte, er half mir seiner Meinung nach, auf mich zu schauen.

Ich kannte es nicht, meine Grenzen zu äußern, das hatte ich nie gelernt. So verstrichen die Nächte ohne Schlaf und ich stand Tag und Nacht im Austausch, was ich mache, was ich mit wem redete und generell, was so los ist. Im Gegenzug durfte ich nichts erfahren, wurde schroff angesprochen und ließ es alsbald, da ich ihn nicht verärgern wollte. Er und seine Familie wären nicht wichtig, das Problem lag an mir und meiner Familie. Es entwickelte sich auch eine Freundschaft zu seiner Ehefrau, wir sahen uns oft, machten mit den Familien zusammen etwas, fuhren mal übers Wochenende gemeinsam weg. Schon da hätte mir rückblickend seine enorme Eifersucht auffallen müssen.

Ich möchte betonen, dass dies immer noch auf Freundschaft basierte. Er half mir viel und sehr intensiv, als ich ein Haus zur Miete gefunden habe, dies (nach seiner Vorstellung) einzurichten. Ich hab mich zu diesem Zeitpunkt nicht in der Lage gefühlt, er war anfangs immer für mich da. Dann wurde er immer unzuverlässiger. Seiner Aussage nach war ich ihm ja jetzt sicher und zu ihm gehörig, er sah mich als seinen Besitz an.

Sein Vertrauen zu gewinnen, es zu halten, ihm alles zu beweisen, machte mich über die Jahre wirklich krank. Er sagte ganz oft zu mir, er würde mir alles von seinem Hab und Gut anvertrauen, auch seine Kinder, aber vertrauen könne er mir aufgrund meiner Vergangenheit und meiner Lebensweise nie. Gerade das hat mich so gefangen. Ich wollte unbedingt sein Vertrauen.

Ein sehr prägender Satz, der sich durch die ganze Beziehung zog, war: „Du bist mein Küken." Mit dem Hintergrund, er befahl, ich machte, himmelte ihn an und fragte nicht nach. Im Laufe der Zeit wurde es mir oft vorgehalten, dass ich damals liebenswerter war, als ich nicht so selbstverliebt war, da hatte ich nämlich keine eigene Meinung und machte, was erwünscht war. Zum Schluss gehörte ich der Fraktion „Suppenhenne" an, so nannte er ältere Frauen, die nicht interessant für ihn waren.

Seine Sucht nach Bewunderung, Bestätigung, Anerkennung, Sex, Alkohol, Pornos, Klauen und die permanenten Lügen waren sehr dominant. Zwei SIM-Karten führten ihn seit langem durch sein Leben und machten viel kaputt. Hatte er mal kurze Momente des Mitgefühls für sich, weinte er, danach wurde er noch aggressiver. Er sagte immer, er sei sein größter Kritiker. Das glaub ich heute auch. Ich wollte ihn immer animieren, positiv zu denken, dann kam seinerseits, das würde er gerne, konnte es aber wegen mir und meinem Verhalten nicht.

Andererseits war er ein total ängstlicher Mensch in Bezug auf mich (dass ich einen „Besseren" finden könnte, dass man ihn nicht mehr bewundert). Der Schein nach außen war ihm so wichtig, da wurden anfangs keine Kosten und Mühen gescheut. Er war besessen und der Satz „Er möchte diese Beziehung mit aller Gewalt" zog sich durch. Schmeichelte mir dies zu Anfang, wurde es immer mehr zur Hölle und Realität.

Ich hatte von Anfang an massive Probleme, für ihn zu lügen, seinen illegalen Waffenbesitz zu decken, seine nahezu täglichen Diebstähle für mich zu behalten. Die Waffen verstaute er zum Ende der Beziehung vor lauter Paranoia und um mich einschüchtern zu können im Bettrahmen, hinterm Schrank und im Safe. Er genoss es sehr, mit diesem bösen Lachen, wenn mir schlecht wurde, ich ein schlechtes Gewissen hatte und mich richtig unwohl fühlte. Schwierig war für mich auch unsere anfänglich geheime Beziehung, da er sich nicht von seiner Frau trennen wollte. Das war ja bequem, sie kochte, putzte, wusch und schwieg.

Als er sah, wie gut es mir nach dem Auszug von meinem Ex-Mann ging, entschied er sich auch für die Scheidung. Seine ExFrau zog erst mit beiden Kindern aus, dann kam der Sohn schnell zu ihm. Zur Tochter hatte er keinen Kontakt mehr, der Sohn zur Mutter auch nicht, die Tochter ließ sich gleich zum 18. Geburtstag von dem neuen Mann der Mutter adoptieren. Mir hat dieser Bruch zwischen Kindern und Eltern immer enorm wehgetan.

Im Gegenzug wurde mir genau diese Suche unterstellt, ich musste mich immer mehr rechtfertigen, durfte meine Nachbarn nicht mehr grüßen, wurde im Außen überall bloßgestellt. Saßen wir zum Beispiel in einem Café, verrenkte er sich den Kopf nach jeder Frau. Das Gespräch stockte. Erwähnte ich, dass ich mich unwohl fühlte, wurde es immer schlimmer. Er sagte zum Beispiel, wenn ich ihn lieben würde, müsste er sich ja nicht an andere Frauen wenden.

Es war ihm bekannt, dass ich von Wertgegenständen nicht viel hielt, viel mehr freuten mich Gesten. Dies hat er absichtlich immer ignoriert. Einmal bekam ich etwas geschenkt mit den Worten, es ist etwas Billiges, ich müsste erst beweisen, dass ich mehr wert sei bzw. bin ich mit meinem Verhalten nicht mehr wert.

Ich habe oft betont, dass ich keine Schnittblumen mag, da ich es schade fand, wenn sie so schnell kaputt gehen. Zu jeder Gelegenheit bekam ich solche. Als wir schon getrennt waren, bekam ich ein Bund mit 50 Rosen zugeschickt, dies machte er des Öfteren, sagte ich was, war ich undankbar.

Es war essentiell für ihn, in allen Bereichen als der Beste dazustehen, obgleich er vieles einfach nicht konnte oder etwas anfing und nicht fertig machte oder es gar nicht erst begann. Er hat seine Hilfe förmlich aufgedrängt, um mir dann wieder vorzuhalten, was er alles gemacht hat. Ging ich zum Beispiel mal in die Kfz-Werkstatt zum Reifen aufziehen, weil ich es mir nicht wieder vorhalten lassen wollte, drehte er komplett durch, ob ich mit dem Arbeiter dort jetzt auch was hätte oder er nichts gut genug machen konnte.

Mir wurde vorgegeben, was ich anzuziehen habe, ich sollte ihm Bilder schicken, was ich trage. Wenn ich einen Ausschnitt trug, wurde er total wütend, beschimpfte mich und machte mich richtig fertig. Ich hatte ein Kokos-Shampoo, er schüttete es aus, da er es nicht riechen konnte. Ich benutzte nach Jahren wieder mal eines, da es in der Dusche von meiner Tochter stand. Er kam unangemeldet vorbei, mich überkam die Panik, er schnupperte an meinen Haaren und sagte, ich würde so gut wie fast nie riechen!!! Ich sagte, dies sei Kokos und er meinte, er liebe diesen Duft jetzt. Anfangs sagte er immer, ich rieche wie ein Baby, das fand ich ziemlich seltsam!

Ich fühlte mich an einem Tag mal ein bisschen hübsch, machte Bilder (in Wäsche), schickte ihm diese, da ich ein schlechtes Gewissen hatte, wenn ich sie nur für mich machen würde. Er war noch arbeiten, erst war er total entzückt (er schaute diese Bilder ja zu gerne im Netz), dann kamen die Attacken, wer diese noch bekam, welche Schlampe ich sei und was mir einfällt.

Es dauerte nicht lang, da fuhr er vor, ging früher von der Arbeit und machte einen riesigen Aufstand, durchsuchte meine Chats, wem ich sie noch geschickt habe und beschimpfte mich, ob ich jetzt so nebenbei mein Geld verdienen wolle.

Er hatte einen totalen Sauberkeitswahn entwickelt. Er wusste, ich wollte dem gerecht werden, ohne es entsprechend erfüllen zu können mit fünf Kindern im Haus, und hatte krasse Ansprüche an mich selbst. Ich hatte oft das Gefühl, wenn sonst kein Thema zum Diskutieren blieb, schuf er welche. Ich hatte jedes Mal enormen Stress, neben den Kindern und der Arbeit noch alles sauber zu halten, wie er es wünschte. Die Kinder hielt ich an, dass sie nichts rumliegen lassen dürften. Wenn die Uhrzeit näher rückte und er nach Hause kam, verfiel ich in Panik, wurde gestresst und war nervlich am Ende. Er fand immer etwas, das ihm nicht passte.

Wenn mal ein Termin, eine Veranstaltung anstand, war es Programm, dass wir Wochen vorher schon stritten, sodass ich keine Lust mehr hatte, spätestens aber kurz vorher eskalierte es oder er blamierte mich vor anderen Menschen, verpackte es als Witz und machte mich so klein. Ich wollte meist nicht mehr weggehen, er versprach jedes Mal, wenn ich mich anständig führen würde, müsste er nicht so sein. Ich versuchte alles.

Zum Frühlingsfest wollte ich kein Dirndl tragen, weil ich wusste, es gibt Streit wegen dem Ausschnitt. Wochen vorher diskutierten wir schon, ich gab nach, dann schaute der erste Mann in meinen Ausschnitt, er machte eine riesige Szene und wollte ihn hauen. Dieses Szenario hatten wir nahezu jedes Mal beim Weggehen. Er hingegen verlor sich in jedem Ausschnitt, befummelte andere Frauen vor meinen Augen an Brüsten und Hintern, küsste sie auf den Mund und machte ihnen unmoralische Angebote. Sagte ich etwas, war ich die Verrückte, die auch so sei!

Ich schämte mich oft für ihn, das machte mich so wütend, weil ich dieses Verhalten bei Männern so widerlich finde!

Er hatte für seine Tochter und sich Karten für ein Konzert in Turin gekauft. Daher schenkte ich meiner Tochter und mir auch Karten. Hotel gebucht, alles super. Es dauerte nicht lange, dann fing er an zu jammern, denn ich würde dann Spaß haben und andere Männer anschauen. Er bleibt hier. Ich fügte mich und ließ das Hotel und die Karten verfallen. Meine Tochter ist damals dann mit einem Freund alleine nach Italien zum Konzert gefahren.

Seine Jugenderfahrungen zum Thema Sex wurden mir detailliert erzählt, die Damen auch im Schlafzimmer während des Aktes erwähnt (viele aus dem Dorf kannte ich). Mir wurde namentlich gesagt, welche was besser machen würde. Ich sollte mich mehr bemühen. Sahen wir die Damen, flirtete er mit ihnen und tat so, als würde er mich nicht kennen. Er wurde beim Akt immer aggressiver, hörte plötzlich auf, wenn es mir gefallen hat, mit der Aussage, ich würde an andere denken oder er denkt daran, wie ich es mit einem anderen machen würde (was er bis ins kleinste Detail erfragt hatte). Ich durfte ihm in diesem Moment die Bestätigung geben, er sei der Beste, er machte mich fertig und wollte dann für seine Leistung gelobt werden, sonst würde seine These ja aufgehen, dass ich ihn betrügen würde.

Unter Alkohol war er grenzenlos, er lebte sich an mir richtig aus, es gab kein Tabu, weinte ich mal, wurde ich angebrüllt, ob ich ihm seine letzte Ehre auch noch rauben wolle. Ich sei selber schuld. Da ich es mir bei meinem Ex-Mann auch gefallen hab lassen, brauche ich es wohl so und hätte den Missbrauch provoziert, so wie ich jeden Mann sexuell anmache und dieses ausstrahlen würde, also darf er sich nehmen, was andere auch hatten.

Der Akt war lange Zeit seinerseits Selbstbefriedigung am lebendigen Leib. Mal konnte er mich monatelang beim Akt nicht mehr ansehen, weil ihn die Vorstellung von den anderen Männern (wohlgemerkt aus der Jugend) so anekelte. Also nahm er mich von hinten, stieß mich aufs Bett oder Ähnliches. Ließ mich weinend liegen, brüllte mich an, welche Schl... ich sei, zog sich an und fuhr wütend nach Hause. Immer wieder entschuldigte ich mich, dass es ihm dadurch so schlecht ging, schämte mich für meine Vergangenheit und flehte ihn an, dass er doch bitte wieder zurückkommen solle.

Hatte er mal zu viel Alkohol, wurde er richtig ekelig, er hatte mal die Hose voll und ließ sich einfach immer mehr gehen. Zu mir sagte er, er darf sich gehen lassen, ich würde für ihn repräsentieren, ich sei sein Aushängeschild.

Er unternahm immer wieder neue Versuche, mich mundtot zu machen. Bei einer normalen Unterhaltung kam er mit meiner Vergangenheit, unterbrach mich, sagte ich würde mich zu intellektuell artikulieren, fragte mich ständig bei jedem Fremdwort, ob ich meinte, etwas Besseres zu sein. Ein anderes Mal verstand er meinen Humor nicht, kreidete mir diesen an. Dann kam mir ein Bild unter, auf diesem stand: „Ironie ist der Humor intelligenter Menschen." Das hielt ich ihm wortlos unter die Nase, nie mehr sagte er dazu etwas.

Dafür kamen immer andere Trigger, die mir peinlich waren. So endete nahezu jedes Gespräch. Seine Launen verglich ich immer mit einem Chamäleon, unberechenbar und innerhalb von Sekunden vom Lächeln zu diesem leeren Todesblick. Kam Besuch, lachte er, als hätte er mir nicht gerade stundenlang einen Monolog gehalten. Ich konnte nicht so umswitchen und wurde als grantig betitelt.

Wir waren auch ein paarmal etwas länger getrennt. Er kam wieder an, erzählte mir von seinen Eroberungen und beteuerte, dass er mich so vermisst und sich geändert hat. Ich machte ihm die Auflage, da ich mich mit dem Thema Narzissmus eingehend befasste und ihn dummerweise knallhart damit konfrontierte, dass wir eine Paartherapie machen, er zu einer Psychologin geht und wir einmal im Monat einen festen Tag für uns haben als Ritual. Er speicherte sich den Monatstag ein. Er wollte mich damit kränken, dass er nicht daran denken würde, da er wusste, mir sind kleine Gesten wichtig. Er wollte seinen Bekanntschaften allen persönlich sagen, dass es nichts wird, was ich nicht verstand, er war ja schließlich nicht zimperlich, nein, er wollte sie nochmal treffen.

Man muss auch sagen, er hatte enorm viele „Arzttermine", es kamen im Wechsel die wildesten Diagnosen raus, nie ohne Bericht oder Weiterbehandlung.

Mir fiel auf, dass er in Bezug auf Tiere sehr seltsam war. War es ein kleines, hilfloses Tier, mochte er es. War es ein Tier, das seinen eigenen Kopf hatte, wurde er ziemlich schnell rabiat. Leider sah ich diese Seite zu spät. Meine Katze hatte Kätzchen und er wollte zwei, um nicht so alleine zu sein und für seine Kinder. Diese gehorchten dann nicht so, wie er es mochte und er kickte sie oft weg, um sie zu erziehen. Nach ein paar Wochen oder Monaten kamen sie zum Glück nicht mehr zu ihm. Er wollte sie fangen, aussetzen oder umbringen, konnte sie aber nicht erwischen. Sie lebten sich bei der Nachbarin ein und mieden ihn.

Das Resultat nach zwei gemeinsamen Sitzungen in der Paartherapie, er geht nicht mehr hin, das Problem läge ja nur auf meiner Seite. In seinem Einzelgespräch (einmalig 45 Minuten) wurde ihm diagnostiziert, er sei kein Narzisst, er wäre einer von wenigen, wo man es mit aller Gewissheit sagen kann. Einen Nachweis, oder wie die Psychologin hieß, hatte er nicht.

War wohl eher ein schönes Schäferstündchen mit einer von vielen. Aus dem „Date" wurde auch nie was. Für den 14. jedes Monats setzte er sich einen Merker, da er mich damit verletzen konnte, weil er nicht selber daran dachte!

Meine körperlichen Beschwerden nahmen immer mehr zu und meine vermeintliche Vergesslichkeit wurde verstärkt. Trug ich vor lauter Schmerzen nachts einen Schlafanzug oder funktionierte ich nicht nach Wunsch, musste ich ihn ausziehen und parat sein, denn dies gefiel ihm nicht. Ich solle lieber frieren, so spürt er nicht, was er spüren möchte! Wenn ihm nicht nach schlafen war, wurde ich die ganze Nacht mit Diskussionen wach gehalten. Ich litt unter dem Schlafentzug, was er wusste.

Ich hatte in diesen Jahren viele Operationen im Bauchraum. Einmal mit inneren Blutungen, immensem Blutverlust und mit Nahtod-Erfahrungen. Ich wachte auf der Intensivstation wieder auf. Als ich nach der OP nach Hause kam, sagte er, er möchte sofort das volle Programm, wenn das nicht geht, muss ich ihn oral befriedigen oder ich kann mich sofort schleichen. Ich hatte einfach nur Schmerzen!

Nach der Entfernung meiner Gebärmutter wollte er gleich Sex. Er lachte und sagte, dass er jetzt ja grober sein kann, weil mehr Platz im Unterleib sei. Auskurieren konnte ich keine Operationswunde, er wolle nur, was ihm zusteht!

Ich wurde in der Vergangenheit sexuell missbraucht, was ich ihm erzählt hatte. Eines Morgens, in einem Hotel, wachte er auf und meinte mit hasserfülltem Blick, ihm würde auch alles zustehen, was andere bekommen oder sich genommen haben, es hätte mir ja bestimmt gefallen und ich hätte es provoziert. Ich hatte solch eine Panik und hab enorme Kräfte entwickelt und geschrien, dann ließ er irgendwann ab, sah mir ins Gesicht, erschrak und meinte, das war doch nur Spaß!

Ich erzählte ihm damals auch, dass mich meine Schwester schon immer emotional und körperlich misshandelt hat und ich deshalb keinen Kontakt wünsche. Er versicherte mir, sollte sie Kontakt suchen, stände er vor mir und würde sie kleinmachen. Eines Nachmittags saßen wir bei ihm. Mein Handy klingelte, unbekannte Nummer, meine Schwester war dran. Ich war neutral und meinte, sie soll mich bitte in Ruhe lassen. Er wollte mit ihr reden. Ich dachte, jetzt gehts richtig rund. Oh nein, er lachte mit ihr, schleimte sich ein, erzählte ihr, wie ängstlich ich sei und dass er sich freut, sie mal kennenzulernen, da sie ja offensichtlich sehr nett sei.

Heute bin ich der Ansicht, er ist ein kleiner, verletzter Junge, der mit aller Gewalt (so hat er beschrieben, wie er an uns festhält, weil er anders nicht kann!) Aufmerksamkeit braucht. Negatives war ihm geläufiger als Positives. Er sagte anfangs oft, er hätte sich für sich und auch seine Kinder so eine liebevolle Mama gewünscht, wie ich es bin. Dies wandelte sich bei ihm mit der Zeit in puren Hass meinen Kindern gegenüber um. Er war generell auf jeden, sei es die Familie, Nachbarn, Freunde, Tiere eifersüchtig, jeder wollte mir Schlechtes, außer er, aber ich Dummchen erkannte es nicht, dafür hätte ich ihn, waren seine Worte. Meinen Kater wollte er töten, weil er miaute.

Ich brach in Tränen aus, wenn mich ein fremder Mann angesehen hat, ob mein Ex dabei war oder nicht, ich hatte ihn und seine Worte immer als Schatten dabei, ich konnte niemandem mehr in die Augen schauen.

Über Jahre entschuldigte ich mich einfach für alles, meist nicht berechtigt. Einfach nur damit Ruhe ist, nahm ich alles auf mich. Diese Eigenschaft ist mir geblieben, aber sehr abgemildert, da ich niemandem zu nahe treten möchte.

Während der Beziehung stand ich häufig unter so enormem Druck, dass ich des Öfteren Suizidgedanken hatte. Ich wollte dieses Leid nicht mehr erleben. Der Gedanke an meine wundervollen Kinder, die ich über alles liebe und für immer schützen werde, hielt mich davon ab. Dennoch war jeder Baum eine Verlockung, einfach drauflos zu fahren!

Anfangs waren meine Kinder in seinen Augen nett, höflich, freundlich, liebe Kinder, die sehr gut erzogen und geliebt wurden. Es dauerte nicht lang, dann wollte er nach unserem Auszug einen Keil reinbringen, was er auch irgendwann schaffte. Mein Kleiner brauchte mich einfach mehr als die Großen. Er war ihm ein Dorn im Auge, eine Konkurrenz. Er sagte über ihn, dass er ihn einfach schlecht behandeln müsse, da er seinem Vater so ähnlich sei und dieser mich verletzt hatte. Somit hasste er beide, da er immer den Alten in seinen Augen sah. Wollte der Kleine bei mir schlafen, machte er mir so lange ein schlechtes Gewissen und redete auf mich ein, bis ich kraftlos meine Kinder abgewiesen habe. Er war dann zum Trösten da und beteuerte, er sieht, wie schlecht es mir wegen der Kinder geht, doch er ist für mich da. Ebenso ist er regelmäßig ausgeflippt, wenn mein Großer Besuch von den Kumpels hatte.

Er redete alle(s) schlecht. Meine Nerven wurden immer beanspruchter. Ich zweifelte immer mehr an mir und allem, was ich tat. Er meinte es ja so gut mit mir.

Er sagte, er kommt abends und bleibt bei mir, dann tauchte er nicht auf. Ich fragte nach, er beschimpfte mich, dass ich verrückt sei, er hätte dies nie behauptet. Immer öfter verschwanden Sachen, mein Geldbeutel, in dem ich eine akribische Ordnung hatte, war durcheinander, Gesagtes wurde verdreht, abgestritten oder ganz anders dargestellt.

Ich wollte aus dem Ganzen ausbrechen, hab immer öfter versucht, mich verbal gegen ihn zu wehren. Beendete ich es, stand er vor der Tür, rief an, drohte mir usw. Er würde schon ins Haus kommen. Da ich wusste, er scheut die Öffentlichkeit, sagte ich ihm am Telefon, die Nachbarn sind informiert, sollte er auftauchen, rufen diese die Polizei und ich auch. Dann war Ruhe! Ich gab ihnen auch Bescheid, da er zu mir sagte, er möchte mir den Tipp geben, meine Fenster und Türen seien nicht unüberwindbar und ich sollte mich nicht zu sicher fühlen. Er war so unberechenbar, besoffen, aggressiv und besitz-ergreifend. Er fuhr das ganze Wochenende mit dem Auto, Fahrrad oder Roller bei mir vorbei.

Wenn er mir drohte, dann nie übers Handy, denn er hatte schon immer die Angst, er würde überwacht werden. Somit verpackte er alles freundlich, so dass ihm nichts nachzuweisen war. Persönlich, ohne Zeugen, zeigte er sein wahres Gesicht, dann brüllte er, bedrohte und beschimpfte mich, dass ich ihm dankbar sein solle, dass er mich ekelhafte Frau noch nehmen würde. Er machte mich liebend gerne vor meinen Kindern schlecht, verspottete mich und tarnte es als Witz.

Er sagte mir, dass an meinem und an dem Auto meiner Tochter Tracker seien, er würde mein Schlafzimmer überwachen, ebenso mein Handy, da er mir einfach nicht trauen könnte. Das wäre allein mein Verschulden. Ebenso behauptete er, er hätte mir des Öfteren K.-o.-Tropfen verabreicht, um mich beim Geschlechtsverkehr zu filmen und um sich zu holen, was ihm zusteht. Dies machte mich verrückt, ich hatte panische Angst vor Bildmaterial im Netz. Ich schämte mich so und wurde noch eingeschüchterter.

Nach einiger Zeit ging ich auf Konfrontation und fragte ihn, ob er wisse, dass er sich mit den K.-o.-Tropfen strafbar gemacht hätte. Er wurde sauer und sagte, es war ein Spaß. Im Nachhinein fallen mir einige Situationen ein, wo er akribisch aufs Getränk achtete oder mir während des Streites untypischerweise etwas holte.

Nach langem Hin und Her ohne Ruhe machte ich im Dezember 2021 eine Anzeige. Er bekam eine Gefährderansprache und ein Annäherungsverbot. Seinen Sohn wollte er noch zur Falschaussage anstiften. Die Anzeige wurde fallen gelassen, ich habe bis heute keinen Brief erhalten. Ich weiß es nur durch ihn, da wir uns im Februar 2022 wieder versöhnt hatten ... (bis dahin hatte ich mich, den Umständen entsprechend, schon ein kleines bisschen erholt). Ich hatte mich viel informiert und mir geschworen, dieses Verhalten, das ich ja steuern konnte, z. B. durch verneinen (das Gegenteil wurde gemacht), nicht mehr zu dulden.

Ich wusste, diese Abhängigkeit ging eigentlich von meinen frühkindlichen Traumata aus und hatte nichts mit dieser Person zu tun. Wenn ich ihn heute sehe, sehe ich nichts, was ihn attraktiv machen würde – diese leeren, bösen Augen, dieser Hass, einfach zum Bemitleiden, wie krank und leer dieser Mensch ist.

Wir hatten keinen Kontakt, einmal litt ich, das andere Mal konnte ich heilen. Ich nahm alles an Informationen und Austausch wahr, ich wollte diese Last loswerden und ihm keine Macht, keinen Raum mehr schenken.

Ich fing an mich zu mögen, mich zu akzeptieren, mir zu vergeben, auch wenn es nur ganz kleine Schritte waren, es wurde besser.

Im Februar kam alles anders. Mein Vater lag auf der Palliativstation, ich fuhr auf den Krankenhausparkplatz, sah sein Auto, hab kurz gezögert, überlegt und dann beschlossen reinzugehen. Ich sah ihn im Kiosk stehen. Mutig (wohl eher voller Adrenalin) wie ich nach den Monaten der Erholung war, wartete ich und konfrontierte ihn direkt. Er hat sich total erschrocken. Ich fühlte mich so überlegen, da er nicht mit mir gerechnet hat. Wir haben ca. eine halbe Stunde geredet, er brach in Tränen aus, bereute alles, was er mir angetan hat (er wusste, dass er mich auf viele Arten verletzt hatte!!!). Es war mir wichtig, dass er es benannte.

Er erzählte mir, dass seine Mama ebenfalls auf der Palliativstation im Sterben lag. Wir beschlossen, auf die Station zu gehen, er fragte mich, ob ich mich von seiner Mama verabschieden möchte, er wusste, wie sehr mir seine Eltern fehlten. Ich habe mich bestmöglich um sie gekümmert oder war einfach nur für sie da. Ich ging mit rein, seine Schwester war auch dort, ich ging zur Mutter, streichelte sie, sprach mit ihr. Der Atem, der anfangs noch schwer war, wurde immer leichter, sie schlief friedlich in meinen Armen ein. Seine Schwester saß am Bett, er schaute zum Fenster raus, wir nahmen uns irgendwann in die Arme.

Wir sahen es als Zeichen, dass wir zusammen sein sollten. Er hatte noch ein paar Damen am Start, log da auch schon wieder. Im Endeffekt wurde es grausamer als vorher, vor allem viel rasanter und grenzenloser. Auch ich schrie, warf ihm ein Bild von mir nach und packte alles zusammen!

Als Wochen später mein Vater verstarb, wurde ich in der Arbeit darüber informiert. Ich rief ihn an und bat ihn, dass er bitte nach der Arbeit kommen solle. Er meinte, er würde abends lieber mit seinem Sohn Kartenspielen gehen, dies hätte er ihm schon versprochen. Da ich eh nicht bei ihm aufgewachsen sei, wäre das ja auch kein Thema, bei dem man trauern oder heulen muss.

Im August hatte ich eine Ferienwohnung auf einem Reiterhof gebucht. Ich fuhr mit den Kleinen hin, er kam irgendwann nach, war nur am Meckern, Saufen und schlechte Stimmung verbreiten. Nichts war gut genug für den Herrn. Irgendwann bat ich ihn, dass er fahren und uns nicht den nächsten Urlaub versauen soll. Nun ja, auch dies war Fügung, an diesem Abend verstarb unerwartet sein Vater, der im gleichen Haus lebte. Obwohl ich mich getrennt hatte, fuhr ich am nächsten Morgen zu ihm, ließ die Kinder am Hof betreuen und half ihm (sehr gerne). Danach wurde es aber meinerseits nichts mehr, wir haben uns oft gesehen. Ich war aber zu sehr auf dem Weg der Trennung, dadurch war er immer ekelhafter. Ich ließ mich weiter rumschubsen, fuhr wieder und brach den Kontakt ab, bis zum nächsten Versprechen.

Ich beschloss für mich, dies sind alles keine Gründe, um bei ihm zu bleiben und mich noch weiter kaputtzumachen. Das war kein Leben mehr, nur noch ein Überleben. Sollte es so sein, werde ich auch das überstehen und ihm nie mehr meine Angst zeigen. Ich bäumte mich innerlich auf und wollte endlich von diesem Horror befreit sein.

Ende 2022 ging ich zu meiner Hausärztin, sagte ihr, dass ich unbedingt, am besten sofort, freiwillig in eine Akutklinik gehen möchte, da ich keinen Lebenswillen mehr hatte und so nicht mehr weiterleben könne.

Meine Kinder hatten lange genug eine teilnahmslose, depressive, ängstliche Mama, die alles versuchte, um den Schein zu wahren. Da ich zwar alles über den Prozess, die Phasen wusste, aber immer mehr litt, nur noch überlebte, nicht mehr lebte und endlich wieder leben, lachen, lieben, fühlen wollte, wusste ich, mir hilft nur die direkte Konfrontation. Das war mein Segen!

Ich war anfangs total traumatisiert, verschlossen, ängstlich und verunsichert. Mein Psychologe (hübsch, gutes Alter, die Worte des Ex waren sofort wieder präsent im Kopf) war genau der Typ Mann, den ich als Gegenüber brauchte. Ich konnte ihn zunächst nicht mal anschauen, heulte einfach drauflos. Er fragte, ob es für mich in Ordnung wäre oder ich lieber eine andere Betreuung wünschte. Dies war mein Duell, erst hab ich total abgeblockt, aber er konnte sehr gut damit umgehen. Wenn ich eine Blockade aufbaute, stürzte ich diese mit seiner Hilfe ein. Ich kannte alle Lösungen selber, das merkte er auch schnell, nur das Fühlen war mein Gegner, den ich mit viel Liebe besiegen durfte.

Die Worte des Klinik-Chefs begleiten mich noch heute, wenn etwas schmerzt oder ich wieder wegschauen möchte: „Dort, wo es schmerzt, wenn man es zulässt, kann es heilen." Ich fühle es so sehr. Mir wurde dort und auch im Außen gesagt, welch positive, starke, präsente Ausstrahlung ich habe. Dies konnte ich anfangs nicht annehmen, da ich mich anders gesehen habe. Mittlerweile fühle ich es und kann es (mehr oder weniger) akzeptieren.

In diesen krassen, intensiven, schmerzhaften, wundervollen Wochen wurde ich so sehr mit allem konfrontiert, nur nicht damit, was er oder ich falsch gemacht hatten. Es ging darum, wo ich hinmöchte und dass der Fokus und die Entscheidung bei mir liegen, mir kommen heute noch die Tränen, welche Erlösung.

Obwohl ich aktuell großen Stress mit dem Ex-Mann habe (nach über sechs Jahren, wo es gut lief), da seine neue Partnerin Probleme damit hatte, dass wir uns der Kinder wegen gut verstehen, jetzt alles über Anwalt und Jugendamt läuft, bin ich stärker als je zuvor und kämpfe für die Kinder. Denn ich kenne dieses toxische Verhalten eines Partners ja aus der letzten Beziehung.

Heute, nach zwei Jahren ohne Kontakt, kam zu seinem Geburtstag eine E-Mail. Er ist traurig, nichts gehört zu haben, er liebe und vermisse mich so sehr. Früher wäre ich in Panik verfallen, hätte einen absoluten Zusammenbruch gehabt, mich bei ihm gemeldet, gratuliert und ... mich entschuldigt!

Heute lächle ich und wünsche ihm gedanklich Mitgefühl, vor allem aber durchströmt mich Dankbarkeit, dass ich den richtigen Weg gegangen bin. Es ist einer ohne ihn, absolut ohne Kontakt, denn wie oft hat dieses Drama so wieder begonnen und wurde immer schlimmer.

Ich habe eine enorme innere Kraft entwickeln dürfen, eine ruhige, positive innere Stärke, dass er es nicht wert ist, meine wertvolle Lebenszeit, wenn auch nur gedanklich, zu bekommen. Er war mein Meister in dem, was ich nie mehr möchte, ich bin durch ihn gewachsen. Ich kenne meinen Wert und bin für mich wertvoll geworden. Dieses Gefühl ist neu und so wunderschön.

Während des Schreibens kam für den Bruchteil einer Sekunde wieder das alte Gefühl, ihn schützen zu müssen. Nein, ich steh dazu, es gibt keinen Grund dafür. Im Gegenteil, ich sehe es als Geschenk, Teil dieses wundervollen Buches sein zu dürfen.

Ich wünsche dir, lieber Leser, liebe Leserin, alles erdenklich Gute für deine Zukunft.

Es hat alles seinen Sinn, selbst wenn es erstmal doof verpackt ist. Es wird alles gut, wenn man sich vor Augen hält, dass man dieses wunderbare Bauchgefühl schätzt und man ganz achtsam mit sich umgehen darf. Wir sind es wert, immer und immer wieder auf uns zu achten.

Der Blick nach vorne und der Gedanke, dass ich das Leben jeden Tag aufs Neue lebe und liebe, gibt mir die Kraft. Dankbarkeit, Ruhe und Beständigkeit erfüllen mein Leben täglich. Ich gehe allen Wünschen und Bedürfnissen nach und lebe ganz bewusst.

Ich wünsche dir lieber Leser, liebe Leserin, dass du es für dich schaffst, ein ruhiges, neues Leben fernab von dem negativen zu leben. Ich bin für diese Erfahrung dankbar, denn ich weiß jetzt, mein Bauchgefühl hat mich nie belogen, nur ich mich selber. Dafür habe ich mir vergeben sowie allen anderen, die es nicht besser wussten, als mir zu schaden. Sie haben mich gestärkt, es gibt ein Leben „danach" und das ist wundervoller, als es sich erträumen lässt.

Herzliche Grüße
Theresia Aiger

Medial sind bereits ganz viele Projekte zustande gekommen:
Zeitschriften wie der Stern, der Focus sowie viele
Tageszeitungen berichten über unsere Arbeit.

UNERHÖRTER HILFERUF

von Kerstin Care

Meine Geschichte beginnt vor gut zehn Jahren. Nachdem uns mein erster Ehemann ein paar Monate zuvor verlassen hatte und ich mit zwei kleinen Töchtern und einer überschuldeten Eigentumswohnung allein dastand. Ich hatte das Gefühl, nichts mehr wirklich im Griff zu haben.

Meine große Tochter war frisch eingeschult und hatte massiv mit ihrer ADHS zu kämpfen. Schon in den ersten beiden Schulmonaten hatte ich heftige Schwierigkeiten, sie dazu zu bringen, still am Tisch zu sitzen. Ihre Hausaufgaben konnte sie nur unter meinem aktiven Beisein erledigen. Kein „ich räume mal nebenbei die Spülmaschine aus" oder Ähnliches.

Töchterchen Nr. 2 hatte gerade erst laufen gelernt. Wir haben leider nicht direkt nach der Elternzeit einen Kita-Platz im Ort bekommen. Auf dem Weg ins Büro musste ich sie ein ganzes Stück in eine private Kita bringen und mittags wieder abholen. Zum Glück hielt sie noch häufig Mittagsschlaf und ich konnte die letzte Stunde im Homeoffice arbeiten. Zeit für mich: Fehlanzeige. Auch keine Zeit, nachrechnen zu können, wie es wirklich um meine Finanzen stand.

Also nahm ich Folgendes an: In Ehezeiten kamen wir gerade so über die Runden, also musste ich jeden Monat weit über meine Verhältnisse leben. Zu diesem Zeitpunkt hatte ich eine sehr reelle Angst vor Verarmung.

Auch mental fühlte ich mich am Ende meiner Kräfte. Gegessen hatte ich nur, wenn ich für die Kinder gekocht hatte. Mein Gewicht ging um mehr als 15 kg runter auf 45 kg.

Meine Freundinnen wohnten alle mehr als dreißig Minuten mit dem Auto entfernt, denn wir waren erst kurz vor der Trennung in eine Eigentumswohnung in einer fremden Stadt gezogen.

Und plötzlich hatte ich über eine Partnerbörse den vermeintlichen Ritter in der goldenen Rüstung gefunden. Mann Nr. 2 hat mir anderthalb Jahre lang den Himmel auf Erden bereitet. Etwa dreimal die Woche, oft nach der Arbeit, kam er zu mir. Half mir beim Kochen. Hat die tollsten Menüs kreiert. Während ich die Kinder ins Bett gebracht habe, hat er die Küche aufgeräumt, hat gekehrt (um die Kinder nicht mit dem Staubsauger wach zu halten), hat vom Tage Liegengebliebenes aufgeräumt.

Sein Sohn lebte bei ihm, war sehr höflich und wohlerzogen, hat gute schulische Leistungen erbracht, konnte sich gewählt ausdrücken. All dies hatte ich natürlich seinem Vater als geglückte Leistung zugeschrieben. Dass er nur deshalb alleinerziehend war, weil seine Frau erst zwei Wochen zuvor ausgezogen war, hatte ich erst später erfahren.

Dieser perfekte Gentleman bot mir nach etwa einem Jahr an, gemeinsam ein Haus in seinem Heimatort zu kaufen. Finanzielle Entlastung, Entlastung im Haushalt und mit den Kindern.

Alles schien perfekt. Er hat mir die buntesten Vorstellungen unserer gemeinsamen Zukunft beschrieben, hat zu all meinen Bedenken die passenden Antworten gehabt. Natürlich habe ich zugestimmt.

Der Tag des Umzugs in seinen Heimatort war gekommen und innerhalb weniger Tage fiel meine Traumwelt wie ein Kartenhaus in sich zusammen.

Sehr schnell hat er klargestellt, finanziell muss ich immer die Hälfte tragen, auch wenn er Gutverdiener und ich eine Standard-Teilzeitkraft war. Im Haushalt hat er nur das Notwendigste erledigt. Die Kinder waren nur so lange toll, wie sie sich unauffällig benahmen und man möglichst nichts von ihnen mitbekam. Ein guter Wein gehörte natürlich zu jeder Mahlzeit dazu, er musste ja nicht mehr von mir nach Hause fahren.

Schnell entstanden regelmäßige Streits darüber, ob Kinder lieber draußen, vielleicht sogar in einer Matschpfütze, spielen oder vor der Spielkonsole sitzen sollten. Anfangs fiel mir nicht auf, dass meine Grenze der Toleranz weit überschritten war, als er meine Kids mitsamt ihrer Matschkleidung, natürlich außerhalb des Grundstücks, mit dem Gartenschlauch so lange abspritzte, bis sich das letzte bisschen Dreck aufgelöst hatte.

Ich war der Meinung, den Kindern vorleben zu wollen, nicht zu jeder Mahlzeit Alkohol trinken zu müssen. Was er als massive Einschränkung seiner Persönlichkeitsentfaltung ansah und mir damit immer wieder aufzeigte, wie sehr ich scheinbar versuchte, ihn in seinem Wesen einzuschränken. Da dies in gewisser Weise korrekt war, nahm ich den Vorwurf an und fühlte mich schnell in vielen Situationen als die einzig Schuldige.

Ich versuchte, ihm meine Werte und Vorstellungen näherzubringen und wurde regelmäßig mit seinen sogenannten Tatsachen konfrontiert, die keinerlei Kompromisse oder gemeinsamen Konsens zuließen. Der kluge Mann musste dem dummen Frauchen die Welt erklären. Durch seine eloquente Art und sein großes Allgemeinwissen hatte ich tatsächlich angefangen, daran zu glauben, dass ich ihm unterlegen war und doch begreifen musste, welch große Bürde er auf sich genommen hatte, sich mit mir abzugeben, mich zu unterstützen, mir die Spielregeln der Welt zu erklären.

Eine seiner Ansichten war z. B., dass ich quasi eine Kriminelle sei, da ich den Kindesunterhalt von meinem ersten Mann auch in bar angenommen habe. Woraufhin Mann 2 mich so lange bedrängt hatte, bis ich eine Lohnpfändung vor Gericht gegen Mann 1 durchsetzen musste und damit letztlich monatlich weniger Geld zur Verfügung hatte als vor der Pfändung.

Außerdem quälte ich ihn extra mit der Anwesenheit meiner Kinder in den Wohnräumen. Da mir eine gesunde Mediennutzung wichtig war, durften meine Kinder keine digitalen Medien in ihren Zimmern verwenden, was dazu führte, dass sie sich viel im Wohn-Essbereich aufhielten, um dort die Elektronik zu nutzen, um ein Gesellschaftsspiel zu spielen oder sich von mir ein Buch vorlesen zu lassen.

Schon wenige Wochen nach meinem Umzug unternahm ich den ersten Trennungsversuch. Doch außer klaren Worten konnte ich nichts aufweisen. Ich hatte keine Möglichkeit, irgendwo mit meinen Kindern unterzukommen. Meine frühere Wohnung war vermietet. Meine bisherigen Freunde waren quasi nicht mehr existent, da Mann 2 mich monatelang an entsprechenden Kontakten gehindert hatte. Persönliche Kontakte waren gar nicht möglich, bei Telefonaten hielt er sich grundsätzlich im selben Raum auf und ging mir überall hinterher.

Digitale Kontakte wurden überwacht und teilweise verfälscht. Meine Familie vermittelte mir das Gefühl, meine zweite Chance doch nutzen zu müssen und wollte von Schwierigkeiten in der Partnerschaft nichts hören.

Finanziell war ich an Mann 2 gebunden und von ihm abhängig. Meine Wohnung aus erster Ehe trug sich gerade so selbst durch die Mieteinnahmen. Das gemeinsame Haus musste ich zu 50 % finanzieren, ebenso die Nebenkosten und sonstigen Lebenshaltungskosten. Natürlich wies er mich mehrfach darauf hin, dass mich ein Auszug aus dem Haus nicht von der Zahlungsverpflichtung an die Bank entbinde. Also musste ich zwangsläufig der Beziehung eine weitere Chance geben. Doch ich glaubte an das Gute im Menschen und war ein von Grunde auf sehr optimistischer Mensch.

Es folgten Monate/Jahre von „er hat es nicht so gemeint", „vielleicht bin ich doch einfach nur zu zimperlich", „wieso kann ich sein ‚helfen wollen' nicht als solches anerkennen?" oder „was stimmt mit mir nicht?".

In seiner Überzeugung ist „die Welt da draußen" wahnsinnig hart und die Kinder durften nicht „verzärtelt"/„weichgespült" werden, wie ich das anscheinend tat.

Meine erste Erfahrung mit körperlicher Gewalt hatte ich lange nicht als solche erkannt, da ich weder Knochenbrüche noch Hämatome davongetragen hatte. Meine zum damaligen Zeitpunkt 10-jährige Tochter duschte gerne lang und heiß. Doch kurz und kühl sei, Mann 2's Meinung nach, für uns Mädels völlig ausreichend. Es folgten Erklärungen zu armen Kindern, die gar keinen Zugang zu fließend Wasser oder gar Trinkwasser hatten. Wie gut es uns allen doch gehe und wir das gar nicht ausreichend zu würdigen wüssten.

Mann 2 stellte kurzerhand das warme Wasser ab. Protestschreie kamen aus dem verriegelten Badezimmer. Wutentbrannt stampfte Mann 2 die Treppe hoch, entriegelte die Tür mit einem Geldstück und stürmte ins Bad. Ich stellte das warme Wasser wieder an und versuchte, ihn so schnell wie möglich aus dem Badezimmer zu zerren. Ich erfuhr seine deutliche körperliche Überlegenheit. Mit dem Rücken zur Wand drückte er mir seinen Unterarm so lange, jedoch so sacht, dass keine Verletzungen zurückblieben, gegen meinen Hals, bis ich das Bewusstsein verlor, während er mir mit einem Blick voller Abscheu in die Augen sah.

Mir war klar, das durfte ich nicht tolerieren. Doch meine Versuche, ihm das begreiflich zu machen, endeten mal wieder darin, über „völlig normale Abläufe" belehrt zu werden.

Am nächsten Tag klingelte das Telefon und die Bio-Lehrerin meiner Tochter berichtete mir den gestrigen Vorfall mit „nacktes junges Mädchen unter der Dusche" und „erwachsener Mann, der die Tür entriegelt" und schlug vor, das Jugendamt zu informieren. Auch wenn die Situation weniger sexueller Natur war, als es den Anschein hatte, was ich auch richtiggestellt hatte, hatte ich doch gehofft, in irgendeiner Form Hilfe zu bekommen.

Das Jugendamt hatte schnell einen Fall von Kindeswohl-gefährdung eröffnet und einen Besuch avisiert. Ich hatte etliche „kleine Vorfälle" vorgetragen, wie lange böse Blicke, wenn ein Kind sich nicht vorbildlich verhalten hat, das Werfen von kleinen, leichten Gegenständen, wenn ein Kind einen Fehler gemacht und patzig reagiert hat, überzogene Strafen wie Essensentzug auf normale kindliche Fehler. Diese Dinge wurden notiert und es gab das Angebot, eine Familienhilfe in Anspruch zu nehmen. Diese wurde von meinem Mann abgelehnt. Da er sich dem Jugendamt gegenüber kooperativ und reuig gezeigt hatte, wurde der Fall schnell geschlossen.

Natürlich bekam ich es deutlich zu spüren, wie ich ihn „so hintergehen konnte" und dem Jugendamt auch noch „Futter gegeben" hatte. Er gehörte doch nicht zu „dem Pack", das vor dem Jugendamt Rechenschaft ablegen müsse. Allein mir gab er die Schuld daran, da ich nicht gut genug versucht hätte, die Lehrerin davon abzuhalten, das Amt zu informieren.

Ungefähr zu der Zeit fand ich, über einen kirchlichen Träger, eine Kindergruppe für Kinder aus Familien mit einem suchterkrankten Elternteil. In einem ersten Gespräch erkannten die Gruppenleiterinnen klare Tendenzen einer Alkoholabhängigkeit bei Mann 2 und nahmen meine beiden Mädchen auf. Sie leisteten hervorragende Arbeit und hatten mit den Kindern klar definiert, was sie sich von Erwachsenen gefallen lassen müssen und was nicht.

Mehr als ein weiteres Jahr verging, während in dieser Gruppe regelmäßig über Situationen zu Hause gesprochen wurde, die nicht akzeptabel waren. Also hatten sich die Gruppenleiterinnen erst mit mir besprochen und wir haben gemeinsam beschlossen, erneut das Jugendamt zu informieren.

Ein neuer Fall von Kindeswohlgefährdung wurde eröffnet. Auch in dem folgenden Gespräch hatte sich Mann 2 vorbildlich gezeigt, mehrfach darauf hingewiesen, dass er sich bereits entschuldigt hätte (was nie der Fall war) und er nun alles anders und natürlich viel besser machen würde. Uns wurde empfohlen, gemeinsam eine Suchtberatungsstelle aufzusuchen und eine Familienhilfe in Betracht zu ziehen.

Unter enormem Kraftaufwand und mit langem Gutzureden hatte ich es geschafft, dass er einer Familienhilfe zustimmt. Natürlich unter der Prämisse, dass sie hauptsächlich wegen der Schwierigkeiten mit meiner großen Tochter kam. Denn sie zerstörte ja offensichtlich die Familie.

Ich dachte, endlich muss ich mich nicht mehr allein gelassen fühlen und von der Außenwelt isoliert. Endlich war jemand da, der sich unvoreingenommen unsere Situation ansah und mit uns Lösungen suchte. Ich war unendlich froh und mir war klar, auch ich habe meine Baustellen. Doch ich hatte auch gehofft, Hilfe und Unterstützung in den Punkten zu bekommen, die meiner Meinung nach ganz klar als inakzeptabel eingestuft werden mussten.

Ich möchte an dieser Stelle klarstellen: Die Familienhilfe ist eine gut ausgebildete SPFH und hätte vermutlich in jeder gesunden Familienkonstellation vollkommen recht mit ihren Aussagen. Sie hat jederzeit versucht, unparteiisch zu sein und grundsätzlich sinnvolle Maßnahmen zur Selbsthilfe gegeben.

Doch in unserem speziellen Fall hat dies leider nicht funktioniert, da Selbstreflexion und Veränderungswille nicht gerade zu den Kernkompetenzen meines Mannes gehörten.

In ihrer Tätigkeit hat die Familienhilfe viele verschiedene Techniken und Möglichkeiten angewandt. Ich möchte mich dafür entschuldigen, diese oft sehr gut passenden Maßnahmen hier nicht zu erwähnen und in dieser Erzählung hauptsächlich auf die negativen, fehlgeleiteten Aussagen einzugehen.

Eine Aussage ist mir besonders im Kopf geblieben, da sie diese immer wieder in meine Richtung geäußert hatte. „Sie müssen sagen: Er reagiert NOCH nicht richtig." Grundsätzlich ein völlig harmloser Satz und die Worte gebe ich prinzipiell gerne wieder, da sie sehr positiv sind und schön implizieren „beim nächsten Mal macht er es besser". Gegenüber jeder anderen Person verwende ich diesen Satz gerne, die positive Intention dahinter konnte ich völlig nachvollziehen.

Doch wenn ich zum x-ten Mal erwähnte, dass ein für mich völlig inakzeptables Verhalten, wie zum Beispiel das Werfen von kleinen Gegenständen auf mich bzw. ein Kind, immer wieder durchgeführt wurde und ich niemals auch nur ein Innehalten an ihm beobachtet hatte, kein wahrnehmbares Nachdenken, kein aktiver Versuch, sich heute mal anders zu verhalten, keine Entschuldigung für sein Fehlverhalten, dann fühlte ich mich von solch einem Satz verhöhnt und nicht ernst genommen. Denn ich wollte ja ausdrücken, dass ich nicht mehr daran glauben konnte, dass er es beim nächsten Mal besser oder wenigstens anders macht.

Für Mann 2 war das natürlich ein gefundenes Fressen und ich konnte mich darauf verlassen, genau für diesen Satz immer wieder verhöhnt zu werden. Denn ich wurde zurechtgewiesen, während er sich galant von jeder notwendigen Veränderung distanzieren konnte. Mehr als ein „Sie sollten Strategien finden, um sich in diesen Situationen anders verhalten zu können" hat er daraufhin selten geerntet.

Mann 2 war beileibe nicht dumm und wusste sofort, in welchen Situationen er Kooperationsbereitschaft vorgaukeln musste. Er hat einfach nach außen hin zugestimmt und sich letztlich nie daran halten wollen, was er mir hinterher häufig sogar aktiv mitgeteilt hat.

Meine mehrfachen Erklärungsversuche, weshalb ich diesen Satz in diesem Zusammenhang fehl am Platz fand, wurden lediglich als Rechtfertigung aufgefasst. Meine vielfachen Versuche, meine Not darzustellen, endeten in der Regel mit einem Rüffel und der Aussage, dass dies in dem Zusammenhang nicht konstruktiv sei.

Für ihn war es eine Genugtuung, denn seine Überlegenheit sei ja so offenkundig zu erkennen und meine Aussagen seien so wertlos, dass noch nicht mal die Familienhilfe darauf eingehen mochte.

Recht zu Beginn der Maßnahme hatte die Familienhilfe uns Informationen aus dem Kurs „Starke Eltern – starke Kinder" geben wollen. Diesen hatte ich bereits vor der Trennung von meinem ersten Mann besucht und wusste noch, dass die Zielsetzung in etwa die Stärkung des Selbstvertrauens der Eltern als Erziehende, eine Verbesserung der Kommunikation innerhalb der Familie, klare Orientierung, Eigenverantwortung und die Suche nach altersentsprechenden Problemlösungen beinhaltet und präventiv gegen physische und psychische Gewalt wirken soll.

Es geht unter anderem um Fragen wie: Welche Werte gelten in unserer Familie? Welche Erziehungsvorstellungen haben wir? Welche Rolle spiele ich als Vorbild für mein Kind?

Bei all diesen Fragen konnte ich feststellen, wie ähnlich unsere Werte einerseits, doch wie unterschiedlich wir in der Herangehensweise waren. Sein wichtigster Wert war z. B.: „Kinder müssen Respekt vor den Eltern haben." Mein ähnlicher Wert lautete „respektvoller Umgang miteinander". Meine Hoffnung von Seiten der Familienhilfe in meinen Ansichten unterstützt zu werden, da sie im Sinne der Kinder handeln sollte, hatte sich immer wieder in Luft aufgelöst oder gar ins Gegenteil verkehrt. Sie hatte immer wieder betont, beide ausgedrückten Werte seien gleich gut und wir müssen uns lediglich einigen.

Vielleicht war ich tatsächlich uneinsichtig, aber für mich war klar, wenn ich meinen Kindern keinen Respekt entgegenbringe, kann ich auch nicht erwarten, dass diese mir respektvoll begegnen.

Da gab es für mich keinen Kompromiss, was ich in unseren gemeinsamen Gesprächen klar ausgesprochen hatte und dafür von der Familienhilfe offen gerügt wurde.

Das hat zu noch viel mehr Selbstzweifeln geführt, da ich regelmäßig den Eindruck gewann, tatsächlich mit meiner Denkweise völlig danebenzuliegen und scheinbar nicht in der Lage zu sein, Kompromisse zu schließen. Immer weiter geriet ich in einen Strudel aus Verwirrung und Verzweiflung, da ich meinen eigenen Fähigkeiten, richtig und falsch auseinanderhalten zu können, immer mehr misstraute.

Ich fühlte mich völlig hilflos. Ich las unzählige Ratgeber und hatte doch das Gefühl, mit meinen Aussagen immer falschzu-liegen. Ich bekam wahnsinnige Angst vor der Zukunft und wusste nicht mehr, wie ich diese so beeinflussen kann, wie ich es für richtig hielt.

Mehrfach wiederholte ich meinen Wunsch nach einer Trennung. Ich versuchte, eine Wohnung für mich und meine Kinder zu bekommen. Doch ich kannte vor Ort niemanden, der mir zur Seite stand, der mir mal meine Kinder abnahm oder jemanden mit einer zu vermietenden Wohnung kannte, der für mich eine Besichtigung wahrnehmen konnte, der mir Mut zusprach ... Ich fühlte mich völlig allein und isoliert.

Es war schon schwierig, unauffällig einen Termin mit einem Makler zu vereinbaren, diesen heimlich durchzuführen, war unmöglich. Häufig ließ Mann 2 mich einfach nicht aus dem Haus. Wenn ich es doch mal bis zur Besichtigung schaffte, hatte sich natürlich immer jemand Besseres gefunden als eine Alleinerziehende in Teilzeit, mit Schulden und mittlerweile drei Kindern.

Auch das wurde Teil unserer Gespräche mit der Familienhilfe. Dass Mann 2 jegliche Hinderung abstritt, war für mich nichts Neues. Doch die gleichgültige und herablassende Reaktion von der Familienhilfe traf mich tief. Ich hätte mir nicht genug Mühe gegeben und dürfte außerdem aktuell sowieso keine Trennung von meinem Mann durchführen, da die Maßnahme vom Jugendamt als den Zusammenhalt stärkend, die Kommunikation in der Familie fördernd und gute Elternschaft als Patchwork-Familie etablierend zum Ziel hat. Damit sei eine Trennung der Eltern verboten und die Maßnahme müsste sofort beendet werden, wenn ich das Thema nicht umgehend fallen lasse.

Die metaphorischen Gitterstäbe rückten ein Stück weiter zusammen und gaben mir noch mehr das Gefühl, keine Kontrolle mehr zu haben, der Situation hilflos ausgeliefert und gleichzeitig doch selbst schuld an ihr zu sein. Ich hatte große Zweifel, ob nicht doch ich die Böse sei. Ich kooperierte, obwohl sich alles in meinem Inneren dagegen sträubte. Wieso sah die Familienhilfe meine Not nicht? Wieso schien es niemand zu sehen? War doch ich diejenige, die nicht richtig tickt?

Wie für alle überraschend und schwierig, kam Corona und somit Homeoffice und Homeschooling. Alle bereits bestehenden Probleme verstärkten sich um ein Vielfaches, alles spitzte sich zu. Die Kinder kamen mit der Situation überhaupt nicht zurecht. Schulaufgaben wurden nur erledigt, wenn ich meinen kompletten Fokus auf das jeweilige Kind legte. Wir waren beide systemrelevant und mussten arbeiten gehen. Der Jüngste war frisch in der Krippe eingewöhnt und kam mit der Notbetreuung überhaupt nicht klar.

Überall fand ich leere Alkoholflaschen. Mann 2 konnte oft mittags schon keinen geraden Satz mehr zustande bringen. Er hatte, seit wir uns kannten, den dritten neuen Job und befand sich mal wieder in der Probezeit.

Die Familienhilfe besuchte uns weiterhin. Ob Alkohol ein Problem sei, konnte und mochte sie nicht beurteilen. Da wir ja unterschiedlicher Meinung waren, konnte sie uns nur raten, freiwillig bei einer Suchtberatungsstelle vorstellig zu werden. Diese erkannten das Problem, verwiesen jedoch darauf, dass die Einsicht vom Betreffenden selbst kommen musste. Die Mitarbeiter der Suchtberatungsstelle rieten uns beiden zu entsprechenden Selbsthilfegruppen. Durch die Corona-Kontaktbeschränkungen war es nicht einfach und erst recht nicht häufig möglich, an diesen teilzunehmen. Über die folgenden zwei Jahre bekam ich fünf Mal die Möglichkeit, bei einer professionell geleiteten Selbsthilfegruppe für Angehörige teilzunehmen und wurde darin bestärkt, auf meine Intuition zu vertrauen und meinen 2. Mann nicht weiter nach außen hin zu schützen. Diese Erfahrung ist rückblickend extrem wertvoll und hat mir wahnsinnig viel geholfen.

Noch in 2020, vermutlich in der zweiten Covidwelle, ging es meiner großen Tochter zusehends schlechter. Ich führte viele Gespräche mit ihr, doch sie verschloss sich immer mehr, bis ich wirklich Angst hatte, sie tut sich selbst etwas an.

Ich wandte mich an eine psychosomatische Kinderklinik und erwirkte innerhalb von drei Wochen die stationäre Aufnahme meiner Tochter. Dort wurden viele Themen mit ihr besprochen und aufgearbeitet. Hin und wieder wurde auch ich digital dazu eingeladen.

Viele der Probleme konnte ich leider nicht beheben, da diese bereits seit Monaten gemeinsam mit der Familienhilfe thematisiert wurden und nur sehr wenig bis keine Besserung eingetreten und für mich auch keine Veränderung für die Zukunft ersichtlich war. Daher beschloss ich schweren Herzens, sie in einer Wohngruppe über das Jugendamt unterzubringen.

Ich machte mir wahnsinnige Vorwürfe, sie nicht ausreichend geschützt und als Mutter versagt zu haben.

Sie kam in eine Gruppe mit sechs Jugendlichen in ähnlichem Alter, eine halbe Fahrtstunde entfernt. Ich war begeistert, dass sowohl der Bezugserzieher als auch der Gruppenleiter regelmäßig mit mir Gespräche führen wollten und das Kind positiv aufnahmen. Es wurde mir ganz klar mitgeteilt, was sich in unserem häuslichen Umfeld ändern muss, damit sie wieder nach Hause entlassen werden konnte und es wurde gemeinsam verschriftlicht.

Mit diesen Informationen ging ich in das nächste Gespräch mit der Familienhilfe und meinem 2. Mann. Wieder war ich der Meinung, es sei doch ganz klar und offenkundig, was geändert werden muss. Es waren Punkte, die jeder mit gesundem Menschenverstand nur bekräftigen und unterstützen konnte. Und wieder erntete ich völliges Unverständnis über meine Forderungen, denn diese seien ja nicht gemeinsam als Erziehende getroffen worden, sondern nur von mir und dritten Personen. Die Familienhilfe verstehe, wieso sich mein Mann dagegen sträubt.

Wieder einmal war ich völlig verwirrt. Es war doch offensichtlich, dass gewisse Dinge einfach nicht in Ordnung waren. Meine vielen Beispiele wurden von der Familienhilfe nicht konkret aufgegriffen, sondern es gab einmal mehr nur den Aufruf, sich zu einigen und einen Kompromiss zu finden.

Ich wusste nicht mehr, wie es weitergehen kann. Wie ich meine Kinder und mich schützen konnte. Keine Familie, die mich unterstützt. Keine Freunde. Niemand, der auch nur einen Hauch von einer Ahnung von unserer Situation zu haben schien.

Meinen Teilzeitjob, bei dem ich regelmäßig das Haus verlassen musste, nutzte ich, um heimlich auch etwas für mich zu tun. Ich ging z. B. ins Fitness-Studio. Diese Zeit tat mir gut. Hin und wieder Gespräche mit normalen Menschen. Blaue Flecken wurden beim Duschen oder Umziehen entdeckt und mir Mut zugesprochen. Auch die Selbsthilfegruppe gab mir Hoffnung. Die Zuversicht, vielleicht irgendwann einmal wieder anders leben zu können, wuchs.

Den letztendlichen Ausschlag gaben die Worte des Gruppenleiters der Wohngruppe meiner ältesten Tochter. Er kannte eine Familie, die von derselben Familienhilfe betreut wurde. Es wurde von ihr nicht erkannt, welch gefährliche Strukturen in der Familie vorhanden waren. Er berichtete kleine Ausschnitte davon, ohne verurteilend zu klingen. Ich fasste Vertrauen und er hörte sich meine Geschichte erst einmal in weiten Teilen an, ohne zu bewerten, ohne Kommentare, nur die ein oder andere Verständnisfrage. Er gab mir das Gefühl, sich tatsächlich für unsere Familiensituation zu interessieren und diese gemeinsam mit mir in Bahnen zu lenken, die mir die Möglichkeit gaben, mein Kind zurück zu mir nach Hause bekommen zu können.

Ich hatte das Gefühl, ernst genommen zu werden und wurde in meiner Ansicht unterstützt, gewisse Dinge seien einfach nicht akzeptabel, darüber kann es keine Diskussion geben. Er bestärkte mich, meiner Intuition zu folgen und bot mir die Möglichkeit an, auch mal kurzfristig im Besucherzimmer der Wohngruppe mit meinen beiden anderen Kindern unterzukommen.

Dieses Gespräch hallte lange in meinen Ohren nach. Ich beendete zeitnah die Zusammenarbeit mit der Familienhilfe. Ich durfte mich offiziell trennen.

Doch ganz so einfach war es leider trotzdem nicht. Ein ganzes weiteres Jahr meinte Mann 2, ich könne mich nicht einseitig von ihm trennen und er ist nicht zu einer Trennung bereit. Doch ich ließ mir immer weniger von ihm gefallen. Damit konnte ich manche seiner Manipulationen und irreleitenden Aussagen erkennen und mich dagegen wehren.

Allein die Vorstellung, irgendwann ohne ihn leben zu können, gab mir die Kraft, immer wieder aufrecht vor ihm zu stehen und klar meine Meinung zu sagen.

Irgendwann hatte ich es geschafft, abends wenn die Kinder bereits schliefen, das Haus zu verlassen. An meinem dritten Abend auswärts war Mann 2 der festen Überzeugung, ich würde ihm fremdgehen. Woraufhin er so wütend geworden ist, dass er mich beim Betreten des Hauses an den Haaren heruntergerissen und meinen Kopf mehrfach auf den Boden geschlagen hat. Wehren konnte ich mich nicht, meine Hände konnten ihn kaum erreichen, meine Beine waren unter meinem Körper. Mir blieb nur die Möglichkeit zu schreien. Meine damals 10-jährige Tochter stand irgendwann kreischend vor mir und sah hilflos zu. Mein 18-jähriger Stiefsohn kam heraufgerannt, schob meine Tochter zur Seite, riss seinen Vater von mir runter und drückte diesen so lange gegen die Tür, bis ich mich mit meinen beiden Kleinsten in einem Kinderzimmer verbarrikadiert hatte und die Polizei anrufen konnte.

Diesmal hatte ich die Kraft, die Polizei nicht einfach wieder wegzuschicken. Endlich war ich bereit, diesen aktuellen Vorfall zur Anzeige zu bringen und hatte einen Platzverweis gegen meinen Mann erwirken können. Das Ordnungsamt konnte diesen recht einfach verlängern und hat Mann 2 über seine tatsächlichen Rechte aufgeklärt, die so überhaupt nicht in sein Weltbild passten.

Endlich konnte ich aufatmen. Er durfte mich nicht kontaktieren. Er musste sich eine Unterkunft suchen.

Damit hatte zwar eine organisatorisch herausfordernde Zeit begonnen, doch ich bin jeden Tag glücklich, meine eigenen Entscheidungen treffen zu können und meine Kinder nun so begleiten zu können, wie ich es für richtig halte (zumindest wie es meine Zeit zulässt).

Unsere Wohnsituation ist inzwischen geklärt und die Scheidung läuft.

Hin und wieder habe ich Flashbacks und halte nach potenziellen Bedrohungen Ausschau. Dafür habe ich mir inzwischen Hilfe geholt und merke, wie ich meiner Umwelt nach und nach immer mehr Vertrauen schenken kann. Ich freue mich einfach nur, auf meiner Terrasse sitzen zu können, den Vögeln zuzuhören, frischen Kaffee zu genießen und glücklich und zufrieden zu sein.

Meine beiden Töchter haben den Kontakt komplett abgebrochen, der Kleine besucht seinen Vater regelmäßig. Um die Besuchszeiten festzulegen, haben wir ein Gespräch mit einer kompetenten Dame vom Jugendamt geführt und hervorragende Tipps, wie z. B. die Übergabe nicht persönlich, sondern über Sportvereine bzw. die Kita abzuwickeln, erhalten.

Die Große musste ich regelrecht bremsen, nicht sofort zurück zu uns zu ziehen. Sie hat das Schuljahr beendet und ist inzwischen wieder zu Hause. Es ist unbeschreiblich schön, wieder mit allen mir wichtigen Menschen vereint zu sein. Jeder Tag mit Kinderlachen im Haus ist ein Geschenk, das ich jetzt von ganzem Herzen wahrnehmen kann. Nochmal ganz von vorne anfangen.

Nicht immer ist Gewalt etwas, das man von außen sehen kann. Ich wünsche mir, dass du früher auf deine Intuition vertrauen kannst. Dass du es dir wert bist, dich nicht so behandeln zu lassen. Nimm Hilfe an, wenn sie dir angeboten wird.

Wenn du dieses Buch in Händen hältst, hast du vermutlich zumindest einen Anfangsverdacht. Völlig egal, ob es sich um deine eigene Beziehung handelt, die deiner besten Freundin oder deines Kollegen, komm bitte ins Handeln.

Auch wenn viele Monate vergehen, in denen es gefühlt keine Besserung gibt. Bitte bleib dran.

Sich aus einer solchen Beziehung zu befreien, kostet wahnsinnig viel Kraft und Zeit, um die innere Annahme, selbst die alleinige Schuld zu tragen, zu überschreiben. Sei nicht nur als Außenstehende(r) nachsichtig mit der betroffenen Person, sondern sei auch nachsichtig mit dir selbst.

Ich wünsche dir nur das Allerbeste für deine Zukunft.

Liebe Grüße
Kerstin Care

Auch das Radio berichtet über unsere Arbeit. Ich durfte bereits
bei Radio MKW eine eigene Sendung mit moderieren.
Der HR unterstützt unsere Aufklärungsarbeit ebenfalls.

NACHWORT

von Werner Niebel

Liebe Leserin, lieber Leser, nun bist du am Ende des Buches angekommen. Die Betroffenen haben ihre Leben offengelegt. Sie zeigen Mut und den Entschluss, nicht weiter in unfassbarem Leid ihr Dasein zu verbringen. Ihre Beherztheit konnte man an so vielen Stellen spüren.

Sicher machte dich manch eine der geschilderten Szenen so wortlos wie mich. Reden hilft! – war einer der Gedanken, der mir beim Lesen aufkam. Das Geschriebene gibt Betroffenen Aufwind und Zuversicht, die Courage aufzubringen, um das selbst Erlebte hinter sich zu lassen. Sich nicht dem Schicksal zu ergeben, sondern für die eigene Freiheit zu kämpfen.

Ich weiß, du kennst mich nicht. Daher stelle ich mich gerne vor. Ich bin Werner Niebel, erlebte keine häusliche Gewalt und wohne seit meiner Geburt (1961) im Odenwald. Auch hatte ich keine narzisstische Beziehung, jedoch arbeitete ich eine Zeit lang in einem Team, welches von einem narzisstisch veranlagten Menschen geleitet, gesteuert, ausgenutzt und manipuliert wurde. Alles endete in einem Scherbenhaufen, dessen Krönung der theatralische Abgang der Person war, auf die wir uns eingelassen hatten. Das ist lange her. Aus heutiger Sicht weiß ich, es war eine Episode des Lernens und Erkennens. Obwohl Narben in meiner Seele geblieben sind, profitiere ich noch heute von dem, was mir das Team beigebracht hat.

Ich möchte dir noch ein wenig mehr von meinem Leben erzählen, damit du besser verstehen kannst, wie es dazu kam, dass ich Svenja und den Verein aktiv unterstütze. Ich gebe dir Einblick in einige Seiten meiner Biografie, die mit etlichen Höhen und Tiefen die Wegbeschreibung eines Suchenden und Lernenden wurde.

Eine meiner Diagnosen heißt: rezidivierende Depression. Zum ersten Mal besuchte mich die „Schwarze Dame Depression" während meiner ersten Krebstherapie (2006). Während eines Klinikaufenthalts in Clausthal-Zellerfeld lernte ich Ariane kennen. Beide waren wir von Krebs gezeichnet. Ariane war im Gegensatz zu mir voller Hoffnung und verbreitete positive Stimmung. Mir hingegen erschien mein Sein auf der Welt ohne Sinn. Ari erfuhr leider keine Heilung und ihr Tod hat eine Lücke in mein Herz gerissen.

Es geschah in der Phase, als meine private und berufliche Situation sich von Tag zu Tag verschlechterte. Wenn ich Erinnerungen an meinen damaligen Arbeitsplatz aufrufe, wage ich anzunehmen, dass eine Person meine Hilflosigkeit in der Depression mit Raffinesse und Zielstrebigkeit verwendete, um meinen Platz einzunehmen. Es ist ihr letztendlich auch gelungen. Die Abwärtsspirale drehte sich schneller für mich. Viel zu schnell. Um ein Haar wäre es der „Schwarzen Dame Depression" gelungen, dass ich mein Lebenslicht selbst auslösche. Therapien, Kliniken, Medikamente und ein paar Menschen, die mir zur Seite standen, gaben Halt und Hilfe, um den Boden nicht vollends unter den Füßen zu verlieren. Der Gang zur SHG Angst Panik Depression (www.shg-apd.de) war einer der wertvollsten und wichtigsten Schritte, die ich in meinem Leben gegangen bin. Ansonsten wäre ich nicht mehr hier. Dort lernte ich über meine Krankheit zu reden. Wie eingangs schon einmal bemerkt: Reden hilft!

Eintauchen in einen Kreis von Gleichgesinnten, um frei über seine Gefühle reden zu können, hemmungslos zu weinen, in den Arm genommen zu werden und wieder Hoffnung zu schöpfen, das kannte ich bis dahin noch nicht. Zusprachen während der Gesprächskreise wirkten wie Balsam auf meine lädierte Seele. Ähnliches berichten auch die Betroffenen, die zu Svenja in ihre Selbsthilfegruppe gehen. Auch sie berichtet immer wieder von vielen heilenden Aspekten, denn: Reden hilft!

Es folgten Jahre der Veränderung. Meine erste Ehe wurde geschieden. Ich wurde Großvater, 2018 heiratete ich ein zweites Mal. Ein beruflicher Neuanfang als Fachkraft im sozialpädagogischen Dienst im Bereich „Ambulant betreutes Wohnen für Menschen mit seelischen Erkrankungen" bereitete mir Freude. Endlich konnte ich Beruf und Berufung vereinen. Einige der Menschen, die ich beruflich betreute, hatten Erfahrungen mit häuslicher Gewalt, ebenso wie einige Mitglieder unserer SHG Angst Panik Depression. Mir offenbarten sich Erlebnisse von Erniedrigungen, die neu für mich waren.

Erleichterung fanden die Erzählerinnen bzw. Erzähler, wenn wir uns lange unterhielten. In den Gesprächen versuchte ich niemals, alles zu ergründen oder mit nachhaken noch tiefer in das Erlebte vorzudringen. So verhalte ich mich auch heute noch. Was jemand sagen will, kommt zu Wort, wenn die Zeit dafür gekommen ist. Diese Erfahrung mache ich immer wieder. Im Jahre 2020 kam das abrupte Ende meines beruflichen Tuns. Zum zweiten Mal erkrankte ich an Krebs. Er kam als Speiseröhrenkrebs zurück. Im Jahr darauf verstarb mein Vater. Vielleicht kannst du verstehen, dass ich wieder am Abgrund stand. Freude, Mut und Zuversicht verpufften wie ein Streichholzfeuer im Sturm. Eine eisige Klammer legte sich um mein Herz und meine Seele. Doch ich habe nicht aufgegeben. Ein zweites Mal stellte ich mich der Erkrankung und folgte Therapievorschlägen, um Heilung zu erlangen.

Besonders Gespräche in der SHG haben dazu beigetragen, Mut und Hoffnung wiederzuerlangen. Reden hilft!

Die „Hilfe zur Selbsthilfe" kann eine tragende Säule zur Heilung sein. Mich begleitet sie seit Jahrzehnten und hat mich davor bewahrt, in den Fängen der „Schwarzen Dame Depression" unterzugehen. Vermutlich wird sie immer irgendwo in meiner Nähe sein, wenn auch nicht spürbar. Ich gebe acht, damit sie mich nicht erneut zu Boden wirft.

Das war ein kleiner Einblick in mein Leben. Es gibt noch viel zu erzählen von Hoffnungen, Wegbegleiterinnen, Erinnerungen, Herzerkrankung, Enttäuschung, Trauer, Schmerz, Freude oder Liebe. Bevor ich nun dazu komme, wie ein Funke von Svenja auf mich übersprang, teile ich mein Lebensmotto mit dir:

„Bei allem, was ich tue, vergesse ich die Liebe zu den Menschen nicht und höre auf mein Herz."

Am 14. Oktober 2023 fand die Begegnungsmesse in Reichelsheim (Odenwald) statt. Hierbei stellten sich Selbsthilfegruppen, Vereine, Einrichtungen und Fachkräfte vor, die Angebote im Bereich mentale Gesundheit oder Menschen mit Behinderungen bereitstellen. Svenja und ich kannten uns ein wenig, jedoch hatten wir noch keine gemeinsamen Aktivitäten durchgeführt. Kurz entschlossen rief ich sie an und fragte, ob sie Lust hätte, zusammen mit mir einen Vortrag zu gestalten. Ein klares „Ja" war die Antwort. An dem besagten Tag hielten wir unseren ersten Tandem-Vortrag. Im Wechsel brachten wir dem Publikum Informationen und eigene Erfahrungen in den Bereichen häusliche Gewalt und Depression nahe. Dabei ist ein Funke von Svenjas Engagement zu mir übergesprungen. Bei unseren Vorträgen geht es seitdem um die „Hilfe zur Selbsthilfe".

Durch unterschiedliche Leidenswege kam es zu Persönlichkeits-veränderungen, die einen positiven Einfluss auf unser Tun und Wirken mit sich brachten. Svenja ist wie ich durch schmerzvolle Ereignisse gestärkt und mutig geworden. Wir wünschen uns, dass all dies nicht umsonst war. Wir gehen an die Öffentlichkeit, um anderen zu helfen. Hinzu kam, dass wir uns auf Anhieb gut verstanden haben, weil wir an einem Strang ziehen und in die gleiche Richtung gehen. Unser Bauchgefühl hat einer engen Kooperation auf Anhieb zugestimmt.

Svenjas Leben ist dir, liebe Leserin und dir, lieber Leser bekannt und es wäre beinahe allzu früh durch Gewalt erloschen. Reden hilft! Als Svenja angefangen hat, über ihre Erlebnisse während der unglücklichen Beziehung zu reden, begann ihre Heilung. Kann man sich eigentlich von solch bitteren, schmerzhaften Ereignissen und Erniedrigungen erholen? Erfahren die verletzten Menschen mit ihren verwundeten Seelen jemals Heilung? Mag dies auch kein leichter Weg sein, ist es dennoch möglich, trotz des Erlebten ein glückliches Leben zu führen. Von meiner Tochter bekam ich eine Postkarte geschenkt, auf der das folgende Zitat steht:

„Das Geschenk des Lebens ist unschätzbar und ich bin es mir schuldig, sein Licht zu bewahren." (Antoine de Saint-Exupéry)

Oftmals las ich es in schweren Stunden. Was denkst du? Ist es nicht tatsächlich so, wie es der Autor des kleinen Prinzen beschrieben hat? Schon darum lohnt es sich, in Lebenskrisen alle Kraftreserven zu aktivieren, um sein Lebenslicht zu schützen. Selbst wenn es noch so aussichtslos erscheint: Aufgeben ist keine Option. Mögen die Stunden auch noch so hoffnungslos aussehen. Gib nicht auf und finde Menschen, die dir zuhören, deine Sorgen ernst nehmen und dir helfende Hände entgegenstrecken. Reden hilft!

Das Buch, welches du in Händen hältst, ist von Menschen geschrieben, die nicht aufgeben wollten. Sie alle ergaben sich nicht ihrem traurigen Schicksal, sondern erlangten eine neue Freiheit. „Chapeau" rufe ich euch zu. Ihr habt wahrhaft viel geleistet.

Dazu fallen mir ein paar Textzeilen ein. Das Lied „Du musst an dich glauben" von dem Duo Schneewittchen begleitet mich schon lange. Folgende Zeilen sind zu meiner persönlichen Mutmachhymne geworden:

„Du musst an dich glauben, wenn's auch keiner sonst tut. Du musst dir vertrauen und dazu brauchst du all deinen Mut. Du musst um dich kämpfen jede Stunde, jeden Tag, jede Nacht. Und manchmal einfach durchhalten gegen jeden Verdacht. Gegen alle Zweifel, die dich überfallen ..."

Aufstehen und sich nicht dem Schicksal hingeben. Das haben Svenja und die Autorinnen und Autoren dieses Buches gemacht. Reden hilft!

Auch wenn es eine unfassbare Überwindung kostet, sich auf den Weg zu machen und Hilfe zu suchen. Svenjas Tun und Wirken finde ich beeindruckend. Ihr unermüdliches Schaffen für Hilfesuchende, um Lösungen und Anlaufstellen zu finden, ist allgegenwärtig.

Als Betroffene kann sie sich einen Überblick verschaffen und gegebenenfalls weitervermitteln. Auch in diesem Punkt arbeiten und fühlen Svenja und ich gleich. Betroffene verstehen Betroffene schnell. Durch den jahrelangen Aufbau eines Netzwerkes zu Fachkräften, Institutionen, Kliniken, Sozialdiensten und Selbsthilfegruppen können wir in unserer SHG oftmals „auf kurzem Dienstweg" weiterhelfen bzw. weitervermitteln.

T.o.B.e.'s Netzwerk hat ebenfalls eine beachtliche Größe und es wächst weiter. Der bereits angesprochene Funke, der übersprang, hat eine Flamme zum Lodern gebracht.

Was kann ich tun, dachte ich mir und entschied mich, intensiv in das Projekt „Hilfeinsel" einzusteigen. Nicht selten stürzen Menschen als Folge von Gewalterfahrungen in psychische Krisen. Nahezu alle zwei Minuten wird in Deutschland ein Mensch Opfer von häuslicher Gewalt. Fast täglich versucht ein Partner oder Ex-Partner eine Frau umzubringen. Über vierzehn Frauen werden stündlich Opfer von Partnerschaftsgewalt. Unser Verein T.o.B.e. toxische Beziehungen überwinden e. V. hat mehrere Projekte gestartet, unter anderem: „Hilfeinsel bei häuslicher Gewalt". Menschen, die von häuslicher Gewalt betroffen sind, brauchen besonderen Schutz. Um das Sicherheitsgefühl zu stärken und um ihnen in Notsituationen zu helfen, werden in Städten und Gemeinden „Hilfeinseln" eingerichtet. Öffentliche Gebäude, z. B. Rathäuser, Apotheken, Fitnessstudios, Friseurläden, Geschäfte usw. werden mit dem Hilfeinsel-Aufkleber am Eingangsbereich ausgestattet. Er dient als Hinweis: „Hier bin ich sicher, hier bekomme ich Hilfe." Über einen QR-Code können Hilfesuchende Kontakt zum Verein aufnehmen oder in dem als Hilfeinsel gekennzeichneten Gebäude Schutz finden. Angestellte in diesen Gebäuden können für eine kurze Zeit einen geschützten Raum bieten und ein wenig zuhören. Von dort aus kann auch, wenn nötig, die Polizei angerufen werden.

Svenja und ich besuchen Bürgermeisterinnen und Bürgermeister sowie Landräte, um das Projekt vorzustellen. In unserer Region konnten wir schon etliche Rathäuser für das Projekt gewinnen. Die Installation der Hilfeinsel-Aufkleber machen wir ebenfalls zusammen und durften schon eine große Anzahl von Aufklebern verteilen und anbringen. Hinzu kommen Vorträge, um auf den Verein und seine Projekte aufmerksam zu machen.

Reden hilft! Häusliche Gewalt wurde viel zu lange totgeschwiegen. Jeden dritten Tag stirbt eine Frau durch die Hand ihres Mannes! Es ist an der Zeit, darüber zu reden, damit die schrecklichen Taten und Femizide aufhören. Die Protagonisten und Protagonistinnen von „Unglaublich, aber wahr" tragen zur Veränderung der Gesellschaft bei. Der Weg, der vor uns liegt, ist noch lang und beschwerlich. Jedoch werden mit der Zeit immer mehr Menschen aufmerksam werden, wenn in der Nachbarschaft „etwas nicht stimmt". Man wird nicht mehr schweigen, wenn innerhalb der Familie Schläge verteilt werden und die Verwandten und Bekannten Bescheid wissen. Ich bin davon überzeugt, dass die Zeit kommt und wir alle aufmerksam reagieren, wenn uns etwas verdächtig vorkommt. Der Zeitabschnitt des schnellen Wegschauens und des bewusst Nichtwahrnehmens wird irgendwann der Vergangenheit angehören. Wenn wir gemeinsam mit Fachkräften, Politik, Behörden und Institutionen aus dem Gesundheitswesen zusammenarbeiten, wird es zu positiven Veränderungen kommen.

Die „Hilfe zur Selbsthilfe" leistet einen erheblichen Beitrag dazu, dass wir unsere alltäglichen Belastungen bewältigen können und uns wohlfühlen. Auch hilft sie, eigene Fertigkeiten nicht nur zu erkennen, sondern auch anzuwenden und produktiv arbeiten zu können. Es geht um die Wiederherstellung bzw. Erhaltung der mentalen Gesundheit. Hier schließt sich der Kreis. Viele andere erlebten so wie ich auch, wie sich durch Reden die mentale Gesundheit langsam, aber stetig und nachhaltig verbessert hat. Der Verein, den Svenja gründete und die Gruppen, die sie ins Leben rief, tragen maßgeblich dazu bei, damit Betroffene von häuslicher Gewalt mentale Gesundheit erlangen und Seelenfrieden finden, um ihn in sich spüren und behalten zu können. Reden hilft!

„Bei allem, was ich tue, vergesse ich die Liebe zu den Menschen nicht und höre auf mein Herz."

Werner Niebel

Gruppensprecher und Moderator SHG Angst Panik Depression
EX-IN Genesungsbegleiter
Mitglied T.o.B.e. e. V.
Mitglied Unabhängige Beschwerdestelle Psychiatrie Odenwald

LEIDFADEN FÜR FACHLEUTE, DIE MIT KINDERN NARZISSTISCHER ELTERNTEILE ZU TUN HABEN

Ein Leitfaden – Augenöffner ... Was erfahren Betroffene täglich?

Unsere langjährige Erfahrung in der Selbsthilfe zeigt immer wieder die gleichen Probleme für Betroffene auf. Sie werden von Fachstellen wie Gewaltschutzzentren, psychosozialen Zentren, ja sogar in psychiatrischen Kliniken, bei der Polizei und bei Gerichtsverhandlungen nicht verstanden, ja abgewertet und mundtot gemacht. Nicht aus Böswilligkeit, sondern oft aus Unwissen, so subtil, heimlich und unerkannt läuft narzisstischer Missbrauch* ab. Mit verheerenden Folgen besonders für die involvierten Kinder, die sich weder wehren können und sich oft in einem Loyalitätskonflikt zwischen den Eltern befinden. Sie brauchen besonders kenntnisreich Hilfe.

Das Erkennen narzisstischer Familienkonstellationen ist nicht einfach, daher haben wir diesen Leidfaden entwickelt, der sich aus den realen Erfahrungen betroffener Elternteile zusammensetzt. Möge er zu einem Leitfaden, ja zum Standard zur Vermeidung struktureller (sekundärer) Gewalt werden und die Grundlage für ein besseres Verständnis von Betroffenen von narzisstischem Missbrauch werden.

* Narzissten sind Menschen ohne Empathie, mit großer innerer Leere, meist bedingt durch sehr negative Kindheitserlebnisse. Diese schmerzhafte Leere füllen sie laufend durch Ausnutzen von Beziehungen, vergleichbar mit Drogenabhängigen, die ihren täglichen Stoff benötigen. Narzissten brauchen dringend ihre wiederholte Dosis an Zuwendung, Bewunderung, Aufmerksamkeit, sie jagen andauernd danach und lenken sich dadurch von ihrem inneren Schmerz ab, sie kreieren gleichzeitig eine komplett ideale Selbstsicht, sie spielen, wer sie sein möchten, sie sind unecht, Lügen sind nichts Ungewöhnliches, Doppelleben sind häufig, Gewaltanwendung in extremen Situationen ebenfalls. Siehe auch Narzissmusradar.

Die gefährlichste Form des Missbrauchs ist der „Umgebungsmissbrauch" (die Art des Missbrauchs, die Narzissten so gut beherrschen). Er wird oft als „Verrücktmachen" oder „Gaslighting" bezeichnet und ist eine heimliche und subtile „unterirdische" Misshandlung, die manchmal sogar von den Opfern selbst unbemerkt bleibt, bis es zu spät ist. Er ist zweideutig, atmosphärisch und sehr schwer festzustellen oder nachzuweisen; daher seine heimtückischen und oft tödlichen Auswirkungen.

Emotionaler Missbrauch ist das Schüren einer Atmosphäre der Angst, Einschüchterung, Instabilität, Unberechenbarkeit und Irritation. Es gibt keine greifbaren Beweise für den Missbrauch, aber das Opfer spürt ständig ein schlechtes Omen oder eine Vorahnung des bevorstehenden Unheils. Dies geschieht durch subtile Andeutungen, durch Verwirrung, durch ständige und unnötige Lügen, durch ständiges Zweifeln und Herabwürdigen und durch das Erzeugen einer Atmosphäre der unendlichen Finsternis und des Unheils. Sie bestehen darauf, dass das Opfer nicht gesehen oder gehört hat, was sie getan haben, verstecken persönliche Gegenstände des Opfers, geben aber dem Opfer die Schuld, bestehen darauf, dass das Opfer bestimmte Dinge gesagt oder getan hat, die das Opfer in Wirklichkeit nicht getan hat. Die Opfer beginnen aber schließlich an ihrer eigenen Wahrnehmung der Realität zu zweifeln.

Langfristig zehrt dieses Umfeld am Selbstwertgefühl des Opfers und sein Selbstvertrauen wird schwer beschädigt. Oft beginnt das Opfer, sich paranoid und hochemotional zu verhalten, was es als geistig instabil und den Missbraucher als arme leidende Seele erscheinen lässt. Einige Beispiele für diesen Missbrauch wären das Vorenthalten von Zuneigung oder Intimität, das Verdrehen der Augen, wenn Sie Ihre Meinung äußern, oder die Kritik an Ihren Handlungen „zu Ihrem eigenen Besten".

Fachleute fallen oft auf Narzissten herein, die sich eloquent, unschuldig, nur das Beste wollend, präsentieren.

Fachleute nehmen oft Partei für den Narzissten und hacken in die gleiche Kerbe. Betroffene werden so ein weiteres Mal viktimisiert.

Warum Schulungen für Fachstellen?

Wir haben es uns auch zur Aufgabe gemacht, Fachleute zu schulen, um ihnen die Augen zu öffnen für genau dieses „schleichende Gift" des narzisstischen Missbrauchs. Einmal erkannt und durch Hintergrundwissen vermittelt, ist es ein Leichtes, mit Narzissten umzugehen und Betroffenen wirksam zu helfen. Diese sind unendlich froh, verstanden zu werden und nicht als die, „die spinnen" hingestellt zu werden. Effektive Hilfe von Fachstellen kann das Leben betroffener Kinder und Jugendlicher zum Besseren wenden helfen. Fortlaufende Seminare für die Rechtsanwaltskammer, Richter und Polizei bestätigen uns in unserer Präventionsarbeit.

Programminhalt
Das Schulungsprogramm ist kostenlos (wir arbeiten streng ehrenamtlich – wir sind Mitglied des Dachverbands Selbsthilfe in Tirol). Es dauert ca. 3,5 Stunden und kann in Räumlichkeiten der InteressentInnen stattfinden. Wir leuchten dabei die Hintergründe aus Betroffenensicht aus, vermitteln ein von uns entwickeltes Erkennungsinstrument (Narzissmusradar), erklären den untenstehenden Leitfaden und beantworten natürlich konkrete Fragen.

Unser Ziel
Hunderte von Begegnungen haben uns bestätigt, dass dieser Ansatz sehr wirksam sein kann. Wir kombinieren unsere Erfahrungen als selbst Betroffene und Leiterinnen der Selbsthilfegruppen mit dem Fachwissen der professionellen Beratungsstellen. Das Ziel ist die Aufklärung, wirksame Hilfe und Prävention von narzisstischem Missbrauch, den Frauen, Männer, Mädchen und Buben tagtäglich erfahren.

Wer sind wir?

Wir sind die Begründerinnen der Selbsthilfegruppen Tirol (Oberland, Unterland, Innsbruck, Kärnten, Steiermark und Südtirol). Die Gruppe Innsbruck besteht seit 2019 und das Bedürfnis nach Austausch und Verstandenwerden ist riesig. Wir wurden und werden überrannt.

Dipl.-Pädagogin Renate Apollonia Mitterer, langjährige Geschäftsfrau, Gruppensprecherin Selbsthilfe für Betroffene von narzisstischem Missbrauch, strategische Multiplikatorin für Tirol, Südtirol und übriges Österreich, Buchautorin „Narzissmus überlebt"

renateapollonia@gmail.com

Dr. phil. Christine Merzeder Msc, MAS, exec. MbA, leitende Positionen und weltweite Tätigkeit im Gesundheitswesen, Hochschuldozentin, Geschäftsfrau, Gruppenkoordinatorin Selbsthilfe für Betroffene von narzisstischem Missbrauch, Bestsellerautorin „Wie schleichendes Gift" und „Gegengift

cmerzeder@me.com

Selbsthilfegruppen

Für Betroffene von narzisstischem Missbrauch

Innsbruck
Oberland
Unterland

Leitfaden
Protokoll der Auswirkung von struktureller Gewalt

Ein junges Mädchen (13) kommt nach langer Zeit der Selbstverletzungen in eine psychiatrische Klinik. Dort begeht sie nach 7 Wochen Aufenthalt einen Selbstmordversuch. Die Mutter, mittlerweile gut aufgeklärt über die Auswirkungen narzisstischer Manipulation seitens des Vaters auf sie selbst und ihre Tochter, informiert die Fachleute darüber. Fachleute, von denen sie sich in erster Linie Verständnis und Hilfe verspricht. Das Gegenteil war und ist der Fall. Umseitig die von ihr erfahrenen Reaktionen struktureller Gewalt.

Erlebtes Verhalten von Seiten der Fachstellen	Mutter/Tochter/ Aktionen	Institutionelle Gewalttaktiken
„Es kann ja nicht Ziel sein, den Vater zu verteufeln"	Suizidgedanken wurden stärker anstatt besser nach 7 Wochen stationärem Aufenthalt. Lange hielt ich meine Gedanken und auch Befürchtungen, dass dies passieren würde, zurück, aber nun musste ich darauf hinweisen, ob es eventuell einen Zusammenhang geben könnte zwischen narzisstischem Verhalten des Vaters und den Schuldgefühlen des Mädchens	Nicht ernst nehmen, lächerlich machen

Erlebtes Verhalten von Seiten der Fachstellen	Mutter/Tochter/ Aktionen	Institutionelle Gewalttaktiken
Verschickte Informationen zum Einlesen über verdeckten Narzissmus und seine Auswirkung auf Kinder las die Therapeutin nicht, weil sie „Kopfweh" hatte.	Mutter: meine Hoffnung auf Aufklärung verpuffte im Nichts	Ignorieren, „mauern"
Die Familien-begleiterin meinte, für sie spiele es keine Rolle, dass der Vater ein Narzisst sei.	Eine Fachkraft wie die Familien-begleiterin weigert sich hartnäckig, meine Bedenken in Richtung narzisstischer Persönlichkeits-störung ernst zu nehmen – wo doch bekannt sein sollte, welch massive Zerstörungskraft in derartigen Menschen steckt und sich die Auswirkungen seit Mai im Verhalten der Tochter bemerkbar machen.	Regelgerichtetheit vor Verständnis Bürokratie

Erlebtes Verhalten von Seiten der Fachstellen	Mutter/Tochter/ Aktionen	Institutionelle Gewalttaktiken
Mutter wird beschuldigt, dem Vater den Kontakt zur Tochter vorzuenthalten, weil sie selbst eine traumatische Kindheit hatte.	Ich habe als Mutter alles versucht, um einen gesunden Kontakt für eine wünschenswerte, tragende Vater-Tochter-Beziehung aufrechtzuhalten.	Gaslighting: Eine „fachliche" Meinung als Killerphrase verwenden, um die Mutter mundtot zu machen. Schuldumkehr
Familienbegleiterin findet es nicht anstößig, dass der mittlerweile getrennte Vater keine eigenen Betten/Zimmer für die Kinder hat. Bedenken und Wünsche der Tochter haben kein Gewicht bei den involvierten Fachleuten.	Ich finde es bedenklich und es ist mir nicht recht, dass die Tochter, die sich auch bereits körperlich zu verändern beginnt, im gleichen Bett mit dem Vater schläft. Auf der Ausziehcouch im Wohnzimmer möchte sie nicht schlafen, weil diese unbequem ist.	Gleichgültigkeit, Regelgerichtetheit Parteinahme für den Vater
Schauen Sie doch Ihr Schicksal an, das ist eine Generationen-wiederholung und hat nichts mit Narzissmus zu tun.	Tochter: „Vielleicht hat die Therapeutin ja recht und ich bilde mir das mit Papa alles nur ein."	Ignorieren des Erlebens der Tochter und zitieren einer „fachlichen" Meinung als Killerargument („Küchen-psychologie")

Erlebtes Verhalten von Seiten der Fachstellen	Mutter/Tochter/ Aktionen	Institutionelle Gewalttaktiken
Es interessiert uns nicht, ob der Vater ein Narzisst ist, das Besuchsrecht muss eingehalten werden.	Tochter: Die Therapeutin steht doch immer auf Papas Seite und will mir alles ausreden, was war. Sie glaubt, nach zwei Treffen mit ihm und ihr ist alles wieder gut.	Gleichgültigkeit, Regelgerichtetheit Desinteresse an der Meinung der Mutter, fehlende Empathie
Es gelingt ihm, vor allem Fachpersonal in der Klinik den bemühten, hilflosen und sehnsüchtigen Vater zu spielen.	Tochter fühlt sich in ihrem Schmerz vom Vater und dem Personal nicht wahrgenommen und spürt diese Ambivalenz, sie meint, sie hätte sich alles nur eingebildet.	Fachleute gehen dem Theater eines Narzissten regelmäßig auf den Leim aus Nichtwissen und Ignoranz gegenüber informiertem Input seitens der Mutter
Familienbegleiterin: Gell, es ist alles okay bei Papa ...	Tochter sagt nur ja, sie traut ihren Gefühlen nicht mehr. Sie ist verwirrt und weiß nicht mehr, wem sie glauben soll.	Problemen verbal ausweichen, Recht haben wollen, das System verteidigen

Erlebtes Verhalten von Seiten der Fachstellen	Mutter/Tochter/ Aktionen	Institutionelle Gewalttaktiken
Eine Therapeutin: „Was haben Sie sich dabei gedacht, dass Sie mit Ihrer Tochter nach einem Besuchstag beim Vater in die Klinik gefahren sind? Die Kinder machen das halt so, geben Schmerzen an, wenn sie vom Vater zur Mutter zurückkommen. Die Kinder wollen die Mutter einfach triggern." Mutter: Dieses Verhalten ist einfach nur grenz-überschreitend und übergriffig und gibt meiner Meinung nach demjenigen den Raum und die Macht, dessen passiv aggressives und depressives Verhalten dazu geführt hat, dass das Mädchen jetzt dort ist, wo sie ist.	Mutter: Ich musste mich rechtfertigen, dass ich aus medizinischen Gründen nach einem Besuchstag beim Vater in die Klinik gefahren bin, weil sie vor Schmerzen klagte. Ich musste mich bei einem Familiengespräch und Anwesenheit des Vaters rechtfertigen, warum ich auf die Taktiken der Tochter hereingefallen bin. Es entsteht der Anschein der hysterischen Mutter, während wiederum Partei für den Vater ergriffen wird. Zitat der Tochter: Der Papa ist der Hauptgrund dafür, dass es mir so schlecht geht und ich in der Klinik gelandet bin. Niemand scheint dies zu verstehen, sagen kann man das auch niemandem.	Eine „fachliche" Meinung als Killerphrase verwenden, um die Mutter mundtot zu machen Die Mutter kämpft um Verständnis und fühlt sich wie in einem Hamsterrad

Erlebtes Verhalten von Seiten der Fachstellen	Mutter/Tochter/ Aktionen	Institutionelle Gewalttaktiken
Kinder- und Jugendhilfe: Niemand nahm sich Zeit und machte sich die Mühe, wirklich hinter Fassaden zu blicken und Hilferufe ernst zu nehmen, ohne eigene Interpretationen, Interessen oder Thesen voreilig einfließen zu lassen?	Mutter: Von der Institution bin ich maßlos enttäuscht. Die Einrichtung bietet nicht denen Schutz und Unterstützung, die es brauchen – in meinem Fall wird hier „Täterschutz" betrieben, ich muss das hier in aller Klarheit so sagen. Hier gibt es keinen Opferschutz. Ich bin mit den Kindern weiter dem Psychoterror ausgesetzt, wobei er sich direkt gegen mich richtet – und ich soll jeden Tag bei anhaltendem Terror die Kraft aufbringen, meinen inneren Druck, die Wut und Verzweiflung so zu unterdrücken, dass die Kinder nichts mitbekommen?	Institutionelle Gleichgültigkeit, Regelgerichtetheit Strukturelle Gewalt

Erlebtes Verhalten von Seiten der Fachstellen	Mutter/Tochter/ Aktionen	Institutionelle Gewalttaktiken
Der Narzisst terrorisiert weiter: bezahlt Rechnungen nicht, antwortet nicht auf E-Mails, ändert nichts an seiner Wohnsituation, bringt die Kinder verspätet zurück, besucht gegen ihren ausgesprochenen Willen die Tochter in der Psychiatrie täglich und erzählt herum, wo sie sich aufhält, bringt Freunde dazu, Gefährdungs- meldungen gegen die Mutter einzureichen u. v. m.	Mutter: Der Narzisst bekommt täglich Schützenhilfe von den Fachleuten, ihm wird geglaubt, der Mutter nicht. Die Tochter wird laufend überhört und ihr wahrer Seelenzustand wird nicht thematisiert und erkannt.	Siehe narzisstische Taktiken im Narzissmusradar Der Zustand der Tochter verschlechtert sich in der Klinik und sie versucht, sich das Leben zu nehmen. Sie kommt anschließend für Wochen auf eine geschlossene Abteilung. Am Ende des Klinikaufenthaltes ist die Tochter gegen die Mutter und glorifiziert den Vater. Nach der Entlassung ritzt sie sich wieder.

Quellen:

Long, S, 2006, Organizational Defenses Against Anxiety: What Has Happened Since the 1955 Jaques Paper? International Journal of Applied Psychoanalytic Studies Int. J. Appl. Psychoanal. Studies 3(4): 279–295 (2006) Published online in Wiley InterScience (www. interscience.wiley.com) DOI: 10.1002/aps.111

Menzies-Lyth I. The functioning of social systems as a defense against anxiety. In: Menzies-Lyth, Containing Anxiety in Institutions. London: Free Association Books, 1988; 43–85.

NARZISSMUSRADAR ("NARCDAR")

"Man sieht nur, was man weiß"
Arbeitspapier/Anwendbares "Tool"
für PraktikerInnen

Denken Sie daran: Wenn der Narzisst eine Person nicht manipulieren kann, ist sie für ihn/sie wertlos. Fremdbeobachtung und Einschätzung: "Wir stellen mit diesem Instrument keine medizinische oder psychiatrische Diagnose, sondern halten wiederholtes, beobachtbares und beschreibbares Verhalten fest." Verhalten, das negative, ja destruktive Auswirkungen auf Betroffene hat und auf narzisstischen Missbrauch hinweist.

Gebrauchsanleitung:

Der Narzissmusradar stellt in der Spalte 1 links das Empfinden Betroffener dar, dann das beobachtbare und wiederholte Verhalten der Narzissten, dann die Haltung, ganz rechts sind dann die bekannten Schlüsselwörter für narzisstisches Verhalten aufgeführt.

Entwickelt durch: Dr. phil. Christine Merzeder und
Dipl.-Pädagogin Renate Apollonia Mitterer
Version April 2024

Quellenangaben bei der Erstautorin: cmerzeder@me.com

Rückmeldungen und Ergänzungen erwünscht

Auswirkungen auf Betroffene	Beobachtbares, beschreibbares, wiederholtes Verhalten
Ideale Ausgangslage: „Liebe auf den ersten Blick"	Lob, Komplimente, Flirten, Herausstreichen der Gemeinsamkeiten „Seelenverwandtschaft" Intensives „Aushorchen" der „Zielperson", getarnt als Interesse
Man ist hingerissen, hat aber öfter ein komisches „Bauchgefühl" Man fühlt sich gebauchpinselt, dass man so begehrt und einzigartig ist, das „Helfer-Retter-Gen" wird aktiviert	Schnelles Zusammenziehen, schnelle Heirat/Kinder Betroffene „leihen" dem Narzissten Geld, arbeiten mehr, setzen sich für ihn/sie ein, verteidigen ihn/sie
Man fühlt sich so gut, weil man „besser" ist als die früheren PartnerInnen des Narzissten	Negatives Reden über frühere PartnerInnen, die/den Ex. Sich darstellen als Opfer
Erste Irritationen bei kritischen Bemerkungen und Kleinigkeiten im Alltag. Betroffene gehen oft darüber hinweg, tun sie als „Kleinigkeit" ab	Kritisiert Verhalten, speziell solches, das früher gelobt wurde

Verhalten/Haltung	Schlüsselwörter
Charmebolzen „James Bond" Charismatisches oder „verletzliches"/hilfsbedürftiges Auftreten oder „Barbie" = zu rettendes Wesen	Love Bombing, glorifizieren der „Zielperson"
Betroffene haben schon „angebissen", wenn sie sich geschmeichelt fühlen „Endlich hat man den Traumpartner gefunden" und will ihn/sie nicht so schnell loslassen	Future-Faking mit dem Ziel, es Betroffenen schwer zu machen, sich aus der Situation zu lösen
Schuld sind immer die anderen, keine Übernahme von Verantwortung	Opferhaltung, Mitleidheischer
Entwertung des Gegenübers, Energieräuber	Red flags, erste Warnzeichen

Auswirkungen auf Betroffene	Beobachtbares, beschreibbares, wiederholtes Verhalten
Betroffene hinterfragen ihre Wahrnehmung, sind froh, den Narzissten als „Hilfe" im Leben zu haben.	Verneint den Sachverhalt, auch wenn handfeste Beweise auf dem Tisch sind
Erste Zusammenbrüche	Schiebt die Schuld auf andere/ äußere Umstände
Der/die Betroffene schöpft Hoffnung, findet sich selber im Unrecht, vergibt, versucht, das „abnormale Verhalten" mit normalen Erklärungen zu versehen	Lügen
	Manipulation am Auto
	Gift ins Essen
	Es gibt wieder eine ruhigere Phase, Versprechungen, sich zu ändern, sich zu bessern, ja sogar, in Therapie mitzukommen
Betroffene sind komplett sprachlos bei den Abwertungen, Stimmungsschwankungen, neue Regeln, Ungereimtheiten	Verliebte Betroffene ist im Zweifel, macht Zugeständnisse, alles dreht sich nur um den/ die N
Sie bemerken nicht, dass es schon vorher Warnzeichen gab, über die hinweggegangen wurde	Betroffene „atmen" auf, schöpfen Hoffnung, wenn es wieder eine gute Phase gibt, „klammern" sich an den/ die N., „arbeiten" hart und härter, machen finanzielle Zugeständnisse

Verhalten/Haltung	Schlüsselwörter
„Langsame Form der Gehirnwäsche", „Schleichendes Gift" Bewirkt beim Betroffenen das Anzweifeln der Realität Gebraucht bizarre Ausflüchte, für die ein normaler Mensch kein soziales Antwortrepertoire hat	Gaslighting Sich selber als bemitleidenswertes Opfer darstellen
Macht sich rar, antwortet nicht, ist für Tage unauffindbar, kann sich doch „nicht ganz für Beziehung entscheiden" Drohen mit Verlassen Taucht aus „Versenkung" auf mit roten Rosen und/oder Versprechungen	Breadcrumbing Drohungen Betonen der Einzigartigkeit des/der N. Betroffene schöpfen wieder Hoffnung, dass es so werde wie in der ersten Phase

Auswirkungen auf Betroffene	Beobachtbares, beschreibbares, wiederholtes Verhalten
Anschuldigungen nehmen zu: „Betroffene" wehrt sich und möchte beweisen, dass es mit der Anschuldigung nichts auf sich hat, bis zur Erschöpfung Schämt sich für den Narzissten	Betroffene wehren sich zu Beginn, üben Kritik, regen zur Selbstreflexion des N. an, stoßen in unendlichen „Klärungsgesprächen" auf taube Ohren und null Verständnis, ja Schuldumkehr
Die Kontrolle über Zeit und Tätigkeiten nimmt zu, dauernde SMS/WhatsApp, Tracker am Mobiltelefon/Auto	Verhalten und Normen in kleinsten Details werden vorgeschrieben und kontrolliert
Betroffene werden von Familie und Umfeld isoliert, geben Hobbys und Kontakte auf, werden arbeitsunfähig Betroffene melden sich bei Fachleuten um Hilfe	Redet schlecht über andere, gaukelt Betroffenen die Abneigung von Freunden und Familie vor bei Fachleuten wird ihre Kompetenz/Zuständigkeit „in den Himmel" gelobt Er/sie zeigt sich von der besten Seite Er/sie flirtet mit Fachpersonen

Verhalten/Haltung	Schlüsselwörter
Verträgt keinerlei Kritik, Majestätsbeleidigung, will immer recht haben, kennt keine Entschuldigungen, keine Reue, redet sich immer heraus	Empfindlichkeit, Kränkbarkeit Schuld sind immer die anderen
„Coercive-Control" = Bestrafende Kontrolle, selbsternannte Machtinstanz	Betroffene passen sich noch mehr an, machen nichts mehr ohne die Erlaubnis des/der N.
Mobilisiert und manipuliert andere als „flying monkeys" Schafft Abhängigkeiten, macht materielle Versprechungen Präsentiert sich vor Fachleuten als kompetent, besorgt, liebenswert, charmant, pseudo-empathisch	Triangulation Anschwärzen, verleumden, anklagen Name-Dropping Autoritäten zitieren, um bei Fachleuten zu punkten, sie einzuschüchtern

Auswirkungen auf Betroffene	Beobachtbares, beschreibbares, wiederholtes Verhalten
Betroffene ziehen trotz Widerstands oder heimlich Fachleute hinzu	Er/Sie lässt sich kaum auf Vereinbarungen ein oder sie werden nicht eingehalten
	Juristische Verfahren werden mit allen Mitteln hinausgezögert, „Nebenschauplätze"
	Verzerrung der Tatsachen, sodass Sie sich im Unrecht fühlen oder mindestens „baff" sind
	Er/Sie erweckt Schuldgefühle bei Ihnen („Verfahrensfehler")
	Er/Sie bricht den Kontakt ab oder entzieht sich laufenden Verfahren durch „Krankheit und Unfall", Angabe von Schicksalsschlägen oder durch kriminelle Machenschaften
Betroffene entdecken Ungereimtheiten, Unwahrheiten, konfrontieren unter Umständen den N	Kleinkriminalität, zahlreiche Überschreitungen (Strafzettel fürs Parken, Steuerhinterziehung)
Wollen Klarheit	Lügen, Doppelleben, kriminelle Energie

Verhalten/Haltung	Schlüsselwörter
Manipulation (auch von Fachleuten) Wenn Sie nicht locker lassen oder auf Fakten bestehen, kritisiert er/sie Ihre Autorität oder Fachkompetenz/ Zuständigkeit Fachleute zweifeln ihre eigene Kompetenz/Erfahrung an Kompetenz wird „bewiesen" oder „nachgewiesen" Verlangt nach Ihrem Vorgesetzten, benennt „wichtige Leute", die er kennt	Passive Aggressivität Drohungen mit Autoritäten Schuldumkehr, Victim blaming Name-Dropping
Projektion eigener negativer Eigenschaften auf das Betroffene, dreht den Sachverhalt um Neid auf Andere	Verdrehen von Tatsachen Bestehen auf Privilegien „Entitlement"

Auswirkungen auf Betroffene	Beobachtbares, beschreibbares, wiederholtes Verhalten
Verbindlichkeit zu erreichen, ist ohne Erfolg („Pudding nageln"), Verzweiflung, Erschöpfung, Mehreinsatz	Aktionen stimmen nie mit Versprechungen überein Diverse Vorstrafen, Bagatellstrafen, N. brüstet sich mit Errungenschaften Drohungen bei Mitwisserschaft
Betroffene sind froh um wiederkehrende „gute Zeiten", wie es „früher war"	Narzissten geloben Besserung, verhalten sich wie gewünscht für kurze Zeit
Vergebung, geben von noch einer oder mehrerer Chancen, verausgaben sich materiell, arbeiten bis zum Umfallen	Erweckung von Empathie und Schuldgefühlen Einfordern von vermeintlichen Ansprüchen oder Wiedergutmachung vermeintlichen Unrechts
Betroffene sind komplett erschöpft vom Zyklus des Idealisierens, der Entwertungen, des Kleinmachens, der Schuldzuweisungen, Anprangerungen Wutausbrüche, Gewalt, Lügen, Unwahrheiten, Kontrollverhalten, soziale Kontrolle	Kontrolle der Finanzen, Handy, Computer, Kameras Vernachlässigung Zahlungsrückstände (Alimente)

Verhalten/Haltung	Schlüsselwörter
Betrug, Fälschungen	Lügen
Vorspiegelung falscher Titel und Beziehungen	Manipulation, emotionaler Missbrauch, seelische Erpressung, Mobbing
Doppelleben	
Veränderungen sind nie dauerhaft, „es wird immer schlimmer"	Onboarding, Gaslighting
Mitleid heischen	Guilt-tripping
Krankheiten und Schicksalsschläge vortäuschen	Schwäche vorspielen
Machtausübung muss erhalten bzw. gesteigert werden	Stalking/Cyberstalking
	Manipulation
Geldhahn wird zugedreht, Partner wird an „kurzer Leine gehalten"	Drohungen mit Selbstmord
	Drohungen mit Wegnahme der Kinder
Aussperren aus der Wohnung	
	Verletzung oder Tötung von Haustieren

Auswirkungen auf Betroffene	Beobachtbares, beschreibbares, wiederholtes Verhalten
Selbstvertrauen Betroffener erodiert, sie leben in dauernder Ungewissheit und Alarmbereitschaft/Stress	Ghosting, Mobbing, Stalking, Cyberterror
Betroffene wissen nicht mehr, wo ihnen der Kopf steht Sie zweifeln an ihrer Wahrnehmung	Fake-Entschuldigungen, vorgespielte Reue
Betroffene zieht sich zurück und sieht die Welt oft nur noch als feindlich und macht die Erfahrung, dass es nirgends Hilfe gibt	Schlechtmachen des Betroffenen vor anderen, Behörden, Polizei, eigene Familie
Betroffene zweifelt nicht nur sich selbst, sondern auch andere an, bricht Kontakte ab, vereinsamt, verliert das Vertrauen in Behörden, Polizei etc. Kinder kommen in Loyalitätskonflikt	Sie erzählen, dass andere Leute Lügner sind, dass andere Leute schlecht über den Betroffenen reden, ihn zum „Psycho" machen

Verhalten/Haltung	Schlüsselwörter
Verschwinden, nicht reden, sich nicht melden	Silent treatment „Stonewalling"
Sie finden immer eine auf den ersten Blick plausible Erklärung für ihr Benehmen	Unwissen und Unschuld glaubhaft schauspielern (s. auch Gaslighting)
Victim blaming Schuld von sich weisen, überzeugende Ausreden finden	Betroffenheit vorspielen
Einbezug Dritter (real oder fiktiv), die zur Beweislast gegen den Betroffenen beigezogen werden = „Flying monkeys" werden „rekrutiert" Kinder werden als Waffe missbraucht	Triangulation s. auch Spaltung

Auswirkungen auf Betroffene	Beobachtbares, beschreibbares, wiederholtes Verhalten
Betroffene brechen den Kontakt zu den vermeintlichen „Feinden" ab und werden so nochmals verunsichert und isoliert.	Betroffenen wird laufend weisgemacht, dass ihnen niemand mehr traut, dass sie unberechenbar sind, dass sie „spinnen". Freunde und Familie werden zu diesem Zweck bevorzugt benutzt.
Betroffene wenden sich an Therapeuten	Therapeuten versuchen, die „andere Seite" zu verstehen und zu vermitteln. Erkennen das narzisstische Muster oft nicht Pochen auf Mediation, Anhören beider Partner
Betroffene werden krank, haben Unfälle oder Zusammenbrüche	Es ist absolut keine Hilfe oder Unterstützung vonseiten des N. zu erwarten
Angst und Schrecken, Unterwerfung oder Flucht ins Frauenhaus Lebensgefahr, Suizidversuche, Einweisung in Psychiatrie	endlose zirkuläre Streitgespräche Schuldzuweisungen, Schimpfwörter, Sündenregister aufrollen, Tätlichkeiten, Frauenmorde/Femizide

Verhalten/Haltung	Schlüsselwörter
Mit Lügen über andere werden Beziehungen Betroffener zu Dritten (Familie, Freunde) untergraben	Spaltung/Isolation von Freunden und Familie Anschwärzen bei Arbeitsstelle, Behörden, Polizei
Betroffene gehen oft jahrelang in Therapie, ohne wirkliche Erleichterung oder Aufklärung zu erfahren **Betroffene erfahren strukturelle Gewalt, Fachleute glauben ihnen oft nicht**	Der N. geht entweder mit in eine Therapie, um den/die Therapeutin schlechtzumachen oder um Bereitschaft zur Besserung zu „faken" Verhaltensänderungen werden nie erreicht
Empathielosigkeit, Kaltherzigkeit, keine Krankenhausbesuche, kein Nachfragen, wie es geht	Egozentrik ... Er/sie ist der „Nabel der Welt", lenkt Mitleid auf sich selbst
Drohungen, unreifes Verhalten, kurze Zündschnur Unverhältnismäßige Reaktion auf Kleinigkeiten, s. auch Kränkbarkeit Extreme Kränkungen werden an Betroffenen ausgetragen	„Tantrums" (Wutausbrüche), Flucht, Verschwinden, zu neuem „Opfer" ziehen, Verlassen des bisherigen „Opfers" Extreme Gewaltanwendung, „Austicken", Rage, Sachbeschädigung, Kindesentführung, Tiertötung, Brandstiftung, Mord (oft mit anschließendem Selbstmord)

Eine erste Lagebeurteilung „von außen" im konkreten Fall, wenn jemand Hilfe sucht:

Die erste Frage muss immer sein: Ist die/der Betroffene sicher oder gefährdet an Leib und Leben (Stichworte Stalking, dokumentierte Verletzungen)? Sind „finale Klärungsgespräche" geplant? Wenn ja, ist Betroffenen strikt davon abzuraten.

Wenn Betroffene folgende Tatsachen berichten, ist höchste Aufmerksamkeit geboten:

- Betroffene erzählen von „Kleinigkeiten", die in ihrer Summe auf Kontrollverhalten des Narzissten hinweisen.

- Trauma-Bond: Zyklus von Vergebung und Nachsicht führt zu mehr Abhängigkeit, wird oft mit Liebe verwechselt, Betroffenen fällt es schwer, z. B. Anzeige zu erstatten oder sie ziehen sie wiederholt zurück.

- Der Konflikt dauert schon länger an, es gab gute und sehr schlechte Zeiten, es gab Trennungen und Rückkehr/ Rücknahme, Versprechungen des sich Besserns.

- Ein Zusammenziehen trat schon in den ersten Wochen der Bekanntschaft ein (Love Bombing, Future-Faking, Breadcrumbing).

- Eine Schwangerschaft trat schnell ein, Frauen geben schnell ihren Beruf auf, der N. „bietet ihr ja alles".

- Das „Gegenüber" tritt selbstbewusst erscheinend auf und ist sich keiner Schuld bewusst.

- Nach Abmahnungen gelobt er/sie „Besserung", die er/sie nicht einhält/einhielt.

- Nach Abmahnung/Betretungsverbot ist er/sie gekränkt, wehrt sich und schiebt die Schuld auf das Gegenüber (Betroffene) oder auf die involvierte Fachperson.

- Er/sie erfindet laufend auf den ersten Blick durchaus plausible Entschuldigungen oder Ausreden für Verhaltensweisen.

- Es gab Hin und Her in der Beziehung, Trennungen und Versöhnungen, Auszug und Wiedereinzug des Narzissten, Wegweisungen/Betretungsverbote.

- Er/sie hält Abmachungen und Versprechungen nicht ein (inkl. Ignorieren eines Betretungsverbotes).

- Er/sie betreibt Rufmord an Ihnen oder dem Gegenüber.

- Er/sie wird/wurde verbal ausfällig und aggressiv in Person, via SMS oder E-Mail.

- Er/sie strengt immer eine Gegenklage an.

Was Fachleute noch wissen sollten:

Ein Unfall, Krankheit oder Selbstmordversuch sind extreme Mittel Betroffener, eine unkontrollierbare Situation in den Griff zu bekommen. Betroffene brauchen Verständnis und Empathie in dieser Lage und konkrete Hilfe.

Fachleute sollten sich ein Bild machen von der eingeschränkten Lebenssituation Betroffener, „Käfighaltung" ist eine extreme Form von narzisstischem Missbrauch.

Die Verschärfung von Gesetzen zur Bestrafung extremer Straftaten wie Mord, Stalking und psychischer Gewalt hat eine Wirkung. Jedoch muss man sich klar sein darüber, dass Narzissten auf weniger nachweisbare Gewalt ausweichen, für die es keine Beweise gibt und die in ihrer Kumulation straffrei bleiben, ja sogar von Fachleuten als trivial abgetan werden. Extremer Gewalt sind jahrelange kleinere Gewalttaten vorausgegangen, denen niemand eine Grenze gesetzt hat.

Außenstehende berichten über:

- harmonische Verhältnisse, „ideales Paar"
- materiellen Erfolg, Statussymbole
- Nettigkeiten, Anstand, Hilfsbereitschaft, Großzügigkeit

Im Berufsleben ist dieser Fragebogen ggf. hilfreich:
https://karrierebibel.de/narzissmus/

Auf einer Skala von 1 bis 7: Wie sehr stimmen Sie der Aussage zu „Ich bin ein Narzisst"?

UNSER ANGEBOT

T.o.B.e Verein

Für den Erfolg unserer Arbeit ist es essentiell, neben den Betroffenen auch ihre Angehörigen sowie die ganze Gesellschaft zu erreichen sowie über toxische Beziehungen und narzisstischen Missbrauch aufzuklären. Daher versuchen wir unser Angebot so vielfältig wie möglich zu gestalten und setzen dabei auf unterschiedliche Kanäle.

Neben Informationsveranstaltungen/Vorträgen hat der T.o.B.e e. V. in den letzten Monaten ein konstantes Gruppenangebot zur Verbesserung der Kommunikation und Selbsthilfe auf die Beine gestellt. Zu den Selbsthilfegruppen sind Menschen mit Erfahrungen im Bereich narzisstischer Missbrauch und häusliche Gewalt eingeladen. Wir vom T.o.B.e e. V. möchten die fatale Kluft der Isolation, die sich im Bereich des Missbrauches etabliert hat, überwinden. Im Vordergrund stehen für uns dabei das Füreinander und Miteinander aller Menschen.

→ Selbsthilfegruppen

Leitung: Svenja Andrea Beck

**In Michelstadt und Otzberg (in Hessen), alle 14 Tage
Nur nach Voranmeldung!**

All unsere bundesweiten Selbsthilfegruppen finden Sie auf unserer Website unter dem Reiter Anlaufstellen: https://tobe-verein.de/anlaufstellen

Die Zahl der Teilnehmerinnen und Teilnehmer in den Gruppen ist begrenzt, um jedem Gruppenmitglied die Möglichkeit zu bieten, sich einzubringen. Bitte melden Sie sich bei Interesse über das Formular auf unserer Kontaktseite.

Das Ziel der Selbsthilfegruppen ist, sich gegenseitig zu stärken und zu unterstützen. Dabei wird die Gruppe durch Svenja Andrea Beck unterstützt.

Die eigene Selbsthilfegruppe installieren

Wir helfen, bundesweite Selbsthilfegruppen zu installieren. Es gibt alle sechs Wochen ein Selbsthilfegruppen-Eröffnungsmeeting mit Svenja Beck. Auch hier läuft der Kontakt **über das Team von T.o.B.e.**

Diese Angebote werden **kostenfrei** bereitgestellt.

Selbsthilfegruppe als Gemeinschaftsprojekt

In unserer Facebook-Selbsthilfegruppe **„Toxische Beziehungen und narzisstischen Missbrauch überwinden"** erreichen wir mehr Menschen als je zuvor. Inzwischen sind hier über **10.170 Menschen** zusammengekommen, die sich gegenseitig Halt geben. Gemeinsam machen wir viele Fortschritte.

Wichtig ist für uns, dass wir als Team zusammenarbeiten und keiner über dem anderen steht. Wir bilden eine Einheit und helfen uns gegenseitig.

Dieses Angebot richtet sich sowohl an Betroffene als auch an Angehörige. Treten Sie unserer **virtuellen Selbsthilfegruppe** bei und erleben Sie selbst, wie wir uns täglich für positive Veränderungen einsetzen.

Zur Facebookgruppe:
https://www.facebook.com/groups/187905255994205

Selbsthilfegruppe für betroffene Kinder

**Betroffene mit Kindern brauchen nochmal
mehr Unterstützung.**

Ab sofort gibt es eine weitere Online-Selbsthilfegruppe
für betroffene Elternteile mit Kindern. Bei uns gibt es keinen
Unterschied, ob es sich um körperliche oder seelische Gewalt
handelt, hier finden Sie Gehör. Auch Nachtrennungsgewalt/
institutionelle Gewalt ist bei uns ein Thema.

Diese Gruppe wird von einer Betroffenen geleitet, die selbst
mehrere Gerichtsverhandlungen hinter sich hat. Die Gruppe ist
nur für Erwachsene gedacht. Auch hier läuft der Kontakt **über
das Team von T.o.B.e.**

Diese Angebote werden **kostenfrei** zur Verfügung gestellt.

Was kann Ihnen das bringen:

- Hilfestellungen
- Hier werde ich verstanden.
- Wie kann ich weitere Schritte gehen?
- Wie spreche ich das Thema innerfamiliär an?
- Erleichterung
- Soll ich eine Therapie machen, um mir zu helfen?
- Wie kann ich mich selbst schützen?
- An wen kann ich mich wenden?
- Hilfe bei der Kommunikation mit dem Jugendamt

→ Juristische Unterstützung

Unsere Kooperationspartner bieten an, einmal im Monat an einer Videokonferenz teilzunehmen. Dort können juristische Fragen zum Thema „häusliche Gewalt/Trennung" von Vereinsmitgliedern gestellt werden. Außerdem dürfen sich Betroffene zum Fragen auch telefonisch bei den Kooperationspartnern melden. Dieser Kontakt läuft **über das Team von T.o.B.e.**

Was kann Ihnen das bringen:

- Hilfestellungen
- Wie kann ich weitere Schritte gehen?
- Sachlage offen aussprechen können
- Erleichterung
- Welche Chancen hätten Sie beim Prozess?
- Wie kann ich meine Familie schützen?
- Wie kann ich mich selbst schützen?
- Umgangsrecht wegen der Kinder
- Was wird wie bei Gericht als Gewalt anerkannt bzw. gesehen?

→ Vorträge

Was ist unser Aufgabengebiet?

Unsere Arbeit erstreckt sich sowohl auf die Aufklärungs- und Öffentlichkeitsarbeit als auch auf die ehrenamtliche Betreuung der Betroffenen – sozusagen Hilfe von einer Betroffenen für Betroffene. Viele wissen selbst gar nicht, was genau mit ihnen geschehen ist, trauen sich auch nicht, damit an die Öffentlichkeit zu gehen, da hier noch großes Unverständnis herrscht. Es ist leider so, dass der emotionale und auch der narzisstische Missbrauch noch nicht den Bekanntheitsgrad hat, der tatsächlich benötigt wird – weder bei Anwälten, Ärzten, Therapeuten, Beratungsstellen, Kliniken noch bei Polizei, Ämtern und Gerichten. Ich möchte damit nicht sagen, dass gar keine Kenntnisse vorhanden sind. Dies ist zum Glück nicht mehr der Fall. Nur ist das Wissen eben noch nicht flächendeckend und ausreichend verbreitet. Hier möchten wir gerne ansetzen.

Wie können Sie helfen?

Sie würden einen großen Beitrag leisten, den Betroffenen schneller zu helfen, in Form eines **Präsenzvortrages.** Diese Vorträge bietet Svenja Andrea Beck bundesweit an.

Mehr Informationen zu uns finden Sie auf: https://becksvenja.wixsite.com/website

Wir würden uns sehr über Ihre Mitwirkung freuen und bedanken uns schon jetzt im Namen aller Betroffenen.

Unser Angebot:

- Aufklärung über Narzissmus, Gaslighting und toxische Beziehungen
- Vorträge auf Kongressen, Podiumssitzungen, bei Firmen sowie in Kommunen und Vereinen
- Erfahrungen über körperliche Gewalt
- Aufarbeitung der seelischen Gewalt
- Selbsthilfe
- Empfehlung von Aufklärungsbüchern sowie Internetseiten
- Was habe ich erlebt und wie ich mir und meinen Kindern helfen konnte
- Wie lebe ich heute? / Was hat sich verändert?
- Emotionale Begleitung der Betroffenen
- Aufklärungsarbeit über Facebook und YouTube unter (Svenja Beck)
- Wöchentliche Hilfevideos in einer Liveübertragung via Facebook

→ Hilfeinsel

Hilfeinsel bei häuslicher Gewalt installieren mit Aufkleber für Geschäfte, Büros und öffentliche Bereiche

Menschen, die von häuslicher Gewalt betroffen sind, brauchen besonderen Schutz. Um das Sicherheitsgefühl dieser Menschen zu stärken und um ihnen in Notsituationen zu helfen, wollen wir mit verschiedenen Städten und Gemeinden sogenannte Hilfe-Inseln einrichten. Das Konzept ist einfach: Geschäfte, Büros und öffentliche Bereiche sowie frei zugängliche Einrichtungen werden mit einem Hilfe-Insel-Aufkleber ausgestattet. Er wird gut sichtbar in die Tür oder ins Schaufenster geklebt und signalisiert ihnen:

Hier bin ich sicher, hier bekomme ich Hilfe.

Pate des Projekts ist der Verein #T.o.B.e Toxische Beziehungen überwinden e. V.

Den Geschäften und Einrichtungen, die am Hilfe-Insel-Projekt teilnehmen, entstehen grundsätzlich keine Kosten. Die Mitarbeitenden des Geschäfts helfen anlassbezogen ohne Wenn und Aber. Wir möchten ein Handout ausgeben, wie sich in verschiedenen Fällen verhalten werden kann inkl. Hilfetelefonnummern. Auch sollen Flyer des Vereins ausgeteilt werden, um eine Hilfe NACH der Krisensituation aufzuzeigen. Sie bewahren Ruhe und vermitteln so Sicherheit. Im Fall der Fälle informieren Sie die Polizei.

Wie werden Betroffene über die Hilfe-Inseln informiert?

Über die sozialen Netzwerke, über die Homepage des Vereins, über die Zeitung und über verschiedene Fernsehsender.

Wie entstehen Hilfe-Inseln?

Wenn Interesse daran besteht, Hilfe-Inseln einzurichten, sollten Sie sich mit dem Verein #T.o.B.e Toxische Beziehungen überwinden e. V. in Verbindung setzen. Gemeinsam wird dann besprochen, welche Geschäfte und Einrichtungen geeignet sind, eine Hilfe-Insel zu werden. Die Räumlichkeiten müssen bestenfalls im Erdgeschoss eines Gebäudes liegen und von außen gut sichtbar sein.

Die Mitarbeitenden der Geschäfte bekommen von den Mitgliedern des Vereins alles ausgehändigt, damit sie im Notfall helfen können. Es werden auch Mitglieder des Vereins in die Geschäfte gehen, um das Projekt vorzustellen.

Was kann Ihnen das bringen:

- Hilfestellungen
- Wie kann ich weitere Schritte gehen?
- Sachlage offen aussprechen können
- Erleichterung
- Strukturen des Hilfenetzwerkes
- Wie kann ich meine Familie schützen?
- Wie kann ich mich selbst schützen?
- bundesweite Selbsthilfegruppen

→ Hilfetelefon

Unser Hilfetelefon ist für Sie aktiv. Dieses Telefon steht unseren Mitgliedern zu den Sprechzeiten zur Verfügung.

Wenn Sie in einer **Gefahrensituation** sind, können Sie natürlich auch jederzeit das Hilfetelefon in Anspruch nehmen, selbst wenn Sie kein Mitglied sind.

Unser Angebot:

- anonym über die Thematik sprechen können
- Wo kann ich Hilfe finden?
- seelischer Beistand
- verstanden werden
- Empfehlungen von Fachbüchern
- Was sind die nächsten Schritte für mich?
- Wie schütze ich meine Kinder?
- juristische Hilfe

→ Resilienz

Nach dem Missbrauch wieder STARK werden für SICH selbst.

Wir freuen uns auf einen Resilienztrainer, unser lieber Attila Wett, der selbst in einer toxischen Beziehung gelebt hat. Ab sofort wird er unseren Verein unterstützen, indem er einmal im Monat ein Resilienztraining anbietet. Er wird alle acht Säulen der Resilienz erklären und mit uns erarbeiten. Attila arbeitet als Genesungsbegleiter in einer qualifizierten Entgiftungsstation für Suchterkrankungen, aber auch zusätzlich als Resilienztrainer.

Was kann Ihnen das bringen:

- bauen Sie ihre Psyche wieder auf
- Sie werden wieder stärker
- innerliche Freiheit
- Sie steigen aus der Opferrolle aus
- Akzeptanz Ihrer Person
- Sie können wieder Eigenverantwortung übernehmen

→ Selbstverteidigungskurse

Gewalt – nie wieder an deinem Körper!

Wir arbeiten mit dem Karate-Dojo Groß-Umstadt zusammen und bieten regelmäßig Selbstverteidigungskurse an. Unsere Ängste sollen uns davor schützen, in gefährliche Situationen zu geraten.

Ist man hingegen bereits in einer Gefahrensituation, sind Ängste hinderlich. Dies gilt besonders für häusliche Gewalt. Darum lernen wir im Selbstverteidigungskurs, wie wir unsere Ängste kontrollieren, einen klaren Kopf bewahren, unsere Möglichkeiten abwägen und uns mit einfachen Mitteln verteidigen.

Wir sind stärker, als wir glauben: Denn oft ist es die eigene Ohnmacht, die Angreifer erst so stark macht. Im Selbstverteidigungskurs lernen wir die Schwachstellen von Angreifern kennen und wie wir uns bei Übergriffen zur Wehr setzen können. Dabei werden uns Basis-Elemente aus verschiedenen Kampfsportarten vermittelt. Wir lernen, wie wir uns aus solchen Umständen befreien können.

Die Selbstverteidigung zu erlernen, ist für Betroffene immens wichtig. Immerhin können sie sich damit vor Angriffen schützen und fühlen sich viel sicherer, wenn sie angegriffen werden. Immer wieder berichten die Medien über Angriffe in häuslicher Umgebung, bei denen die Opfer keine Hilfe erfahren. Dabei möchte man natürlich seine Familie und sich besonders schützen. Und das geht vor allem mit der Selbstverteidigung.

Wenn wir uns der Selbstverteidigung zuwenden, lernen wir Angriffe abzuwehren. Wir fühlen uns sicherer und dies wieder stärkt das Selbstbewusstsein. Auch trainieren wir den Körper und halten ihn fit. Dies ist nicht nur für Angriffe wichtig, sondern für den gesamten Alltag.

Was kann Ihnen das bringen:

- einen einfacheren Alltag
- ruhigere Nächte
- Selbstbehauptung
- weniger Ängste
- Abwehrmechanismen lernen

→ Traumaarbeit

Wir haben eine Trauma-Therapeutin gefunden, die euch begleitet, bis ihr einen Therapieplatz gefunden habt. Wichtig ist es, diesen auch zu suchen, denn ohne Therapie wird es schwierig, solch eine Beziehung ohne Schädigungen zu überstehen. Dies befindet sich gerade in der Planung. Inhaltlich werden folgende Themen alle vier Wochen online in Gruppen bearbeitet:

Stabilisierungsübungen
Ressourcenaktivierung
Psychoedukation
Atemübungen
Traumabearbeitung ohne Retraumatisierung

Was kann Ihnen das bringen:

- Beginn der Traumabewältigung
- anderer Umgang mit meinem Trauma
- Stabilisierung
- Ressourcenaktivierung
- Traumaverarbeitung

→ Notunterkünfte

Notunterkünfte für Frauen, Kinder und auch Männer

Eine Freundin von mir (Svenja Beck) vermietet normalerweise Monteurszimmer. Wir haben gerade einen Notfall gehabt und kamen beide spontan auf die Idee, dass diese Wohnung ab sofort in Kooperation mit dem Verein angeboten wird, um von betroffenen Mamas mit Kind(ern), egal welchen Alters, günstig zeitweise angemietet zu werden. Sie soll natürlich auch im Notfall zur Verfügung stehen, falls sie frei ist.

Es sind 4 Plätze in 2 Doppelzimmern. Das Haus ist komplett neu gemacht und die Wohnung vollständig eingerichtet. Darüber hinaus haben wir einen weiteren Notplatz für 3 Personen. Das heißt, wir haben aktuell 7 Plätze, falls jemand für ein paar Tage, Wochen oder Monate eine Übergangslösung braucht.

Was kann Ihnen das bringen:

- Schutz vor Gewalt
- Neubeginn nach einer Misshandlungsbeziehung
- Abkapslung vom Partner
- alle Hilfsmöglichkeiten in Gang bringen

→ Seelsorgerische Kursangebote

Seelsorgerische Kursangebote, damit Sie im Alltag auch die Hilfe bekommen, die Sie brauchen.

– Leiden Sie unter Ihrer Beziehung?
– Gibt es Konflikte?
– Fühlen Sie sich gemobbt?
– Fühlen Sie sich von der Arbeit oder auch zu Hause erschöpft, hilflos und wissen Sie nicht mehr weiter?
– Tun Sie sich schwer, wieder Fuß zu fassen?
– Ist Ihr Arbeitsplatz gefährdet oder werden Sie mit Kündigung bedroht?

Wenn Sie sich von einer dieser Fragen angesprochen fühlen, helfen Ihnen unsere Kursangebote. Gemeinsam beleuchten wir Ihre Situation und suchen nach gangbaren Schritten nach vorne. Dabei berücksichtigen wir Ihre aktuelle Lage und Ihre Kräfte. Ziel ist, dass Sie handlungsfähig bleiben oder wieder handlungsfähig werden.

Was kann Ihnen das bringen:

• Alltag neu strukturieren
• Stärke wiederfinden
• Grenzen setzen
• mentaler Aufbau der Psyche

Kontakt

Tel.: +49 162 3390243
Mo und Di : 14:00-15:00 Uhr
Infotelefon zum Verein sowie zur Vereinsarbeit

E-Mail: kontakt@tobe-verein.de
Antwort innerhalb von 2 Tagen

www.tobe-verein.de

Spendenkonto

T.o.B.e
Toxische Beziehungen überwinden e.V.
Frankfurter Volksbank
IBAN: DE 12 5019 0000 6202 0464 42
BIC: FFVBDEFFXXX
Verwendungszweck: Spende, Vorname Name